호텔식음료 경영론

조원섭 저

Hotel Food & Beverage Management

백산출판사

머리말

후학들을 가르치면서 취합한 자료와 실무경험을 토대로 "호텔식음료경영론"을 저술하게 되었습니다. 처음부터 끝까지 주장하여 주신 하나님께 감사합니다.

이 책은 호텔경영학을 공부하는 학생들의 식음료 입문서로서 이론과 실무에 필요한 다양한 자료들로 구성되었으며 효과적인 학습을 위하여 이론적 측면과 실무적 측면의 균형을 맞추었습니다. 후학들의 식음료 지식 함양과 더불어 레스토랑 경영에 도움이 되기를 바랍니다.

이 책은 총 13장으로 구성하였습니다. 1~2장은 경영과 호텔의 조직에 대한 개론이고, 3~6장은 식음료 실무와 이론으로 구성하였습니다. 그리고 7~8장은 서비스와 관련된 제반 사항을 다루었고, 9장은 이익관리 방안에 대하여 서술하였습니다. 마지막으로 10~13장까지는 음료부분을 다루었습니다.

후학들에게 도움이 되기를 바라면서 출판에 도움을 주신 백산출판사 사장님을 비롯한 관계자분들께 감사드리며, 사진의 게재를 허락해 주신 모든 분들께 하나님의 은총이 가득하길 기도합니다.

조 원 섭

차 례

제8장 서비스관리 167

제9장 이익관리 189

제10장 음료와 술의 이해 203

CHAPTER 01

경영학의 이해

제1장

경영학의 이해

제1절 경영이란

‘경영’은 우리 주변에서 흔히 들을 수 있는 말이다. ‘나는 회사를 경영한다’라고 하면 회사를 대표하는 사장을 의미한다. 즉 경영이란 용어는 특정 조직을 그 조직의 목적달성을 위하여 최선의 길로 나아가게 하는 것이라고 할 수 있다. 이러한 경영은 ‘management’ 또는 ‘business’라고도 하며 이 두 단어를 합쳐 ‘business management’라고도 한다.

1 Management의 어원

Management의 어원은 다음의 세 가지로 살펴볼 수 있다.

① 불어 ‘le main’: 손
‘손’이라는 뜻을 가진 불어 ‘le main’이 management의 어원이다.

② 이태리어 ‘mannegiaire’: 정돈하다
‘정돈하다’라는 의미를 지닌 이태리어 ‘mannegiaire’가 management의 어원이다.

③ man-age-ment의 합성어
man과 age 그리고 ment의 합성어이다.
이는 ‘사람이 나이들어 지혜로워지면서 내리는 의사결정’이라는 뜻을 가지고 있다.

2 Business의 어원

Business의 어원은 '바쁘다'라는 의미의 영어 'busy'이다. 즉 사람이 생존하며 발전하기 위하여 매우 바쁘게 행동하는 것이 business다.

3 Business management

Business management는 1과 2의 의미를 합하여 생존하고 발전하기 위해 내리는 지혜로운 최적의 의사결정과 그들의 연결과정을 뜻한다.

전술한 바와 같이 경영이란 특정 조직의 생존을 위하여 내리는 최선의 의사결정의 연속체라 할 수 있으며, 특정 조직의 생존은 조직의 목표가 달성될 때 가능하다. 따라서 경영이란 '특정 조직이 목표를 달성하기 위해 행하는 최선의 결정과정의 연속체'라고 정의할 수 있다.

- **경영**
  - ① 특정 조직의 목표를 달성하기 위하여 행하는 최선의 결정과정의 연속체
  - ② management
  - ③ business
  - ④ business management

그러나 경영이 전술한 정의처럼 간단하지만은 않다. 경영은 조직 내부의 일과 사람들을 나누고 사용되는 도구와 원료를 적절히 배치하며 이들을 연결하여 기업의 목표를 달성해야 하는 과정이기 때문에 매우 복잡하다. 또한 이 과정은 기업의 주변환경으로부터 많은 영향을 받으므로 기업의 내부뿐만 아니라 외부의 환경까지 고려해야 하며, 시장의 빠른 변화에 대응하기 위하여 신속히 결정해야 한다.

제2절 경영의 탄생

경영은 사람들이 활동하는 조직체에서 나타나는 현상이다. 그렇다면 조직은 언제 생겼을까? 사람들은 여러 가지 이유로 조직을 만든다. 대표적인 것으로 기업이 있다. 기업마다 목표는 다르지만 기업은 그 목표를 달성하기 위해 조직을 구성한다. 또한 태어나면서부터 정해지는 가족공동체도 하나의 조직으로서 모든 조직의 근간이 된다. 이러한 혈연은 작게는 가족, 크게는 종친회로 표면화된다. 그렇다면 인간의 조직화는 언제부터 이루어졌을까?

1 분업의 탄생

인간의 문명은 구석기시대로부터 출발한다. 이들은 생존을 위하여 수렵과 채집을 하였다. 이러한 환경에서 구석기인들은 과일이 많거나 사냥감이 많은 곳으로 이동하며 산 것으로 알려져 있다.

그러나 그들은 먹거리를 구하기 위해 수많은 시행착오를 겪었을 것이다. 예를 들어 사냥을 위하여 돌도끼를 들고 자신의 목표를 향해 달려간다고 하자. 사람보다 빠른 발과 예민한 코 그리고 탁월한 청력과 시력을 지닌 사냥감들은 이를 먼저 눈치채고 달아나 결국 사냥의 대부분은 실패하였을 것이다. 실패를 경험한 구석기인들은 사냥의 성공률을 높이기 위해 어떤 사람은 사냥감을 몰고, 어떤 사람은 결정적인 기회를 위해 숨죽여 기다리는 역할을 맡았을 것이다.

이러한 상황은 '맹수의 왕'이라 불리는 사자의 집단에서 잘 볼 수 있다. 사자는 모계집단으로 몇 마리의 암사자와 그들이 낳은 새끼로 구성되어 있고 이들은 공동육아를 한다. 사자가 조직을 형성하는 이유는 조직을 형성함으로써 얻을 수 있는 혜택이 많기 때문이다. 이는 사냥상황에서 잘 나타난다. 사자들은 사냥에 있어서 각자의 역할을 구분하여 사냥 성공률을 높이고 있다. 즉 사냥에서 분업이 이루어졌다. 사자들은 분업을 통하여 사냥 성공률을 높였고, 이것은 구석기인들에게도 마찬가지였을 것이다.

이러한 조직 내에서의 분업은 과학의 발전과 화폐의 통용으로 조직 간의 분업으로 확대되었다. 유통과 화폐가 발달되지 않은 옛날에는 생활에 필요한 모든 품목을 스스로 해결해야 했다. 그러나 교통의 발달과 과학의 발전으로 자신이 잘 만드는 것을 만들어 판매함으로써 이득을 얻고, 그 이윤으로 필요한 생필품을 살 수 있게 되었다. 예를 들면 농사꾼은 농사를 짓고 이를 판매하여 신발을 사고, 신발공장은 신발을 만들어 이를 팔고 그 이윤으로 쌀과 콩을 산다. 이러한 분업은 다음과 같은 장점이 있다.

1) 반복을 통한 숙련

분업을 하면 업무는 단순화되고 단순화된 업무를 반복하게 된다. 이러한 과정에서 노동자는 자신의 업무에 숙달되어 생산성 향상을 가져온다.

즉 생활의 달인에 출연하는 주인공들을 보면 오랜 시간 동일한 업무를 반복함으로써 일반인이 따라갈 수 없는 성과를 도출하는 경우가 많다. 골프공을 구분하는 아주머니, 연회장에서 라운드 테이블을 굴렁쇠처럼 굴리는 웨이터, 연탄배달 아저씨와 아주머니 등의 기능은 반복을 통한 숙련이다.

2) 기술혁신

분업을 하면 담당자는 그 과정에서 특정 분야의 전문가가 된다. 때문에 업무를 좀 더 효율적으로 수행하기 위하여 새로운 기술을 창출하기도 한다.

3) 각자 우수한 재능 활용

사람은 저마다 능력이 다르다. 어떤 사람은 뛰어난 머리를 가지고 있고, 어떤 사람은 탁월한 운동능력을 가지고 있다. 그리고 어떤 사람은 다른 사람이 넘볼 수 없는 음감을 가지고 있다. 이렇게 서로 다른 능력은 특정 부분에 탁월한 능력을 갖춘 인력을 그 능력이 돋보일 수 있는 업무에 배치함으로써 조직 전체의 능력은 향상시킬 수 있다. 사람 만나기를 좋아하는 외향적인 사람은 영업을 하며, 창의적인 사람은 기획과 창조를 하고, 요리를 잘하는 사람은 요리를 하는 것이다.

- **분업**

  공동의 목표 달성을 위하여 수행되는 업무의 분담
- **분업의 장점**

  ① 반복을 통한 숙련
  ② 기술혁신
  ③ 각자의 우수한 재능 활용

2 조직의 형성

전술한 분업은 하나의 작업을 혼자서 하던 시대와 달리 하나의 작업을 여러 사람이 수행하게 된다. 레스토랑을 예로 들면 고객에게 서비스하는 종업원, 고객의 주문을 상품화하는 요리사, 요리에 필요한 원재료를 저렴한 가격으로 구매하는 구매담당자, 그리고 이들을 지원하는 지원자 등 특정 레스토랑에서 고객이 만족스러운 식사를 하려면 여러 사람이 힘을 합쳐 그들 각자가 맡은바 업무를 훌륭히 수행해야 한다.

조직을 이루기 위해서는 다음과 같은 몇 가지 요건이 필요하다.

1) 두 사람 이상

조직은 두 사람 이상이 모여 목표를 달성하기 위하여 업무를 분담하는 것이다. 그리고 개인이 완성한 각각의 업무를 연결하는 약속과 규정을 정함으로써 권한과 의무를 체계화한다. 이는 업무가 복잡할수록 약속과 규정이 많아지고 업무가 복잡할수록 구체화되어야 한다.

2) 공동목표

조직 내에서 조직 구성원은 동일한 목표를 가지고 있어야 한다. 이를 위하여 지휘체계가 분명해야 하며, 구성원은 목표달성에 이바지하고자 하는 능동적 자세를 가져야 한다. 또한 조직은 목표달성에 관한 구체적인 보상을 통하여 조직 구성원에게 동기를 부여해야 한다.

"사공이 많으면 배가 산으로 간다"는 우리 속담은 지휘체계가 분명치 않고 목표가 제각기 다를 때 목표를 달성할 수 없음을 시사하는 속담일 것이다.

3) 분업

조직은 조직의 공동목표를 달성하기 위하여 적절한 업무를 적절한 사람에게 분담하고 생산성 향상을 위하여 직무명세서를 통해 이를 구체화해야 한다. 분업은 '적절한 인재를 어떤 방법으로 적재적소에 배치할 수 있느냐'가 관건이다.

4) 통합

각각의 분업을 연결하여 제품 또는 서비스를 완성하는 과정이다. "구슬도 꿰어야 보배"라는 속담이 있다. 즉 각각의 분업에서 완성된 성과를 적절히 통합하지 않으면 완성된 제품의 출시가 불가능하다. 각각의 분업을 연결함으로써 훌륭한 가치를 창출할 수 있다.

◆ 조직의 요건

① 두 사람 이상
② 공동목표
③ 분업
④ 통합

제3절 경영활동

기업은 조직의 대표적 형태이다. 기업은 노동력, 기술, 자본, 기계, 설비, 정보, 지식 등을 투입하고 이러한 자원을 경영활동을 통하여 제품 또는 서비스로 완성한다. 경영활동은 표준화·시스템화된 일련의 과정이 필요한데 이것을 경영활동 과정이라 한다.

페이욜(Henri Fayol)은 경영활동이 계획수립(planning), 조직화(organizing), 지휘(leading), 통제(controlling) 등의 과정을 거친다고 주장하였다.

1 계획수립

경영과정의 첫 번째 단계는 계획수립이다.

계획수립은 각 분업과정에서 해야 할 일을 단계적으로 명시하고 구체적인 목표를 제시하며, 방침과 목표에 의해 업무를 구체화하는 단계이다. 그리고 과업의 우선순위를 결정하고, 단계적 과업을 명시하는 단계이다. 이 과정에서 각 업무가 구체화될수록 효율적인 경영활동이 이루어질 가능성이 높다.

이 과정은 미래고객의 마음에 어떻게 위치할 것인가를 명확히 하는 과정이다. 즉 포지셔닝을 명확히 하는 과정으로 훌륭한 서비스와 높은 가격으로 포지셔닝한다면 여기에 필요한 계획이 수립되어야 한다. 이 경우 레스토랑은 완벽한 서비스를 제공해야 하며 어느 한순간도 고객에게 주의를 기울이지 않으면 곤란하다.

이 같은 서비스는 곧 노동력을 근간으로 하기에 충분히 숙련된 고급 노동력이 계획되어야 할 것이다.

2 조직화

계획이 수립되면 이후 이루어지는 경영활동은 조직화과정이다. 조직화는 첫 번째 단계에서 완성된 계획을 수행하기 위하여 필요한 조직의 규모, 조직의 형태를 결정하는 단계이다. 즉 수립된 계획을 잘 수행하며, 기업의 궁극적인 목표를 달성하기 위하여 인적·물적 자원을 체계화하고 조직의 자원과 직무를 배열하는 과정이다. 또한 조직의 구조를 설계하고, 조직과 조직 구성원의 책임과 권한을 명백히 하는 단계이다. 마지막으로 이 단계에서는 분쟁을 최소화하기 위하여 기능 간의 관계를 명백히 해야 한다.

◆ 경영활동에 필요한 자원

① 인적 자원: 노동시장 인력의 양과 수준
② 물적 자원: 설비, 건물, 토지 등
③ 재무적 자원: 자본, 재무적 가치가 있는 무형자산(상표, 이미지, 특허 등)
④ 기술적 자원: 과학적 기술
⑤ 지식·정보적 자원: 자료를 통해 축적된 정보(경제, 정치, 사회 등의 기업환경)

3 지휘

조직의 구성원이 업무를 자발적으로 수행할 수 있도록 독려하는 단계이다. 이를 위하여 조직의 구성원에게 동기를 부여하고, 개인과 조직의 목표가 일원화될 수 있도록 통합해야 한다. 자칫 개인의 목표와 조직의 목표가 이원화되면 개인이 조직보다 우선순위가 되어 조직의 목표 달성에 문제가 발생할 수 있다.

4 통제

통제단계는 조직의 구성원이 자신들의 업무를 잘 수행하고 있는가에 대한 정보를 수집하고 평가하는 단계이다. 객관적·합리적인 평가를 위하여 성공적인 성과를 측정하는 구체적인 측정도구를 개발해야 하며, 결과에 대한 분명한 보고체계가 확립되어야 한다. 따라서 목표와 표준을 구체적이고 명확하게 설정해야 한다. 이 과정에서 문제가 인지되면 바람직한 방향으로 진행될 수 있도록 시정 조치를 취한다.

통제단계의 결과는 다시 계획단계로 피드백되어 새로운 계획단계의 자료로 활용된다. 기업은 상기의 과정을 통하여 경영활동을 수행하며 이러한 경영활동 즉 계획수립, 조직화, 지휘, 통제 등의 단계는 기업의 목표달성을 위한 과정이라 할 수 있다.

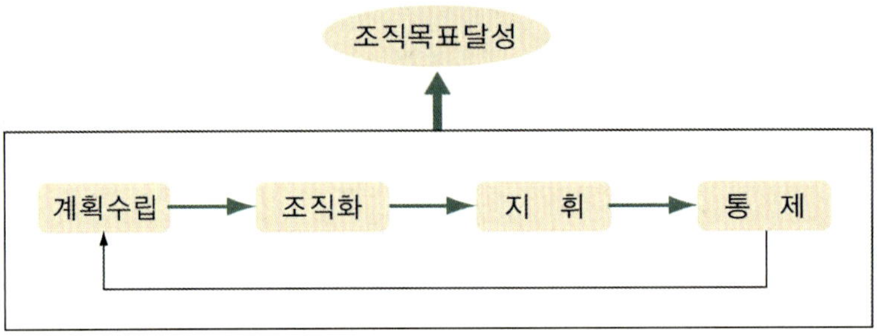

[그림 1-1] 경영활동

제4절 기업의 목표

기업의 목적은 한 가지 또는 두 가지 이상으로 구분된다. 즉 기업의 목적은 단일목적과 다차원목적으로 구분된다.

1 단일목적론

단일목적론은 기업이 오직 하나의 목적을 위하여 경영하는 것이다. 여기에는 이윤창출, 경제성, 봉사성, 그리고 고객창조 등이 있다.

1) 이윤창출

이윤창출 목적론은 기업의 투자이익이 개인에게 귀속됨을 원칙으로 보는 견해이다. 이는 더 나아가 '기업은 자원을 투자한 개인의 것이다'라는 견해로 발전하기도 한다. 따라서 기업가의 목표가 곧 기업의 목표로 전이되며, 종업원들은 보수를 받고 기업의 목표달성을 위해 일정한 행위를 하여야 한다.

2) 경제성(생산성)

경제성은 최소의 투자로 최대의 성과를 올리는 원칙이다. 따라서 경제성을 목적으로 하는 기업은 효율적인 생산에 중점을 두게 된다. 효율적인 생산을 통하여 이루어진 성과는 공정하게 배분된다. 이러한 형태의 기업에는 경영공동체로서 협동조합이 있다. 수산업협동조합, 사과협동조합 등은 조합원의 이익을 추구하게 된다.

경제성은 생산성을 통해 이루어질 수 있으므로 이를 '생산성'이라고도 한다.

3) 봉사성

기업을 사회적 조직으로, 사회에 봉사하는 조직으로 보는 견해이다. 이를 목적으로 하는 기업은 소비자의 구매력과 생활수준의 향상을 위하여 저가격 · 고품질의 제품과 서비스를 제공하기 위해 노력하며, 노동자에게 높은 임금을 지불하고자 한다.

4) 고객창조

기업을 부를 창출할 수 있는 자원을 위탁받은 사회적 기관으로 보는 견해이다. 따라서 고객창조를 목적으로 하는 기업은 사회적 발전을 추구하며, 사회적 발전은 고객창조로 귀결된다. 기업은 고객창조를 위하여 마케팅활동을 하며 최저 필요이익만을 추구한다.

- **(기업의 목표) 단일목적론**

  ① 이윤창출 ② 경제성 ③ 봉사성 ④ 고객창조

2 다차원목적론

기업환경이 복잡해지고 다양한 변수에 의해 영향받는 기업은 단일목표보다 다차원적 목표를 가지길 원한다. 여기에는 경제적 목적과 사회적 목적이 있다.

경제적 목적은 성장과 균형으로 대분된다.

성장은 성장, 수익, 생산, 안정, 탄력성을 추구하며, 균형은 건전한 재무상태, 관리조직의 균형, 인간조직의 균형을 추구한다. 사회적 목적은 사회를 구성하는 조직으로서 사회 공익을 위한 책임수행을 의미한다.

대부분의 기업들은 다차원적 목적을 가지고 있으며 이 중 가장 우선하는 것은 경제적 목표이다. 경제적 목표가 이루어져야 사회적 목적을 수행할 수 있기 때문이다. 따라서 기업 대부분의 궁극적 목적은 이윤창출이라 함에 이견이 없을 것이다.

제5절 경영의 관심사

전 절에서 서술한 것과 같이 기업의 궁극적인 목적은 이윤창출이라 할 수 있다. 따라서 기업은 이윤창출을 위하여 많은 활동을 하며, 가치의 창조, 생산성, 유효성과 효율성, 구성원의 만족, 그리고 조직의 성장 등에 관심을 가지고 있으며 상기와 같은 keyword는 많은 학자들로부터 연구되어 온 바 있다.

◆ 기업의 관심사

① 가치의 창조 ② 생산성 ③ 유효성과 효율성
④ 구성원의 만족 ⑤ 조직의 성장

1 가치의 창조

가치란 현재와 미래의 인간 삶에 필요한 모든 것이다. 따라서 현재와 미래의 소비자들은 무엇을 필요로 하는가? 어느 정도의 화폐를 지불할 의사가 있는가?

가치는 화폐로 측정된다. 예를 들면 친구가 새 옷을 자랑하면 친구는 몇 가지 질문을 하는데 그중 '얼마야?'라는 질문이 반드시 포함될 것이다. 그리고 대학 4학년 중 우수한 학생이 졸업 전에 취업되었을 경우 우리는 그 친구의 업무에 관심이 많은지 아니면 연봉에 관심이 많은지를 생각하면 쉽게 이해할 수 있을 것이다. 후자의 경우가 단연 많기 때문이다.

2 생산성

생산성은 가치를 생산하는 능력이다. 생산력은 곧 경쟁력이기 때문에 생산성이 우수하다는 것은 경쟁우위의 확보를 의미한다. 또한 생산성은 기업의 활동을 평가하는 기준이 되며 생산을 위하여 투입된 요소들의 총합 대비 생산된 가치로 평가할 수 있다.

예를 들면 레스토랑 종업원의 생산성은 10명이 매출을 얼마나 달성하였는가로 산출할 수 있다.

3 유효성과 효율성

유효성과 효율성은 경제성과 유사한 개념으로 '설정한 목표를 어느 정도 달성하였는가?'에 대한 평가이다. 주로 input과 output의 대비로 계산된다.

4 구성원의 만족

조직의 구성원은 경쟁의 원천이며 조직의 가장 큰 자산이다. 이들은 제품과 서비스를 생산하는 자원으로서 이들의 만족은 훌륭한 제품 또는 서비스를 생산하는 원천이 된다.

[그림 1-2] 구성원의 만족 순환도

5 조직의 성장

조직은 움직이는 유기체이다. 성장을 통하여 사회적 가치를 생산하게 된다. 사회적 가치란 기업의 성과이며 기업에 대한 신뢰, 좋은 이미지 등을 포함하는 개념이다.

제6절 기업환경

기업은 살아 있는 생명체와 같아 성장하기도 하고 쇠퇴하기도 한다. 기업의 흥망성쇠는 주변환경의 영향을 많이 받는다. 때문에 기업은 주변환경을 분석하고 이를 정보화하여 미래를 예측함으로써 기업의 성장과 발전의 밑거름이 된다. 기업의 환경은 외부환경과 내부환경으로 구분되며 후자는 과업과 관련된 환경으로 과업환경이라고도 한다. 기업은 기업의 내부환경과 외부환경을 면밀히 분석해야 하는데, 그 이유는 다음과 같다.

첫째, 합리적 의사결정을 위해 환경을 면밀히 분석해야 한다.

오늘날의 환경은 매우 빠르게 변화하고 있다. 빠른 변화에 대응하는 제품과 서비스, 그리고 기타 혜택을 고객에게 제공하지 못하면 기업은 소비자의 선택을 받을 수 없다. 따라서 환경을 체계적으로 분석하고 이를 이해함과 동시에 미래의 사회현상들을 예측하여 이에 대응해야 한다.

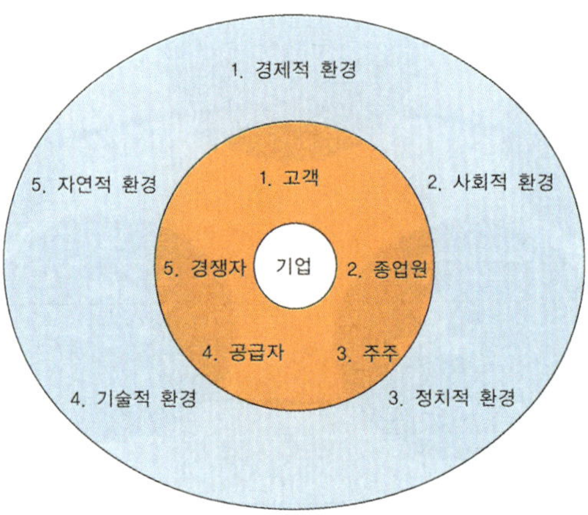

[그림 1-3] 기업환경

예를 들면 친환경 먹거리의 등장은 먹거리에 대한 가치관의 변화에서 비롯된 것이다. 오늘날의 고객은 건강에 유익한 먹거리를 선호하는 경향이 뚜렷해지고 있다.

1 외부환경

기업의 경영에 영향을 미치는 기업 외부에 존재하는 환경이다. 여기에는 경제적 · 사회적 · 정치적 · 기술적 · 자연적 환경이 포함된다.

1) 경제적 환경

기업의 경영활동에 가장 직접적으로 영향을 미치는 환경이다. 기업은 시장에서 제품 또는 서비스를 생산 · 판매함으로써 시장의 상황은 기업의 경영활동에 밀접한 영향을 미친다. 경제성장률, 임금수준, 산업구조, 소비구조, 무역구조 등이 여기에 포함된다.

예를 들면 1997년 IMF시절 환율이 상승하면서 모든 기업이 영향을 받았다. 이는 원재료를 수입에 의존하는 기업의 경우 큰 악영향을 받았고 수입과 수출에 의존하는 기업들은 환율상승만으로 손실을 입게 되었다.

2) 사회적 환경

기업에 영향을 미치는 사회현상이다. 도시화, 노령화, 여가시간의 증대는 우리의 생활문화를 변화시켰다. 이로 인하여 구성원의 가치관, 생활양식, 전통, 관습, 욕구 등의 변화를 가져왔다.

도시화로 인한 주택공급의 문제, 노령화로 인한 실버산업의 괄목할 만한 성장, 여가시간 증대로 인한 레저산업의 성장 등은 사회현상이 기업에 미치는 영향의 대표적인 예이다.

3) 정치적 환경

정부는 전체의 공익을 위하여 특정한 규제를 만들고 이를 준수케 한다. 과대광고에 대한 규제와 독과점 횡포 방지를 위한 규제 등이 여기에 속한다. 또한 부동산시장의 안정성을 위하여 금융시장에 규제를 강화하기도 한다. 이러한 규제로는 민법, 상법, 노동법, 그리고 기타 특별법이 있다.

4) 기술적 환경

산업혁명 이후 지속되어 온 과학의 발전은 우리 생활에 직접적으로 편안함을 주는 기술의 도입과 발전으로 이어졌다. 컴퓨터의 보급과 윈도우 시스템은 기업의 업무환경을 변화시켰다. 전통적으로 지면으로 이루어지던 결재가 온라인으로 가능하게 되었고, 이는 편지도 마찬가지이다. 또한 컴퓨터는 고객관리의 어려움을 해결하여 고객관리를 용이하게 함으로써 인건비의 절감효과를 가져왔다.

그리고 휴대폰의 보급은 새로운 산업을 탄생시켰고, 현재 사용되는 연료(기름, 가스 등)를 대체할 대체에너지의 개발은 또 다른 산업의 탄생과 새로운 구조의 기업환경을 만들어낼 것이다.

5) 자연적 환경

기업이 위치한 지리적 환경을 포함한 자연적 환경이다. 이는 원재료의 의존도에 따른 지리적 위치와 뷰(view)가 좋은 레스토랑 등을 예로 들 수 있다. 뷰가 좋은 레스토랑은 고객에게 훌륭한 식사 분위기를 연출할 수 있게 도와주며, 이러한 장점으로 빌딩의 높은 층에 스카이라운지를 운영하고 경치가 좋은 바닷가에 호텔을 짓고, 호텔 inside와 outside 객실의 요금차이는 자연적 환경의 중요성을 충분히 설명해 주는 예이다.

2 내부환경(과업환경)

기업의 경영에 영향을 미치는 기업의 내부에 존재하는 환경이다. 여기에는 고객, 종업원, 주주, 공급자, 경쟁자 등이 있다.

1) 고객

고객은 수요와 주체로서 가장 많은 영향을 미치는 요인이다.

기업은 고객의 선택을 받기 위하여 각고의 노력을 기울이고 있다. 이러한 선택적 우위를 경쟁우위라 하고 기업은 지속적 경쟁우위를 확보하기 위하여 노력하고 있다.

경쟁우위는 고객으로부터 출발하는 것이다. 따라서 고객이 무엇을 원하는가가 매우 중요하다. 즉 고객의 욕구가 어디에 있는가, 무엇에 만족하는가 등의 문제가 관심을 받고 있다.

2) 종업원

종업원은 생산의 주체이다. 레스토랑의 경우 종업원은 판매 완료시점에서 부분적 마케터의 역할을 수행해야 한다. 종업원은 제품과 서비스의 품질을 결정하는 중요요인이다. 따라서 종업원의 만족을 창출하는 요인과 그들의 동기부여는 경영에 있어서 중요한 환경이다.

3) 주주

주주는 기업의 주식을 소유하고 기업의 의사결정에 영향을 미친다. 이들의 의사결정은 기업의 경영활동에 지대한 영향을 미친다. 이들은 소유하고 있는 주식의 수로 의사결정을 할 수 있으며 주주총회를 통하여 경영권 분쟁이 발생되기도 한다.

4) 공급자

대부분의 기업은 제품을 완성하기까지 여러 가지 과정을 거친다. 그중 원재료의 공급은 안정적인 제품의 생산과 고품질의 제품과 서비스를 생산하는 근간이 된다.

양질의 원재료를 적시에 확보하기 위하여 구매거래처의 다원화가 필요하다.

5) 경쟁자

현대사회는 경쟁이 치열한 사회이다. 수요와 공급의 균형이 깨지면서 공급과잉현상이 나타나고 경쟁은 기업이 생존하기 위한 필수적인 요소가 되었다.

제품이 시장에 공급되면 제품은 사람과 같이 생명주기를 갖게 되는데 도입기, 성장기, 성숙기, 그리고 쇠퇴기의 과정을 거치게 된다. 이와 같은 과정은 도입기, 성장기, 성숙기를 거치면서 경쟁이 점점 치열해진다.

CHAPTER 02

호텔조직의 이해

제1절 조직이란
제2절 호텔 식음료조직
제3절 식음료의 특성

제2장

호텔조직의 이해

제1절 조직이란

인간이 특정 목적을 달성하기 위하여 분업을 하게 되고 이 과정에서 조직은 자연적으로 생성되었다. 그러한 조직은 목적이 다양화되고 확대되면서 조직구조가 더욱 복잡하고 다양해졌다.

1 조직의 정의

사회는 조직이 모여서 이루어지는 구조를 가진다. 조직의 기초는 가족으로부터 출발한다. 가족은 자신이 선택할 수 없는 불가항력적인 조직으로서 출생 즉시 가족이라는 조직의 구성원이 된다. 그러나 대부분의 경우 조직은 선택 가능하다. 조직에 소속하고자 하는 것은 인간의 욕구이다. 매슬로는 욕구의 세 번째 단계를 사회적 욕구로 정의하고 이를 특정 조직에 소속하고자 하는 욕구로 설명하였다.

대부분의 조직은 특정한 목적을 달성하기 위하여 인위적으로 만들어진다. 그 목적은 공익이 될 수도 있고, 이윤창출이 될 수도 있다. 조직이 구성되면 조직의 목표를 달성하기 위하여 여러 가지 자원을 활용하여 경영활동을 하게 된다.

가장 대표적 조직은 기업이다. 기업은 자사의 목표를 달성하기 위하여 자사가 가지고 있는 다양한 자원들을 효율적 · 체계적으로 분배하는데 이 과정이 조직화과정이다. 즉 조직화과정은 기업이 궁극적으로 추구하는 가치를 효과적이고 효율적으로 생산하기 위한 조직의 구성이다.

이것은 계획-중요활동의 결정-활동의 분류-작업할당과 권한 위임-통합-지휘 등의 과정으로 이루어진다. 조직화과정은 모든 구성원의 업무와 중요활동의 책임소재 및 명령과 보고라인, 마지막으로 갈등의 해결 등을 명시하게 된다.

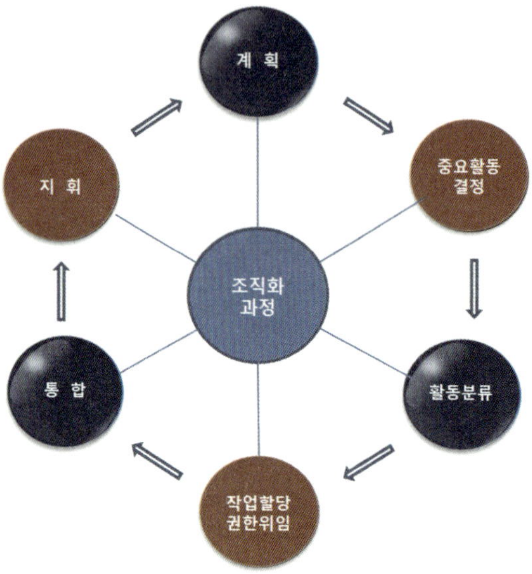

[그림 2-1] 조직화과정

중요활동의 결정은 조직의 목표로부터 발생된다. 즉 조직의 목표를 달성하기 위하여 필요한 활동을 결정한다. 이후 단계적으로 업무를 세분화한다. 업무가 구체적으로 세분화되면 관리하기 편리한 형태로 분류하여 집단화하는 과정이 활동의 분류이다. 이 과정에서는 공통성과 유사성이 깊은 활동들을 집단화시킨다. 각 활동들이 집단화되면 각 활동을 조직의 구성원에게 적절히 할당하고 구성원이 업무를 수행할 수 있도록 권한을 부여한다. 이 과정이 작업할당과 권한위임의 단계이며 이 과정에서 권한위임은 집단 간 또는 직위 간 유기적인 협조를 고려해야 한다. 할당된 작업과 권한의 긴밀한 협조가 수직적 또는 수평적으로 이루어질 수 있도록 의사결정의 경로와 책임의 소재를 명확히 하는 과정이 통합과정이다. 각 집단의 기능이 훌륭히 조합되어 조직의 목표를 달성할 수 있도록 통합되어야 한다. 통합과정이 잘 이루어지면 집단 간의 협조를 통하여 시너지(synergy)효과를 창출할 수 있다.

조직화과정은 몇 가지 원칙을 지켜야 하는데, 이것은 다음과 같다.

첫째, **기능화**: 조직의 업무를 분류함에 있어 기능에 따라 분류하는 원칙이다. 이는 효율적인 통합과 관리를 위한 필수적 요소이며, 조직화는 사람 중심이 아니라 업무 중심으로 분류하는 것이다.

둘째, **관리범위**: 한 사람이 관리할 수 있는 사람의 수를 결정하는 것이며, 일반적으로 상위계층은 4~5명, 하위계층은 8~12명이다. 관리할 수 있는 인원은 그 업무의 특수성에 따라 다르며 업무가 전문화될수록 그 숫자는 줄어든다. 또한 상급자의 능력, 조직 전체의 교육수준, 조직의 분포, 통신수단, 활동의 다양성 등에 따라 효과적으로 관리할 수 있는 사람의 수는 달라진다.

셋째, **권한위임**: 상급자의 명령이나 지시를 받지 않고, 독자적인 재량으로 직무를 수행할 수 있는 권한이다. 일선 근무자에게로의 권한위임은 신속한 의사결정을 가능하게 하고, 담당자의 사기를 높이며 창의력의 발휘가 가능하도록 한다.

권한위임은 전술한 바와 같은 장점이 있지만 여기에는 책임절대성의 원칙과 예외의 원칙이 있다.

① **책임절대성의 원칙**: 상급자가 하급자에게 권한을 위임했다 하더라도 결과에 대한 책임은 상급자에게 있다.

② **예외의 원칙**: 일상적이고 반복적인 업무는 일선 종업원에게 위임하고 상사는 예외적인 상황에 전념하는 원칙이다.

넷째, **권한과 책임**: 구성원의 업무와 관련하여 책임과 권한의 관계를 분명히 하고, 권한에 부합하는 책임을 수반하는 원칙이다. 조직 전체의 활동이 원활하게 이루어지려면 각 구성원의 권한과 책임이 분명해야 한다.

다섯째, **명령통일**: 조직의 질서를 유지하기 위하여 하급자는 한 명의 상급자에게 명령을 받아 업무를 진행해야 한다는 원칙이다. 이 원칙은 조직활동에서 나타날 수 있는 갈등을 최소화하기 위한 원칙이다.

여섯째, **노동분업**: 효율성을 높이기 위하여 업무를 전문화하는 원칙이다. 조직의 기원에서 기술한 것과 같이 분업은 조직의 생산성을 높이는 효과를 가져올 수 있다.

◆ **조직화과정의 원칙**

① 기능화	② 관리범위	③ 권한위임
④ 권한과 책임	⑤ 명령통일	⑥ 노동분업

2 경영조직의 구조

경영조직은 조직의 성격에 따라 수직적 조직이나 수평적 조직을 구성한다. 대부분의 조직은 수평적 조직과 수직적 조직을 병합하여 취하고 있으며 수직적 조직의 대표적인 예는 군대조직이다.

1) 수직적 조직

이것은 직위에 의한 계층 간의 분화이다. 최고경영자를 시작으로 일선 근무자까지의 수직적인 명령체계의 형성과 직무 및 권한 그리고 책임의 분화를 의미한다. 이 조직은 피라미드형 조직으로 불리기도 한다.

이 조직의 계층을 구분하면 최고경영자, 중간관리자, 하위관리자, 그리고 일선 종업원으로 구분된다.

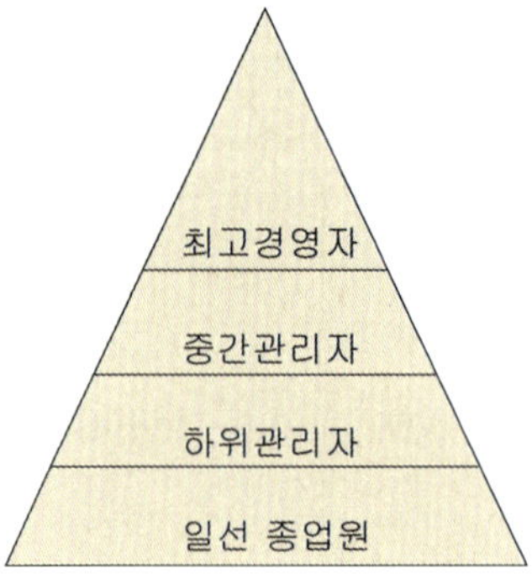

[그림 2-2] 수직적 조직

최고경영자는 기업의 경영 전반에 걸친 의사결정과 책임을 진다. 여기에는 사장, 전무, 상무 등이 포함되며 호텔의 사장, 총지배인, 그리고 임원이 여기에 해당한다. 중간관리자는 기업의 사업계획, 조정, 통제 등의 업무를 수행하며 부장, 과장 또는 각 부서의 부서장이 여기에 속한다. 이들은 최고경영층과 하위계층 간의 커뮤니케이션 통로역할을 한다. 하위관리자는 중간관리자의 명령을 받아 일선 종업원에게 전달하는 역할을 한다. 이들은 업무를 현장에서 감독하고 업무의 내용과 결과를 보고한다. 호텔의 각 업장지배인이 여기에 속한다. 일선 종업원은 실질적인 현장의 작업을 담당하는 종사원으로 호텔의 식음료에서는 웨이터와 웨이트리스가 여기에 속한다. 이들은 고객과의 긴밀한 소통을 통하여 고객만족을 창출하는 기업가치 창조의 중요한 역할을 담당한다.

상기와 같은 조직의 형태를 라인조직이라고 한다.

라인조직은 소규모조직에 적합한 조직이자 단일 명령권한으로 연결된 조직으로 지휘 시스템이 일원화되어 있다. 때문에 다음과 같은 장단점이 있다.

◆ **라인조직의 장단점**

(1) 장점

① 책임과 권한이 분명하다.
② 통솔력이 강하다.
③ 종업원 훈련이 용이하다.
④ 하급자 평가가 용이하다.
⑤ 조직의 안정성이 확보된다.
⑥ 경비를 절약할 수 있다.
⑦ 빠른 의사결정이 가능하다.

(2) 단점

① 권한이 한 사람에게 집중됨으로써 관리자의 독선이 있을 수 있다.
② '상명하달'의 형태로 하급자의 의욕이 상실될 수 있다.
③ 자율성의 한계가 존재하므로 창의력이 결여될 수 있다.
④ 직무범위가 넓어 주무자의 양성이 용이하지 않다.

2) 수평적 조직

이것은 기업의 업무와 책임 그리고 권한을 수평적으로 분화하는 구조이다. 여기에는 기능별 수평조직과 목적별 수평조직이 있다.

(1) 기능별 수평조직

조직을 그 기능에 따라 분화하여 집단화하는 구조이다. 이 구조는 전문화를 촉진시키고 효율적 업무수행에 효과적이다. 그러나 조직이 커질수록 신속한 의사결정이 이루어지지 못하고 조직 전체의 효율적인 통제가 어려워진다. 총무부, 인사부, 회계부, 구매부, 객실부, 식당부 등으로 구분하는 것이 기능별 수평조직 구조이다.

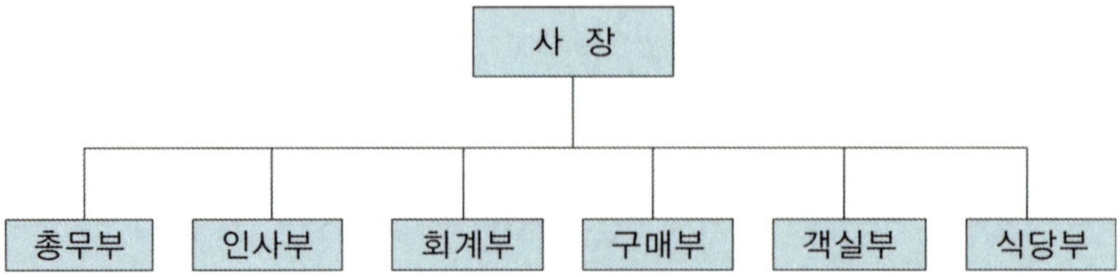

[그림 2-3] 기능별 수평조직

(2) 목적별 수평조직

목적을 달성하기 위하여 목적을 중심으로 조직된 조직구조이다. 일반적으로 목적별 수평조직에는 제품별 수평조직, 고객별 수평조직, 그리고 지역별 수평조직 등이 있다. 대표적인 예로 정부의 부처가 목적별 수평조직의 형태를 갖추고 있으며, 호텔의 식음료부서가 이러한 조직구조를 갖추고 있다.

수평조직은 라인조직의 단점을 보완하고 부문별 전문 관리자가 업무를 지휘 감독하는 조직이다. 이 조직의 성공 관건은 각 기능별로 분화되어 있는 조직을 어떻게 유기적으로 연결할 것인가이다. 수평조직의 장단점은 다음과 같다.

• 수평조직의 장단점

(1) 장점

① 업무의 관리와 감독의 전문화가 가능하다.

② 각 부문별 성과급제의 실현으로 구성원의 동기부여가 가능하다.

(2) 단점

① 관리비용이 증대된다.

② 빠른 의사결정이 용이하지 않다.

③ 책임소재가 불분명하다.

④ 집단이기주의가 발생할 수 있다.

상기와 같은 각 조직구조의 장단점을 고려하여 대부분의 기업은 두 가지의 조직구조를 혼용하고 있다.

제2절 호텔 식음료조직

1 식음료조직

식음료부문의 조직은 호텔과 레스토랑의 특성에 따라 업무를 분화하고 관련된 업무를 묶는 기능화를 추구하는 한편 부문 간의 연결은 어떻게 할 것인가를 결정해야 한다.

따라서 호텔의 규모에 따라 직급 및 직무의 한계에 차이가 있다. 따라서 '특정 조직의 형태가 반드시 옳다'고 할 수 없으며 시장의 환경에 따라 대응할 수 있는 조직을 구성하여야 한다. 특히, 식음료부문은 일선 종업원의 인적 서비스로 제품이 완성되므로 고객의 만족과 성과를 일선 종업원에 의존하게 되고 일선 종업원의 능력과 수는 인건비와 연결되므로 조직의 구성은 기업의 성과와 연계된다.

식음료부문은 팀조직으로 형성된다. 자신의 업무가 별도로 있는 것이 아니므로 레스토랑 내에 있는 일선 종업원은 고객만족을 창출하기 위하여 필요한 모든 활동을 수행해야 한다.

레스토랑의 조직은 다음과 같은 요인에 의해 결정된다.

① 레스토랑의 위치
② 레스토랑의 영업시간
③ 레스토랑의 종류
④ 레스토랑의 규모
⑤ 레스토랑의 서비스형식

일반적으로 식음료부문은 식당과, 음료과, 그리고 연회과로 구분된다. 그러나 비용절감의 차원에서 음료과의 업무를 식당과와 연회과로 통합하여 식당과와 연회과의 두 부문으로 운영된다. 각 부문의 조직구조는 다음과 같다.

① **식당과**: 양식, 일식, 중식, 한식 등 각 식당 영업 및 고객관리
② **연회과**: 연회장의 영업과 관련된 업무 및 고객관리

레스토랑의 전체적인 조직구조는 라인조직을 택하고 있다. 즉 식음료 팀장의 명령을 식음료 부팀장이 받아 이를 하급종업원에게 전달하고 지휘한다. 그러나 실제 레스토랑의 모든 서비스직원은 고객만족을 창출하는 공동체로서 업무를 수행하고 있다.

2 식음료조직 구성원의 업무

식음료조직은 [그림 2-4]와 같으며 그 구성원의 임무는 다음과 같다.

1) F&B Director

식음료부서의 최고책임자로서 영업에 관한 정책 수립 및 계획, 각 레스토랑 관리, 식음료 종업원의 인사관리 등 식음료부의 전반적 운영에 대한 관리자이다. 호텔의 규모에 따라 이사 또는 부장에 해당하며 작은 호텔은 과장이 팀장이 되기도 한다.

또한 식음료 팀장은 타 부서와 긴밀한 협조를 유지해야 한다.

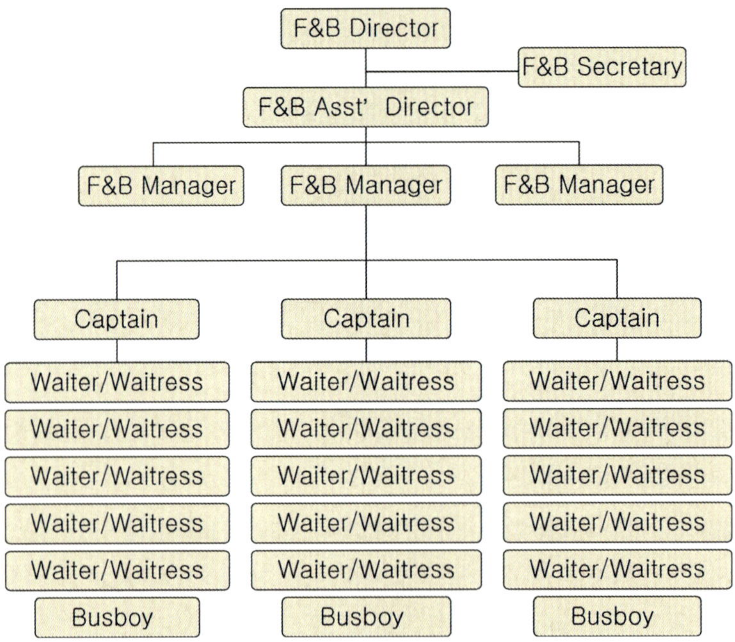

[그림 2-4] 식음료조직의 예

2) F&B Asst' Director

개별 레스토랑 전체의 운영상태와 문제점을 파악하고, 운영에 관한 책임을 지며, 종업원의 인사관리, 서비스 교육을 담당한다. 식음료 팀장을 보좌하며, 부재

시 업무를 대행한다.

3) Outlet Manager

개별 레스토랑의 책임자로서 영업장의 운영, 고객관리, 인사관리, 교육과 훈련 그리고 일선 종업원과 경영자 간에 커뮤니케이션 통로의 역할을 한다.

Outlet Manager의 업무는 다음과 같다.

① **업장관리**: 매출관리, 재고관리, 업장의 환경정돈, 원가관리, 행사기획 등
② **고객관리**: 고객대장관리, 고객불평처리 및 예방, 예약관리
③ **인력관리**: 근태관리, 인사고과, 교육훈련, OJT(on the job training)
④ **재산관리**: 집기 및 비품 관리, 레스토랑의 식자재 관리
⑤ **문서관리**: 문서의 기록 및 보관

4) Captain

레스토랑의 접객 책임자로서 영업 준비상태를 점검하며 종업원의 복장과 용모를 점검한다. 고객을 영접하고 주문과 서비스를 총괄한다. 호텔 내외의 전반적인 상황을 숙지하여 이를 종업원에게 교육하며 고객에게 유익한 정보를 제공한다. 예를 들면 교통편, 관광지, 그리고 호텔의 각종 행사 및 시설의 위치를 숙지하여 다양한 고객의 욕구에 부응할 수 있도록 한다. 마지막으로 주문전표와 계산서를 관리한다. 주문전표는 일련번호의 순으로 사용해야 하며 3장 1조로 구성되어 있다.

5) Waiter/Waitress

고객의 주문에 따른 식음료를 고객에게 제공하는 종업원이며, 고객의 가장 가까운 곳에서 고객에게 봉사하는 종업원이다. 레스토랑의 영업에 필요한 각종 기물을 관리하며 레스토랑이 항상 고객을 맞이할 수 있도록 준비한다. 예를 들면 테이블과 의자의 배열 및 청결상태 유지, caster set의 유지, knife와 fork의 청결과 적정수량 파악 및 배치, 리넨류의 적정수량 보유 등 실무적인 사항을 수행하는 종업원이다.

6) Busboy

waiter와 waitress가 훌륭한 서비스를 제공할 수 있도록 보좌한다. 테이블의 세

팅과 청소, 각종 기물류와 리넨류의 보급, 주문된 요리의 배달 그리고 이미 사용한 기물과 리넨의 이동을 맡는다. 이들은 고객에게 직접 서비스를 제공할 수 없으며 이 과정에서 waiter와 waitress의 업무를 학습하게 된다. 요즘은 인건비의 과중으로 waiter와 waitress의 업무에 포함시키는 경우가 많다.

제3절 식음료의 특성

식음료는 고객의 생리적 욕구를 만족시키는 동시에 즐거움을 제공하는 곳이다. 식음료는 유형의 제품과 무형의 인적 서비스가 제품을 완성시킨다. 따라서 식음료는 제품의 생산과 배달과정을 철저히 관리하지 않으면 실패할 가능성이 높으며, 타 산업과 다른 특성을 가지고 있다. 식음료의 특성에는 서비스상의 특성, 마케팅상의 특성, 제품상의 특성, 그리고 재무비용상의 특성이 있다.

1 서비스상의 특성

1) 인적 서비스의 의존도가 높다

레스토랑은 일정한 공간에 고객이 식사할 수 있는 시설을 갖추고 고객의 주문에 의해 식사와 음료를 제공하는 기업이다. 즉 유형적인 메뉴와 무형적인 인적 서비스가 동시에 제공되는 기업이다. 그리고 식음료제품의 완성은 반드시 인적 서비스에 의해 가능하다. 고객의 주문을 바탕으로 주방에서 요리가 만들어지며, 레시피에 의해 조리된 식음료는 서비스 종업원을 통하여 고객에게 제공된다. 즉 거의 모든 과정을 종업원이 수행하므로 인적 서비스가 식음료업장의 핵심이라 할 수 있다.

2) 서비스가 다양하다

현대의 레스토랑은 단순히 배고픔을 해결하고 생명을 연장하는 역할을 하는 것이 아니라 친교와 추억 그리고 건강에 유익한 먹거리 등 다양한 욕구를 해결하는 역할을 한다. 이러한 고객의 욕구를 충분히 해결해 줄 수 있는 레스토랑이 고객의 선택을 받고 이러한 레스토랑이 존속할 수 있는 것이다. 예를 들어 대형 레스토랑 중 몇몇 레스토랑은 어린이놀이방을 꾸며 어린아이가 있는 가족이 단란하게 식사할 수 있도록 하고 있다. 또한 카드회사와 제휴하여 해당 카드로 결재하면 경제적 혜택을 부여하는 레스토랑도 있으며, 식당 내에 컴퓨터를 설치하여 업무를 처리할 수 있도록 고객을 배려하고 휴대폰 배터리를 충전해 주는 레스토랑도 있다. 이러한 서비스는 개별 레스토랑이 경쟁우위를 확보하기 위하여 경쟁레스토랑과 차별화하여 제공하는 서비스이며 고객들은 더 많은 욕구를 레스토랑에서 해결할 수 있기를 바란다.

2 마케팅상의 특성

1) 공급곡선이 수직이다

공급곡선이 수직이라 함은 잘 이해가 되지 않을 것이다. 이것은 수용력의 개념으로 파악해야 한다. 일반적인 제품은 공급곡선이 '0'에서 산술급수적으로 증가한다. 예를 들면 새로운 음료수를 출시하는 회사가 음료수 개발과정에서 시장의 욕구를 발견하고 미래의 상품성을 판단할 것이다. 이 과정에서 미래의 상품성이 확인된다면 제품화할 것이며 전자의 상품성을 다시 한번 확인하기 위하여 시음행사를 개최하고 고객의 반응을 면밀히 살필 것이다. 이 과정에서 고객의 반응이 좋으면 시장의 유통망을 통하여 판매를 촉진할 것이다. 이러한 단계를 거치면서 첫 단계에서는 100병을 만들어 유통시키고 그 다음은 150병, 200병으로 늘려갈 것이다. 그러나 레스토랑은 시장조사과정에서 고객의 욕구를 발견했다면 음료수와 같이 시음행사를 통하여 다시 한번 확인할 수 있는 기회가 없다. 인테리어공사를 하고 집기를 구매하고 종업원을 채용하여 특정한 날에 영업을 시작하게 되며 이때 특정한 시점에서 레스토랑의 좌석이 생기는 것이다. 개별 레스토랑이 최초에 좌석을 10석으로 오픈하여 고객의 호응이 좋으면 좌석을 15석, 20석으로 늘려가는 것이 불가능한 것이다.

2) 직접재료비 산출이 용이하다

식음료의 제품은 철저히 레시피에 의해 조리된다. 이는 레스토랑의 제품을 표준화할 수 있는 최선의 방법이며, 레시피에는 정확한 조리방법과 식재료의 양이 기입된다. 따라서 1인분의 요리를 완성하는 비용을 정확히 산출할 수 있다. 예를 들면 1인분의 스테이크에 제공되는 호주산 쇠고기가 200g이라고 하자. 이때 1kg의 호주산 쇠고기가 2만 원이라면 1인분의 쇠고기 값은 4천 원이다. 그러나 완성된 스테이크는 소스, 가니쉬 등이 포함되고 스테이크용 고기를 손질하는 과정에서 약 10%의 사용할 수 없는 부위가 폐기되므로 실제로 이보다 복잡하지만 레시피에 의해 직접 재료비의 산출이 가능하다. 직접재료비라 함은 메뉴의 식재료원가를 의미하며 광열비, 인건비 등은 여기에 포함되지 않는다.

3) 성수기와 비수기의 매출차이가 크다

식음료는 성수기와 비수기가 분명하다. 예를 들면 소주방과 호프집이 그렇고 냉면집과 삼계탕집이 그렇다. 이는 계절이 분명한 우리나라에서 나타나는 현상이며, 주말과 평일 그리고 점심과 저녁의 차이는 좀 더 일반화된 사실이다. 이러한 성수기와 비수기의 차이는 리조트지역에서 심하게 나타나며 이러한 수요의 변화에 발맞추어 계절식당이 영업을 하기도 한다.

3 제품상의 특성

1) 무형성

전술한 바와 같이 식음료제품은 유형적 제품이 무형적 인적 서비스를 통하여 완성된다. 무형적 인적 서비스는 제품의 구성에 포함되는 것이다. 만약 훌륭하게 데커레이션되고 맛이 뛰어난 요리가 친절하고 정중한 서비스를 통하여 제공된다면 고객은 더욱 만족할 것이다. 그러나 같은 제품이라도 불친절한 종업원을 통하여 제공된다면 고객은 맛있는 식사를 했다고 생각지 않을 것이다.

서비스는 무형적 특성을 가지고 있으므로 고객은 특정 레스토랑에서 훌륭한 서비스를 제공받을 수 있는가에 대하여 고민하게 된다. 이때 레스토랑의 경영자는 종업원에게 유니폼을 착용하게 하고 화려한 인테리어와 고급스러운 기물 등을 통하여 자신의 레스토랑이 친절한 서비스를 제공하고 있음을 알려야 한다.

2) 비저장성

식음료제품은 저장할 수 없다. 물론 식재료는 저장할 수 있다. 그러나 완성된 제품은 저장할 수 없으므로 식음료제품은 고객의 주문에 의해 요리되기 시작한다. 그리고 수용력의 개념에서 살펴보면 식음료가 제공되는 레스토랑의 공간 즉 좌석은 해당시간에 세일즈하지 못하면 생명력을 잃어버린다. 관광학에서는 항공사의 좌석과 호텔의 객실을 예로 든다. 항공사 비행기 좌석은 빈 좌석을 저장해 좌석이 부족할 때 제공할 수 없듯이 호텔의 객실 또한 마찬가지이다.

따라서 레스토랑과 항공사 그리고 호텔은 저장할 수 없는 제품을 적극적으로 판매하기 위하여 비수기에 다양한 판매전략을 수행한다. 레스토랑이 점심시간에 가격할인을 하는 이유도 이러한 이유에서이다. 이러한 주어진 조건에서 최대의 매출을 달성하고자 하는 전략이 'yield management'이다.

예를 들면 공책을 만드는 회사에서 신학기 공책이 1,200권 필요하다고 판단되면 한 달에 100권을 만들 수 있는 라인과 인력으로 운영해 이를 저장했다가 신학기에 판매하면 된다. 그러나 레스토랑은 점심시간에 만들어놓은 요리를 저녁에 팔 수 없다. 따라서 서비스 인력의 수급 또한 문제가 된다. 바쁜 시간에는 인력이 부족하고 한가한 시간에는 인력이 남는 현상이 발생하기 때문이다.

3) 이질성

레스토랑의 품질은 일관성을 유지하기 힘들다. 인적 서비스를 통하여 제품이 완성되고 인적 의존도가 높기 때문이다. 즉 제품의 생산과정에서 종업원의 역할이 많다는 것이다. 같은 요리라도 제공하는 종사원의 접객태도에 따라 고객이 느끼는 제품의 만족도는 상이하게 나타날 것이다. 즉 표준화에 문제가 발생한다. 레스토랑은 이를 해결하기 위하여 레시피를 통하여 조리방법을 통일하고 서비스 종업원의 반복적인 서비스교육을 통해 품질을 표준화시키고자 한다.

4) 비이동성

위에서 서술한 공책의 예를 다시 한번 들어보자. 신학기 공책의 수요는 대도시 학교 인근이다. 그러나 대도시 근거리에 공장을 세우려고 하니 임대비가 많이 든다. 이때 경영자는 임대비가 저렴한 지역에 공장을 설립하고 완성된 공책을 수요가 발생하는 대도시로 이동시킬 수 있다. 그러나 레스토랑은 고객이 레스토랑에 방문하지 않으면 판매가 곤란하다. 물론 배달서비스도 있지만 대부분의 경우 배달서비스가 되지 않는다.

비이동성이라는 특성 때문에 레스토랑의 지리적 환경은 매우 중요하다. 접근성이 우수한 레스토랑, 경관이 훌륭한 레스토랑 등 저마다의 특성을 통하여 고객에게 판매를 촉진해야 한다.

5) 참여성

레스토랑은 판매시점에 고객과 종업원 그리고 주위의 사람들이 참여한다. 고객의 주문으로 요리가 시작되므로 고객은 참여를 시작하고 요리가 서비스되는 동안 종업원과 지속적인 커뮤니케이션을 통하여 참여하게 된다.

또한 주위의 고객들도 거래과정에 참여한다. 혼잡한 레스토랑에서의 식사와 조용한 레스토랑에서의 식사, 그리고 유명연예인이 옆 테이블에서 식사하고 있을 때의 식사를 생각해 보자. 유명연예인이 방문하는 식당은 무언가 다른 점이 있을 것이라 여겨질 것이다.

6) 품질측정의 곤란함

레스토랑의 제품과 서비스는 경험 전에는 평가할 수 없다. 따라서 고객은 경험하기 전에 '맛이 없지 않을까? 서비스가 나쁘진 않을까? 다른 레스토랑이 더 맛있고 훌륭한 서비스를 하지 않을까?'라는 의심을 갖게 되며 이런 실패가능성은 지각된 위험이다. 지각된 위험을 감소시키기 위하여 레스토랑은 주위를 깨끗하게 하고 아름다운 간판을 설치하고 종업원에게 멋있는 유니폼을 착용시킨다. 호텔이 아름다운 외관을 만들고 로비에 고가의 대리석과 미술품 그리고 샹들리에를 설치하는 것 또한 이러한 이유에서이다.

품질은 세 가지군으로 구분할 수 있다. 탐색품질, 경험품질 그리고 신용품질이 그것이다. 일반적인 제품은 탐색품질의 군에 속한다. 공책을 사고자 하면 고객은 구매 전 공책의 디자인 크기와 종이의 품질을 충분히 탐색할 수 있다. 그러나 레스토랑의 제품과 서비스는 경험하지 않으면 품질을 탐색할 수 없다. 경험 후 요리와 서비스에 대한 평가가 이루어질 수 있는 것이다. 또한 구매 후 일정시간이 지나도 품질을 판단할 수 없는 신용품질도 있다. 대표적인 신용품질은 보험이다. 재해보험에 가입한 후 이것이 좋은지 나쁜지를 평가하려면 재해를 당해봐야 한다. 더 나아가 생명보험에 가입하면 그 보험의 품질은 대부분 내가 판단할 수 없고 사후에 가족들이 판단할 수 있는 것이다.

4 재무비용상의 특성

1) 인건비 높음

서비스상의 특성 중 '인적 의존도가 높은 특성'과 같은 맥락에서 살펴볼 수 있다. 인적 의존도가 높다는 것은 제품을 완성하기 위하여 종업원이 많이 필요하고, 고품질의 제품과 서비스를 생산하기 위하여 고도의 숙련된 종업원이 필요하다는 의미이다. 숙련된 종업원과 많은 종업원은 결국 인건비 부담으로 기업에 나타난다.

2) 고정비 높음(손익분기점 높음)

레스토랑은 일반기업보다 고정비가 높다. 즉 고객이 많이 방문하나 방문하지 않으나 고정적으로 지출되는 비용이 높다. 고객이 방문하지 않는다고 간판을 끌 수 없듯이 고객이 방문하지 않는 시간이라고 해서 에어컨을 끌 수는 없다. 이는 고객이 언제 오더라도 상쾌한 기분을 맛볼 수 있어야 하기 때문이다. '고정비가 높다'는 것은 같은 조건에서 손익분기점의 향상이라는 결과를 초래한다.

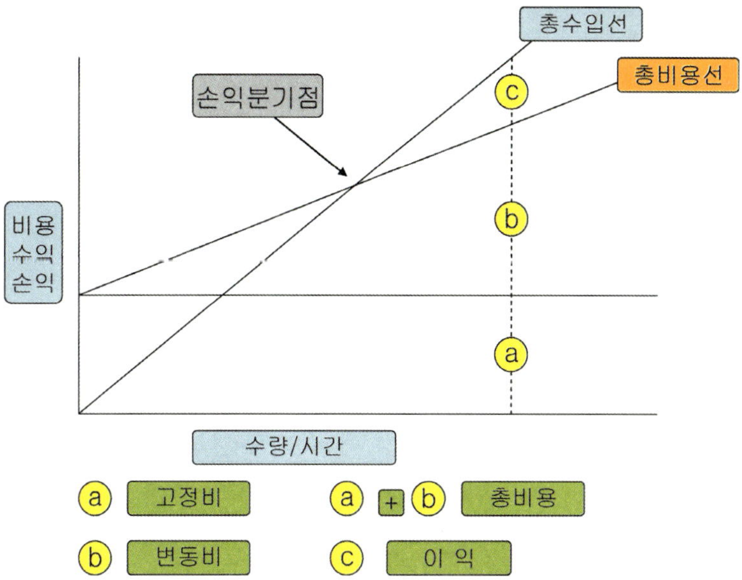

[그림 2-5] 손익분기점

3) 직접재료비 높음

일반적으로 식음료에서 식료의 원가는 30~35%, 음료의 원가는 10~15%로 산정한다. 식료의 직접재료비는 타 산업보다 높다. 이는 총원가에서 직접재료비가 차지하는 비율을 의미하는 것으로 직접재료비가 총원가의 70% 이상을 차지하는 레스토랑도 있다.

4) 비생산적 공공장소 필수적(웨이팅존, 놀이방)

레스토랑은 고객의 다양한 욕구에 대응하여 고객의 만족을 창출하기 위해 비생산적 공공장소를 만들어야 하는 경우도 있다. 대형식당의 놀이방이 대표적인 예이다. 놀이방은 매출이 발생하는 공간은 아니지만 식당의 상당부분을 차지한다. 또 고객이 기다리는 동안 지겹지 않게 하기 위하여 각종 편의시설이 있는 웨이팅존을 만들기도 한다.

CHAPTER 03

식음료의 이해

제1절 레스토랑의 기원
제2절 레스토랑의 정의와 유래
제3절 레스토랑의 종류

제3장

식음료의 이해

제1절 레스토랑의 기원

레스토랑의 기원은 주거지를 떠나 이동한 것으로부터 시작되었다고 할 수 있다. 이동은 사람들에게 많은 것의 필요성을 느끼게 만들었을 것이다. 본서는 이동의 관점에서 레스토랑의 기원을 살펴보고자 한다.

1 이동과 관광

1) 욕구

사람의 삶은 희로애락으로 구성되어 있으며 사람들은 희와 낙의 시간이 좀 더 많아지기를 기원한다. 그러니 항상 기쁘거나 즐거울 수는 없으며 사실 즐겁거나 기쁠 때보다 그렇지 않은 시간이 더 많다.

'사람은 언제 즐겁고 기뻐할 수 있는 것일까?'라는 고민은 타 학문에 맡기기로 하고 본서에서는 욕구에 대해 잠시 언급해 보겠다. 사람이 즐거울 때는 원하는 것이 충족되는 경우일 것이다. 즉 이때 사람은 만족하게 되고 기뻐하게 되는 것이다. 만족이 긍정적 행동의 동인으로 작용하는 것은 많은 연구 결과로 보고된 바 있다. 즉 만족은 재방문, 구전, 충성도, 태도 등에 긍정적 영향을 미치는 것으로 보고되고 있다.

인간의 욕구에 대한 고찰은 많은 학자들로부터 연구되어 왔다. 그중 가장 대표적인 이론이 매슬로의 욕구 5단계설이다. 이 이론은 관광학 분야에서 많은 학자들에 의해 인용되어 왔다. 그러나 매슬로뿐만 아니라 많은 학자들이 욕구에 대해 다양한 주장을 하고 있다. 욕구들 중 '인간의 욕구는 쾌락 한 가지다'라고 주장한 학자는 인간의 행동은 모두 쾌락을 위한 것이라고 주장하였다. 이는 식욕, 성욕, 그리고 성취욕까지 모두 쾌락을 위한 것으로 보는 것이다. 그러나 이러한 주장은 복잡한 인간의 행동을 설명하기에 부족하여 이후 다양한 연구가 이루어졌다. 인간의 욕구는 안전의 욕구, 존경의 욕구, 정의의 욕구로 구성되어 있다고 주장한 연구자도 있다. 매슬로는 생리적 욕구, 안전의 욕구, 사회적 욕구, 존경의 욕구, 그리고 자아실현의 욕구로 구분하였으며, 인간의 욕구를 구체적으로 구분하여 250가지로 설명한 학자도 있다.

관광학에서 인용되고 많은 심리학 책에서도 인용하고 있는 매슬로의 욕구설은 엄밀히 이야기하면 욕구 5단계설이다. 즉 욕구란 단계를 밟아 올라가는 것으로 생리적 욕구가 충족되면 안전의 욕구가 발생하고 안전의 욕구가 충족되면 사회적 욕구가 표면화되는 것으로 설명하고 있다. 그러나 이러한 단계설은 관광의 모든 종류를 설명하지 못하고 있다. 예를 들면 분단국인 우리나라의 임진각을 관광지로 선택하는 사람들의 심리와 탐험가들의 심리를 설명하지 못하는 단점이 있다.

오늘날 사회가 과거보다 복잡 · 다양해졌다는 것은 모두가 동의하는 사실일 것이다. 이에 따라 사회를 구성하는 구성원들의 욕구도 매우 다양해졌다. 관광현상도 다양한 욕구의 한 형태로 나타난 것이다.

2) 관광과 이동

가처분소득의 증가, 여가시간의 증대, 그리고 가치관의 변화 등으로 오늘날의 관광은 선택이 아니라 필수의 소비자 행동으로 나타나고 있다. 일반적으로 관광은 학자에 따라 다양하게 정의되고 있지만 몇 가지 공통된 의견이 있다.

관광의 정의에 있어서 첫째, 일상거주지를 떠나 이루어지는 행위 둘째, 다시 돌아올 목적으로(회귀성) 떠나는 행위 셋째, 타 지역의 문물 · 문화 등을 보고 즐기며 배우는 행위 등의 요건에 대한 이견은 없을 것이다. 즉 관광이란 다시 돌아올 목적으로 일상거주지를 떠나 타 지역의 문물 · 문화 등을 보고 즐기며 배우는 행위이다.

여기에서 우리가 주목할 부분은 일상거주지를 떠나는 행위와 다시 돌아오는 행위이다. 즉 인간의 이동에 주목하고자 한다.

다시 말하면 공간의 이동이 없으면 관광이 이루어질 수 없다는 것이다. 인간의 이동과 관광과의 관련성을 살펴보면 다음과 같다.

전통적으로 인간은 일정한 장소에 정주하여 안정적인 생활을 영위하고자 한다. 그러나 여러 가지 이유로 인간은 한곳에 정주하여 살지 못한다. 현대의 풍요로운 삶으로 일부 사람들은 정주생활이 가능해졌지만 과거에는 그렇지 않았다.

이를 구석기시대, 신석기시대, 고대시대, 중세시대, 근대시대로 구분하여 이동에 대해 살펴보자.

(1) 구석기시대

최초의 구석기시대 사람들은 전술한 바와 같이 수렵하기 위하여 분업을 시작하였을 것으로 추정되며, 수렵과 나무열매 등을 채집하기 위하여 동물이 가는 곳으로 그리고 나무열매가 많은 곳으로 이동하며 생활하였다. 정주생활을 하지 못하였다. 즉 구석기시대 사람들은 먹을 것을 해결하기 위하여 이동하였다.

(2) 신석기시대

신석기시대 사람들은 농경을 시작하면서 한곳에서 먹을거리가 해결되어 정주생활을 하기 시작하였다. 농경생활로 이 시대 사람들은 토지를 재산으로 소유하게 되었으며 좋은 토지와 더 많은 토지를 소유하기 위하여 전쟁이 발발하여 이동하게 되었다. 그러나 구석기와 신석기시대 사람들의 이동은 단순한 이동에 불과하였다. 따라서 관광에서의 이동과는 거리가 멀다.

(3) 고대시대

고대시대는 진정한 관광으로서의 의미가 포함된 이동이 이루어졌다. 그리스, 로마 등의 문명이 탄생하였으며, 로마시대는 대제국을 통치하기 위하여 도로망과 운송기술이 확립되었다. 무역이 활발하여 무역을 위한 이동이 이루어졌으며, 그리스에서는 온천여행과 축제 또는 올림픽 참여 등을 위한 진정한 관광으로서의 이동이 이루어졌다.

(4) 중세시대

중세는 정치, 경제, 사회, 문화에 종교가 지배적인 영향을 미치는 시대였다. 종교지도자의 종교적 순례가 이루어졌으며, 일부 모험을 추구하는 사람들은 먼 거리를 여행하기도 하였다. 그러나 고대시대에 비해 풍요롭지 않았으므로 여러 가지 측면에서 발전이 퇴보하는 암흑기였다. 고대시대에는 무역이 발전한 반면 중세시대에는 농경생활이 근본이 되는 사회였다. 때문에 이동도 활발하지 않았고 일부 계층에서만 이루어졌다.

(5) 근대시대

근대는 생활의 풍요로움을 가져오기 시작한 시대이다. 종교적 사고가 모든 일의 중심이었던 중세시대에 십자군전쟁이 가져온 피해로 인본주의가 탄생하였다. 인본주의는 물질의 욕구를 나았으며 이로 인하여 무역이 확대되어 활발한 이동이 이루어졌다. 그리고 인본주의는 과학의 발전을 가져왔으며 자본가를 출현시켜 농업혁명을 가져왔다. 이러한 현상은 농촌에서 잉여노동력의 발생으로 이어졌으며 잉여노동력은 도시로 이동하여 도시화를 가속화했다.

전술한 바와 같이 인본주의, 무역의 확대, 노동력의 도시집중, 자본가의 출현 등은 산업혁명을 가져왔으며 산업혁명은 현재 풍요로운 삶의 출발점이 되었다.

Tip

- **산업혁명의 특징**

① 가계경영에서 공장경영으로
② 규모의 경제 탄생
③ 기술발전
④ 노동생산성 향상
⑤ 농업의 기계화(잉여노동력 발생-이농현상 발생)
⑥ 중산층 증가
⑦ 가처분소득 증가
⑧ 여가의 증대(노동조합 태동)
⑨ 가치관 변화

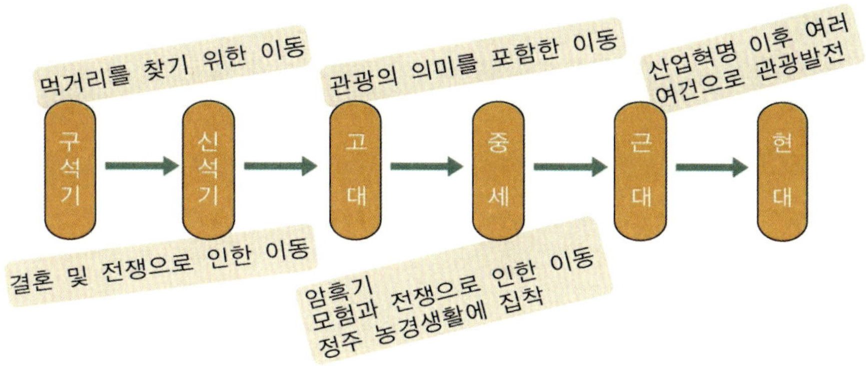

[그림 3-1] 이동과 관광

2 이동과 레스토랑

사람의 이동은 잠자리와 먹을거리가 해결돼야 가능하다. 최초의 사람들은 먹거리를 가지고 또는 먹거리를 이동 중에 해결하고 야외에서 잠을 자면서 이동하였을 것이다. 그러나 세월이 흐르면서 좀 더 편안한 잠자리와 식사를 하고자 하는 욕구가 발생하였을 것이다. 이러한 욕구에 부응하여 편안한 잠자리와 식사를 제공하는 숙박업소가 생겨났을 것이다.

결론적으로 이동과 레스토랑의 생성배경을 살펴보면 정치와 경제적 배경을 들 수 있다. 종교전쟁 이후 나타난 인본주의는 물질적 욕구를 낳았으며 욕구를 충족시키기 위하여 활발한 상거래를 통한 이동이 이루어졌으며, 넓은 국가를 원활하게 다스리기 위한 정치적 이유로 이동이 이루어졌다. 이러한 이동은 레스토랑의 생성배경이 되었다.

고려시대 역참제(22역도와 525역참)와 조선시대 관과 원(관영숙박시설), 그리고 주막(사설숙박시설) 등이 우리나라에서 레스토랑의 유래를 찾아볼 수 있는 시설이다. 『삼국사기』에는 경주에 시장이 있었으며 당의 상인뿐만 아니라 서역상인이 왕래했다는 기록이 있다. 따라서 경주에 이들 상인을 위한 숙식시설이 있었음을 알 수 있다. 『고려사』에는 고려시대 개성에 성례, 약빈, 연령, 희빈 등의 이름을 가진 레스토랑이 있었다는 기록이 있다. 그리고 조선시대 성균관에는 선비들이 식사하던 장소를 식당이라 하였고 이 식당에는 한 끼에 200명 정도가 식사하였으며 이곳에서 음식을 제공하는 사람을 '식당지기'라 불렀다는 기록이 있다.

서양에서는 이집트에 곡물, 들새고기, 양파요리 등을 제공하는 음식점이 최초로 등장했다. 이 레스토랑에는 소녀의 출입을 금하였으며 이들은 결혼 이후에 출입이 가능했고 소년은 부모동반 시에만 출입이 가능하였다. 로마시대 나폴리의 '베수비우스(Vesuvius)'산 중턱 휴양지에는 'eater out(식사하는 곳)'이 많았으며, 카라칼라(Caracalla)라는 대중목욕탕 유적에서 식당의 흔적이 발견되었다.

제2절 레스토랑의 정의와 유래

1 레스토랑의 정의

레스토랑은 소비자의 욕구에 대응하여 영리 또는 비영리의 목적으로 일정한 장소에서 편안히 먹을 수 있는 시설을 구비하고 고객의 주문에 의해 식음료를 제공하는 기업이다.

미국 Webster사전에는 'restaurant'을 일반 대중이 휴식을 취하거나 식사할 수 있는 시설로 정의하고 있으며, 영국 Oxford사전에도 이와 동일한 정의를 내리고 있다. 국어사전에는 '식사를 할 수 있게 시설을 갖춘 장소 또는 음식을 만들어 손님에게 파는 가게'로 정의하고 있다.

프랑스 대백과사전에는 'restaurant'의 어원을 'de restaurer'로 들고 있는데 'restaurer'는 '수복하다, 재흥하다, 기력을 회복시킨다'라는 의미이다. 전술한 근거를 잘 살펴보면 미국, 영국, 프랑스 등 서구에서 사용하는 'restaurant'에는 휴식과 재충전의 의미가 포함되어 있고, 우리나라의 개념에는 휴식과 재충전의 개념은 없고 단순히 식사할 수 있는 공간으로 정의하고 있다. 이는 식사에 대한 문화적 차이에서 발생하는 관념의 차이라고 할 수 있을 것이다. 그러나 오늘날 우리나라도 레스토랑을 단순히 식사하는 장소가 아니라 친교, 만남 등을 위한 장소로 인식하고 있다.

예를 들어 '시간 있으면 식사 한번 하죠?'라는 말은 단순히 식사가 아니라 친분을 쌓기 위하여 또는 고마움을 표시하기 위하여 사용되는 인사말이라 할 수 있다. 따라서 동서양을 막론하고 오늘날의 레스토랑은 서비스, 분위기, 휴식, 그리고 맛 등이 하나의 상품으로 구성된 제품을 판매하는 기업이라 할 수 있다.

◆ **레스토랑의 정의**

① 미국 Webster사전과 영국 Oxford사전에 'restaurant'은 일반 대중이 휴식을 취하거나 식사할 수 있는 시설로 정의
② 프랑스 대백과사전에는 'restaurant'의 어원을 'de restaurer'로 들고 있으며 'restaurer'는 '수복하다, 재흥하다, 기력을 회복시킨다'는 의미
③ 국어사전에는 '식사를 할 수 있게 시설을 갖춘 장소 또는 음식을 만들어 손님에게 파는 가게'로 정의

2 레스토랑의 유래

현재 'restaurant'이라는 말은 1765년 프랑스의 몽 블랑거(Mon Boulanger)라는 식당의 주인이 '블랑거는 신비의 스태미나요리를 판매 중'이라는 POP(Point Of Purchase)를 내걸고 양 다리와 흰 소스를 끓여 'restaurant'이라 이름 붙인 soup를 판매하였는데 대중에게 인기가 높았다. 오늘날 식당이라는 말 즉 'restaurant'의 유래는 여기서 찾아볼 수 있다.

◆ **레스토랑의 유래**

① 1765년
② 프랑스의 몽 블랑거(Mon Boulanger)라는 식당의 주인
③ '블랑거는 신비의 스태미나요리를 판매 중'이라는 POP를 내걸고 양 다리와 흰 소스를 끓여 'restaurant'이라 이름 붙인 soup를 판매

제3절 레스토랑의 종류

레스토랑의 종류는 그 분류기준에 따라 다양하게 나눌 수 있다. 본서에서는 명칭에 의한 분류, 서비스형식에 의한 분류, 서비스조직 편성에 의한 분류, 제공품목에 따른 분류 등의 4가지 분류기준을 중심으로 레스토랑의 종류를 살펴보기로 하겠다.

1 명칭에 의한 분류

레스토랑은 다양한 명칭으로 운영되고 있으므로 일일이 열거하면 수없이 많을 것이다. 따라서 본 절에서는 많이 사용되는 명칭을 설명하고자 한다.

1) 레스토랑(restaurant)

전술한 바와 같이 일반적인 식당을 의미한다. 그러나 일반적으로 레스토랑은 의자와 식탁을 준비해 놓고 고객의 주문에 의하여 서비스 종업원이 고객이 주문한 메뉴를 고객의 테이블까지 배달해 주는 테이블서비스를 제공하는 최상급의 서비스와 요리가 제공되는 식당을 의미한다.

리치칼튼호텔 옥산

2) 카페테리아(cafeteria)

판매하는 모든 메뉴를 진열장에 진열해 놓고 판매하는 형식, 고객은 진열장에서 메뉴를 결정한 후 요금을 지불하고 고객이 직접 자신의 테이블로 가져다 먹는 셀프서비스 형식의 식당이다.

일반적으로 주메뉴와 반찬류를 같이 테이블로 가져오기 때문에 트레이(tray)를 이용한다. 호텔에서는 운영되지 않으며 우리나라의 몇몇 고속도로 휴게소에서 볼 수 있는 레스토랑으로 빠른 식사가 가능한 장점이 있다.

진열된 메뉴를 제공하는 모습

3) 그릴(grill)

일반적으로 양식당을 일컬으며 일품요리를 제공하는 식당이다. 다양한 고객의 기호에 맞추기 위해 특별요리를 코스로 제공하기도 한다. 일품요리는 고객의 선호에 따라 각 코스의 메뉴를 선택하여 즐기는 식사이며 일

르네상스호텔의 Grill

부 코스를 고객의 기호에 따라 추가 또는 생략하기도 한다.

4) 뷔페식당(buffet restaurant)

고객이 기호에 맞는 음식을 선택할 수 있도록 요리를 테이블에 진열해 놓은 레스토랑이다. 메뉴와 레스토랑 서비스를 향상시키기 위하여 요리사가 직접 테이블에 위치하여 요리해 주는 즉석코너를 운영하기도 한다. 빠른 식사가 가능하며 셀프서비스이며 가격이 저렴하다.

물, 커피, pick-up 서비스는 종업원이 수행한다.

롯데서울호텔 뷔페레스토랑 '라세느'

5) 커피숍(coffee shop)

고객이 많이 왕래하는 장소에 샌드위치, 햄버거 등의 간단한 식사와 음료를 판매하는 레스토랑이다. 매출향상을 위하여 아침시간에 뷔페 레스토랑으로 운영하는 호텔도 있다.

경주현대호텔 커피숍 '사라'

6) 런치 카운터(lunch counter)

카운터에 앉아 식사하는 레스토랑이다. 점심시간 회전율을 높이기 위하여 운영되며 카운터에 앉아 요리과정을 볼 수 있으므로 주문하고 제공받는 시간이 지루하지 않으며 식욕을 촉진시켜 맛있는 식사를 즐길 수 있도록 한 레스토랑이다.

카운터의 모습

고객이 지켜보고 있으므로 종업원은 좀 더 위생적인 요리를 제공하기 위해 만전을 기할 수 있는 레스토랑이다.

7) 다이닝 룸(dining room)

breakfast를 제공하지 않고 lunch와 dinner만을 제공하는 레스토랑이다. 일반적으로 lunch는 12시에서 15시까지, dinner는 17시에서 22시까지이다. 최근에는 잘 사용하지 않는 레스토랑 명칭이다.

8) 패밀리 레스토랑(family restaurant)

최근 우리나라에서 성업 중인 레스토랑으로 일반적으로 규모가 크고 어린이부터 어른까지 모두가 즐길 수 있는 대중적인 메뉴를 판매한다. 놀이방, 프라이빗 룸이 있다. VIPS, Sea House 등이 패밀리 레스토랑에 속한다.

9) 드라이브 인(drive in)

차량의 왕래가 많은 도로변에 있으며 고객이 차량에서 하차하지 않고 차에 탄 채로 주문하여 주문한 음식을 차량에서 제공받는 레스토랑이다. 일반적으로 복잡한 메뉴는 운영하기 곤란하며 도시락, 패스트푸드 레스토랑이 드라이브 인을 운영할 수 있다.

맥도날드 드라이브 인 홍보 사진

10) 다이닝 카(dining car)

기차에서 운영되는 레스토랑으로 열차 한 량을 레스토랑으로 운영하여 장거리여행을 하는 고객의 편의를 제공하는 기차 레스토랑이다.

다이닝 카의 모습

11) 인더스트리얼 레스토랑(industrial restaurant)

학교, 회사, 병원 등의 단체 또는 기업에서 구성원들의 편리한 식사를 위하여 운영하는 레스토랑이다. 일반적으로 비영리 레스토랑이라 기업 또는 단체가 직접 운영하였으나 최근에는 전문업체에 위탁하는 사례가 많다.

12) 패스트푸드 레스토랑(fastfood restaurant)

1차 가공된 식재료를 이용하여 빠르게 조리 가능한 한정된 메뉴를 셀프서비스로 판매하는 식당이며 맥도날드, 롯데리아, 버거킹 등이 여기에 포함된다. 판매하는 메뉴의 표준화가 훌륭하게 되어 있어 어떤 영업장에서든 유사한 맛을 즐길 수 있다.

패스트푸드 레스토랑 전경

13) 푸드코트(food court)

백화점 또는 홈플러스, 이마트, 롯데마트 등의 쇼핑센터에서 다양한 음식점을 모아 테이블과 의자를 공동으로 사용하는 셀프서비스 레스토랑으로 한곳에서 일식, 양식, 한식, 중식 등을 즐길 수 있다.

14) 계절 레스토랑(season restaurant)

계절에 따라 수요가 많은 계절은 운영하고 수요가 적은 계절은 운영하지 않는 형태의 레스토랑으로 해수욕장 또는 스키장 등에서 볼 수 있다.

2 서비스형식에 의한 분류

서비스를 어떻게 수행하느냐에 따른 분류로 테이블서비스 레스토랑과 카운터서비스 레스토랑, 그리고 셀프서비스 레스토랑이 있다.

◆ 서비스형식에 의한 레스토랑의 분류

① 테이블서비스 레스토랑(프렌치서비스, 아메리칸서비스, 러시안서비스)
② 카운터서비스 레스토랑
③ 셀프서비스 레스토랑

1) 테이블서비스 레스토랑

전망이 좋은 곳 또는 사람의 왕래가 많은 장소에 식탁과 의자를 준비하고 서비스 종업원이 고객의 식사를 돕는 전형적인 레스토랑의 형태로 가장 고급스러운 서비스이다. 테이블서비스 레스토랑에는 프렌치서비스, 아메리칸서비스, 그리고 러시안서비스가 있다.

인터불고호텔 '운해'

(1) 프렌치서비스

최고급식당에서 제공되는 서비스로 주문받은 메뉴를 고객의 테이블 앞에서 요리하거나 커팅해서 제공한다. 서비스로 요리에 필요한 알코올, 프라이팬 등의 조리기구와 식재료가 준비된 게리동(gueridon)을 이용하여 고객의 테이블 앞에서 고객의 기호를 확인하면서 서비스하는 형식이다. 일품요리를 제공하는 전문 레스토랑에 적당한 서비스이며 단점이 많아 채택하기 어려운 서비스이다.

게리동

프렌치서비스의 장점은 다음과 같다.

첫째, 고객이 요리과정을 직접 볼 수 있어 식욕을 촉진시키고 대기시간의 권태로움을 감소시킬 수 있다.

둘째, 고객과 자연스러운 대화가 가능해 만족도가 높다.

프렌치서비스의 단점은 다음과 같다.

첫째, 고객의 테이블 앞에서 요리해야 하므로 숙련된 종업원이 필요하다.

둘째, 시간이 많이 소요되며, 인건비의 비중이 높다.

셋째, 회전율이 낮다.

(2) 러시안서비스

러시안서비스는 생선 또는 가금류를 통째로 요리하여 데커레이션한 후 보조테이블에 준비하고, 고객의 왼쪽에서 고객이 선호하는 부위를 제공하는 서비스이다. 접객종사원의 생산성을 향상시키는 서비스로 연회장에서 많이 사용된다.

러시안서비스의 장점은 다음과 같다.

첫째, 서비스의 시간이 절약되어 생산성을 향상시킬 수 있다.

둘째, 인건비 절약이 가능하다.

셋째, 고객의 기호에 맞는 부위를 즐길 수 있다.

러시안서비스의 단점은 다음과 같다.

첫째, 종업원은 배식의 양을 고려해야 한다.

둘째, 마지막 고객은 남은 부위를 먹어야 한다.

(3) 아메리칸서비스

주방에서 완성된 요리를 1인분의 플레이트에 아름답게 담아 고객의 오른쪽에서 제공하는 서비스이다. 플레이트서비스라 일컫기도 하며 장점이 많아 가장 많이 사용되는 서비스형식이다.

아메리칸서비스의 장점은 다음과 같다.

첫째, 신속한 서비스가 가능하다.

둘째, 한 사람의 종업원이 많은 고객을 접객할 수 있어 인건비를 절감할 수 있다.

아메리칸서비스의 단점은 다음과 같다.

첫째, 음식이 빨리 식는다.

둘째, 기다리는 시간이 지루할 수 있다.

셋째, 식욕을 촉진시킬 수 없다.

2) 카운터서비스 레스토랑

카운터에 앉아 주문하고 식사하는 형식의 서비스이다. 대표적인 사례는 일식당의 스시다이(すしだい)를 들 수 있다. 이 서비스는 요리사의 요리과정을 고객이 볼 수 있다.

카운터서비스 레스토랑의 장점은 다음과 같다.

첫째, 요리과정을 직접 볼 수 있어 고객의 불평이 적다.

둘째, 빠르게 식사할 수 있다(회전이 빠르다).

셋째, 식욕을 촉진시킨다.

넷째, 인건비 절감이 가능하다(요리사가 직접 고객에게 서비스함).

그러나 카운터서비스 레스토랑은 3인 이상이 식사할 때 고객 간에 원활한 커뮤니케이션이 불가능하다.

3) 셀프서비스 레스토랑

고객이 음식을 자신의 테이블로 직접 운반하여 식사하는 형식의 서비스로 뷔페레스토랑이나 맥도날드와 같은 fastfood restaurant이 대표적이다.

셀프서비스 레스토랑의 장점은 다음과 같다.

첫째, 신속한 식사가 가능하다.

둘째, 가격이 저렴하다.

셋째, 인건비를 절감할 수 있다.

넷째, 회전이 빠르다.

그러나 셀프서비스는 정중한 서비스를 추구하는 레스토랑이 채택할 수 없는 서비스형식이다.

3 서비스조직 편성에 의한 분류

훌륭한 서비스를 제공하기 위해 조직을 어떻게 편성하느냐에 따라 분류하는 방법으로 셰프드랑 시스템, 헤드웨이터 시스템, 그리고 원웨이터 시스템이 있다.

1) 셰프드랑 시스템(chef de rang system)

가장 정중한 서비스를 제공하는 식당에 적합한 시스템으로 지배인-헤드웨이터-웨이터 또는 웨이트리스로 구성되는 서비스 시스템이다. 지배인의 지휘 아래 헤드웨이터-웨이터 또는 웨이트리스로 구성된 몇 개의 근무조가 레스토랑의 지정된 구역을 맡아 근무하는 시스템이다.

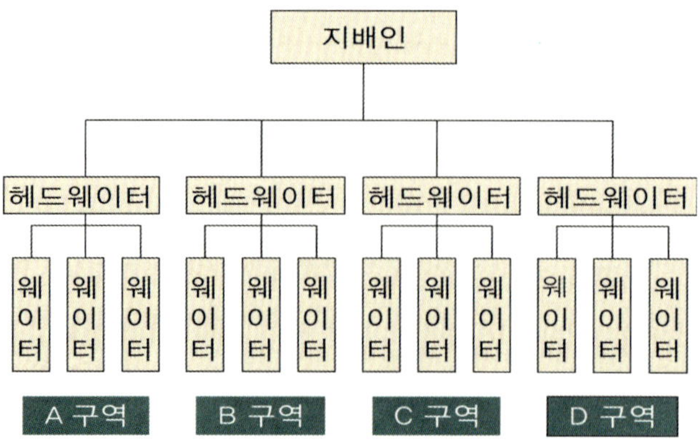

[그림 3-2] 셰프드랑 시스템 조직도

각 근무조가 맡은 구역을 서브하므로 각 조 간에 서로의 유기적 협력이 레스토랑 전체의 서비스품질을 향상시킬 수 있다. 이 시스템은 고객에게 최상의 서비스를 제공할 수 있다는 장점이 있지만 타 시스템보다 많은 종업원이 필요한 것이 인건비의 부담요소로 작용하여 점차 사라지는 시스템이다. 그리고 근무조 간의 유기적 협조 가능성이 의문시되는 시스템이다.

2) 헤드웨이터 시스템(head waiter system)

셰프드랑 시스템의 단점을 보완하기 위하여 만들어진 헤드웨이터-웨이터 또는 웨이트리스로 구성되는 서비스 시스템이다. 모든 종업원이 한 사람의 헤드웨이터의 지휘 아래 있고, 이 시스템은 지정된 구역이 없으므로 셰프드랑 시스템에 비해 인건비의 부담이 적어 현재 가장 많이 쓰는 시스템이다.

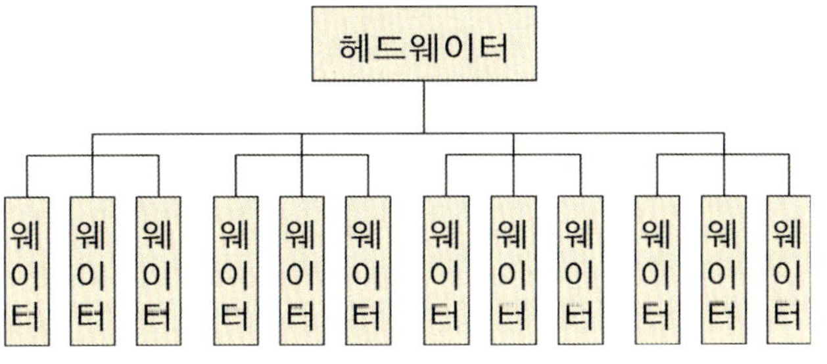

[그림 3-3] 헤드웨이터 시스템 조직도

3) 원웨이터 시스템(one waiter system)

한 사람의 웨이터가 정해진 구역을 맡아 서브하는 시스템으로 계절식당에 많이 사용된다. 웨이터 한 명이 고객의 주문에 의해 메뉴를 서브하는 모든 과정을 수행하므로 서비스 종업원은 모든 업무에 숙련되어 있어야 한다. 가장 품질이 떨어지는 서비스이며 웨이터가 서비스구역을 떠났을 때 서비스의 공백이 발생할 소지가 있다. 일반적으로 잘 사용되지 않는 서비스 시스템이다.

◆ 서비스조직 편성에 의한 레스토랑의 분류

① 셰프드랑 시스템(chef de rang system)
② 헤드웨이터 시스템(head waiter system)
③ 원웨이터 시스템(one waiter system)

4 제공품목에 따른 분류

제공하는 메뉴에 따라 구분하는 방법이다. 대표적인 것으로 국가별 분류를 살펴볼 수 있다. 여기서는 한식당, 양식당, 일식당, 그리고 중식당을 알아보기로 하자.

1) 한식당

우리나라의 메뉴는 지리적 여건과 기후에 많은 영향을 받아 오랜 기간 저장 가능한 김치, 젓갈 등의 숙성음식이 발달하였고, 수요가 발생하는 지역으로의 유통을 위하여 홍어, 간고등어 등의 식재료가 생겨났다. 한식은 쌀을 주식으로 하며 된장, 김치, 불고기 등이 대표적인 메뉴이다. 한식은 크게 향토음식, 궁중음식, 그리고 관혼상제음식으로 나눌 수 있다.

한국요리의 형식은 반상이다. 반상은 밥을 주식으로 하는 형식의 밥상을 일컫는 말로 밥, 탕, 김치, 간장, 조치(찌개 또는 찜) 등과 반찬류 그리고 후식으로 이루어진다.

반찬의 수를 첩(뚜껑이 있는 반찬그릇, 밥, 국, 찌개, 김치, 각종 장(간장, 초장, 된장)을 제외한 반찬의 수)으로 칭하며 그 수에 따라 3첩반상, 5첩반상, 7첩반상, 9첩반상, 그리고 12첩반상이 있다. 자세한 메뉴의 구성은 다음과 같다.

롯데호텔 한식당 '무궁화'

(1) 3첩반상

- 기본식: 밥, 탕, 김치, 간장(조치는 없음)
- 반찬: 생채, 숙채, 구이 또는 조림
- 후식: 단맛이 나는 후식과 과일 그리고 차

(2) 5첩반상(이하 파란 글씨는 추가된 요리임)

- 기본식: 밥, 탕, 김치, 간장, 초간장, 조치 1가지
- 반찬: 생채, 숙채, 구이, 전유어, 마른반찬
- 후식: 단것(떡종류, 한과류), 과일, 차

(3) 7첩반상

- 기본식: 밥, 탕, 김치, 간장, 초간장, 초고추장, 조치, 전골
- 반찬: 생채, 숙채, 구이, 전유어, 마른반찬, 회, 찜
- 후식: 떡, 한과류, 과일, 차, 화채

(4) 9첩반상

- 기본식: 밥, 탕, 김치, 간장, 초간장, 초고추장, 조치, 전골
- 반찬: 생채, 숙채, 구이 2가지, 전유어, 마른반찬, 회, 찜, 조림
- 후식: 떡, 한과류, 과일, 차, 화채

(5) 12첩반상

- 기본식: 밥, 탕, 김치, 초간장, 초고추장, 조치
- 반찬: 생채 2가지, 숙채 2가지, 구이 2가지, 편육, 회 2가지, 조림, 찜
- 후식: 떡, 한과류, 과일, 차, 화채

(6) 주안상

주류를 대접하기 위한 상으로 술의 종류에 따라 육포, 어포, 전류, 편육류, 신선로, 전골, 생채 등의 다양한 안주가 준비된다.

(7) 교자상

축하연 또는 회식 때 많은 인원이 함께 식사하는 방법으로 1인상이 아니라 4~8명 분량을 한 그릇에 담는 상이다.

2) 양식당

경주힐튼호텔 양식당 '다빈치'

일반적으로 서양요리를 제공하는 레스토랑을 모두 양식당이라 한다. 이탈리아, 스페인, 프랑스, 미국 등은 레스토랑이 대부분이며 프랑스 레스토랑이 서양요리의 대표적인 레스토

랑이다. 요리용어에 프랑스어가 많이 사용되는 이유도 여기에 있다.

프랑스요리의 발전배경은 다음과 같다.

① 유럽의 중심부에 위치하여 정치 · 문화의 중심지

② 풍부한 식재료

③ 와인 제조기술

④ 프랑스인의 낭만적 성격과 요리에 대한 애착

노보텔 엠버서더 부산호텔 양식당 '벤타나스'

pasta로 유명한 이탈리아 요리는 14세기 초 마르코 폴로(Marco Polo)가 중국에서 면요리를 배워 이탈리아에 전파함으로써 시작되었다. 오늘날 스파게티, 마카로니 등 많은 파스타요리가 만들어졌고 많은 고객으로부터 사랑받게 되었다. 미국의 요리는 육류 중심의 요리이며 스페인 요리는 올리브오일과 마늘, 그리고 해산물이 중심이 된 요리이다.

3) 일식당

일본은 섬나라로서 바다에서 나는 식재료가 풍부하여 생선과 어류를 중심으로 한 요리가 발달하였다. 아래 위로 긴 지형으로 사계절 다양한 식재료가 생산되며, 쌀을 주식으로 하는 문화는 우리와 동일하나 다양한 해산물을 이용하여 요리를 한다.

파라다이스호텔 일식당 '사카에'

일식요리의 특징은 다음과 같다.

① 해산물 중심이다.

② 생식(사시미)을 한다.

③ 기물이 예술적이고 다양하다.

④ 요리의 양이 적으며 섬세하다.

⑤ 향신료의 사용이 비교적 적다.

일식요리의 종류로는 사시미, 맑은국, 구이, 조림, 튀김, 냄비, 면, 그리고 덮밥 등이 있다.

일식요리(왼쪽부터 해삼새우맑은국, 튀김, 도미머리술찜)

4) 중식당

중국요리는 광활한 땅과 긴 역사로 북경요리, 남경요리, 광둥요리, 사천요리 등 4지방의 요리로 나뉜다. 중국요리의 특징은 돼지고기를 많이 사용하는 것이며 유통을 위하여 식재료를 건조시키거나 숙성시켜 사용한다.

신라호텔 중식당 '팔선'

CHAPTER 04

메뉴

제1절 메뉴의 유래와 의의
제2절 메뉴의 기능
제3절 메뉴의 종류
제4절 메뉴계획

제4장 메뉴

메뉴는 고객이 가장 관심을 가지는 것 중 하나이며, 레스토랑의 정책과 영업형태, 그리고 서비스를 표현하는 레스토랑의 얼굴이다.

제1절 메뉴의 유래와 의의

고객은 메뉴를 접했을 때 해당 레스토랑의 영업형태, 가격, 품질, 그리고 서비스 등을 직간접적으로 느끼고 판단할 수 있다. 그것은 메뉴에 많은 정보가 포함되어 있고, 메뉴에 수록되어 있는 각종 정보를 매개체로 레스토랑과 고객의 커뮤니케이션이 이루어지기 때문이다.

1 메뉴의 유래

메뉴(Menu)는 라틴어 미누투스(Minutus)에서 유래된 말로 '상세하게 기록하는 것'이라는 의미가 있다. 원래는 요리하는 곳에서 요리의 재료와 요리방법을 설명하는 것이었는데 오늘날 메뉴라고 하면 일반적으로 우리말의 '차림표' 또는 '식단'을 의미하게 되었다.

이러한 메뉴가 식탁으로 진출한 계기는 1541년 프랑스 앙리(Henri) 8세 시절 부랑위그 공작이 많은 종류의 요리를 제공하는 만찬회의 복잡함을 해소하기 위하여 식탁에 요리명과 순서를 기입한 리스트를 작성하여 배치해 놓았는데 참석한 손님들이 그 편리함을 알고 이후 널리 전파되어 사용하게 되었다. '메뉴'라는 명칭은 19세기 파리의 팰러스 로열(Palace Royal)에서부터 일반화되었다. 현재도 코스메뉴를 제공하는 연회행사 때 제공될 요리의 명칭과 요리법을 기입한 메뉴를 준비하여 테이블에 세팅하며 이것은 요리의 순서와 양 그리고 요리법을 고객에게 알리고 고객이 식사를 훌륭하게 즐길 수 있도록 리드하는 도구이며, 그 유래에서 필요성을 알 수 있다.

영국에서는 메뉴를 'Bill of Fare'라고도 한다. Fare는 음식을 뜻하고, Bill은 상품목록을 의미하는 것으로 '음식의 상품목록'이란 뜻이 있다.

◆ 메뉴의 유래

① 1541년 프랑스 앙리(Henri) 8세 시절
② 부랑위그 공작이 만찬회 요리 순서의 리스트를 작성
③ '메뉴'라는 명칭은 19세기 파리의 팰러스 로열(Palace Royal)에서부터 일반화됨

2 메뉴의 의의

메뉴는 세 가지 의의를 지니는데 이는 다음과 같다.

첫째, 레스토랑에서 제공되는 다양한 음식품목의 범위를 결정해 준다.

둘째, 음식품목이 제공되는 정렬표이다.

셋째, 메뉴는 고객의 선택을 돕는 물리적 실체이다. 즉 메뉴는 제공 가능한 음식을 기입하고, 제공되는 요리의 순서를 정하는 것이며 고객의 선택을 도와주는 물리적 형태를 가진 레스토랑의 가장 강력한 판매도구이다.

◆ 메뉴의 의의

① 제공되는 음식품목의 범위를 결정
② 음식품목이 제공되는 정렬표
③ 고객의 선택을 돕는 물리적 실체

제2절 메뉴의 기능

메뉴는 레스토랑과 고객의 커뮤니케이션을 담당하며, 강력한 판매도구로써 고객의 메뉴선택에 영향을 주며 레스토랑의 경영방법과 서비스방법 등을 알려준다. 메뉴는 외부에 제공 가능한 제품과 서비스를 알려주고 지불해야 할 가치를 표시해 준다. 그리고 내부에는 주방의 설비와 규모, 갖추어야 할 기술수준과 종사원, 서비스형태와 조직, 그리고 필요한 식자재를 구체화한다. 구체적인 메뉴의 기능을 기술하면 다음과 같다.

1 레스토랑의 얼굴

얼굴은 사람의 첫인상을 결정짓는 요소이며 사람의 감정을 표현하는 커뮤니케이션 도구이다. '호텔의 현관은 호텔의 얼굴'이라는 말은 고객이 처음으로 호텔의 이미지를 결정하는 공간이 현관이기 때문일 것이다. 그리고 고객이 식음료업장에 들어와 "메뉴판 주세요" 또는 "어떤 메뉴가 제일 맛있어요?"라고 질문하는 것은 메뉴에 대한 고객의 관심도를 나타내는 것이다. 때문에 식음료업장에서 고객을 영접하고 자리를 안내한 후 제일 먼저 메뉴를 제공하는 것이다. 메뉴는 식음료업장의 이미지를 창출하는 물리적 증거로써 그 구성과 디자인에 각별히 관심을 기울이고 시장의 트렌드를 충분히 반영할 수 있도록 설계되어야 한다.

2 판매도구

메뉴에는 판매 가능한 품목과 가격, 그리고 서비스방법과 원산지, 요리방법 등이 상세하게 기록되어 있다. 따라서 메뉴를 통하여 고객은 방문한 식당의 수준과 분위기, 그리고 영업형태를 판단할 수 있다. 따라서 메뉴는 고객을 위하여 품목의 상세한 설명과 관련된 사항을 섬세하게 설명해야 하며, 고객이 이를 유용한 정보로 이용할 수 있어야 한다.

메뉴는 다양한 정보 제공을 통하여 고객의 의사결정을 도울 뿐만 아니라 고객의 욕구를 충분히 해결할 수 있는 메뉴를 구성함으로써 매출향상에 이바지해야 한다.

3 커뮤니케이션 수단

메뉴는 레스토랑과 고객을 연결시키는 커뮤니케이션 수단이다. 메뉴에는 고객을 위한 각종 정보가 포함되어 있고, 고객은 이 정보를 식음료업장의 약속으로 인식한다. 즉 메뉴에 기입된 사항들은 접객종업원이 고객에게 약속한 것과 마찬가지로 '어떠한 재료를 이용하여, 어떠한 요리방법으로, 어떻게 제공하겠다'는 약속이다.

4 레스토랑의 분위기 표현

메뉴의 디자인 즉 메뉴의 색과 형태, 그리고 크기, 문자의 배열과 구성 등이 식음료업장의 분위기와 훌륭히 매치될 수 있도록 계획되어야 한다. 따라서 훌륭하게 디자인된 메뉴는 식음료업장의 분위기를 대변할 수 있다.

5 제품과 서비스의 전달

메뉴는 제품과 서비스의 종류를 결정하고 해당서비스가 어떻게 전달되는지에 관한 사항을 표시한다.

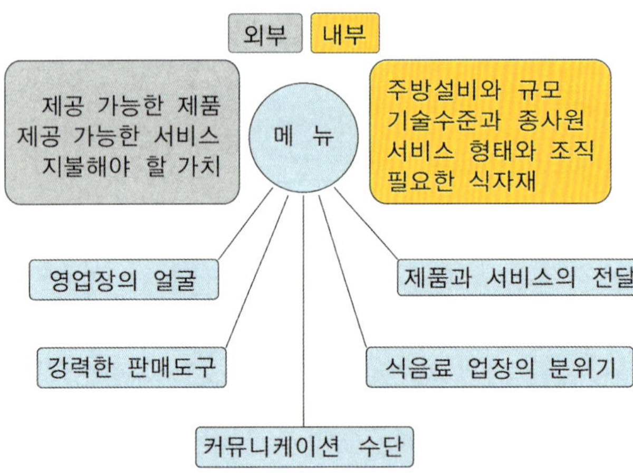

[그림 4-1] 메뉴의 기능

제3절 메뉴의 종류

메뉴의 종류는 지구상의 문화의 수와 나라의 수만큼이나 다양하고 복잡하다. 이 책에서는 다양한 메뉴의 종류를 단순화하여 설명하기 위해 식사구성에 따른 분류와 식사시간에 의한 분류, 그리고 메뉴변화에 따른 분류로 나누어 알아보기로 하자.

1 식사구성에 따른 분류

이것은 일품요리(A la Carte Menu)와 정식메뉴(Table d'Hote Menu), 그리고 뷔페메뉴(Buffet Menu)로 분류된다.

1) 일품요리(A la Carte Menu)

각 코스별로 여러 가지 메뉴가 나열되어 있고, 고객이 기호에 맞는 메뉴를 선택하여 즐길 수 있도록 만들어진 메뉴이다. 우리나라 대부분의 호텔 레스토랑에서 채택하고 있는 메뉴형식으로 전문식당에서 주로 사용된다. 일품요리 메뉴는 코스별로 구분되어 있으며 이들 중 하나를 선택하거나 또는 선택하지 않을 수 있다.

메뉴는 한번 디자인하여 제작하면 장기간 사용한다. 그러나 자주 방문하는 단골고객에게는 메뉴의 신선함을 제공할 수 없고, 고객의 선택을 복잡하게 하여 의사결정에 어려움을 줄 수 있다. 따라서 고객의 선택을 돕고 단골고객의 식상함을 방지하기 위하여 특별한 시기에 계절에 어울리는 식재료를 사용하여 특별메뉴 또는 추천메뉴를 운영하기도 한다.

2) 정식메뉴(Table d'Hote Menu)

정식메뉴는 일품요리 메뉴 중 각 코스별로 어울리는 요리들을 골라 패키징하여 판매하는 메뉴이다. 이 메뉴는 흔히 풀코스(Full Course)라고 하며, 정해진 메뉴를 정해진 절차와 서비스에 따라 즐기는 메뉴이다.

양식의 정식메뉴는 5가지 코스, 7가지 코스, 9가지 코스 등으로 구성되어 있는데 이는 가격과 고객의 취향에 따라 여러 종류로 변하여 제공된다. 이러한 정식메뉴의 근간이 되는 코스는 6가지 코스이다.

6가지 코스는 '전채요리 ➡ 수프 ➡ 생선요리 ➡ 메인요리(육고기요리) ➡ 디저트 ➡ 음료'로 구성되어 있다. 6가지 코스의 대표적인 메뉴는 〈표 4-1〉과 같다.

정식메뉴의 장점은 다음과 같다.

① 동일한 메뉴를 먹었을 경우 일품요리보다 저렴하다.
② 고객의 메뉴선택을 용이하게 한다.
③ 원가를 절감할 수 있다.
④ 매출 증진이 가능하다.
⑤ 종업원이 절차에 익숙하여 신속하고 능률적인 서브가 가능하다.
⑥ 인건비를 절감할 수 있다(조리와 서브의 숙련).
⑦ 재고의 판매를 꾀할 수 있다.

그러나 상기와 같은 장점에도 불구하고 정해진 메뉴 중 각각의 코스마다 만족할 수 없고, 하나의 코스를 다른 메뉴로 교체할 수 없어 정해진 메뉴대로 즐겨야 하는 단점이 있다.

〈표 4-1〉 정식메뉴(Table d'Hote Menu)

구분	코스		메뉴
	한글명	영문명	
1	전채요리	Appetizer (Hors d'Oeuvre)	1. Cocktail - Shrimp Cocktail 2. Canape - 생선알, 훈제연어 등을 얇게 잘라 구운 토스트 위에 토핑 3. Salads - Smoked Salmon(작은 양의 야채와 양념 곁들임)
2	수프	Soup	1. Clear soup - Consomme, Onion 2. Thick soup - Cream, Chowder
3	생선요리	Fish	1. 어류 - Sole, Halibut, Tuna, Salmon 2. 조개류 - Oyster, Mussels 3. 갑각류 - Crab, Lobster
4	메인요리	Main(Entree)	1. 소고기 - Filet Mignon, Sirloin 2. 양고기 - Lamb 3. 돼지고기 - Pork
5	디저트	Dessert	1. Sweet - Cake, Ice cream 2. Savory - 유제품(Cheese) 3. Fruit - 제철과일
6	음료	Beverage	1. 와인 2. 커피와 차 3. 비알코올성 음료

(1) Appetizer

식욕촉진을 목적으로 식사 전에 제공되는 요리의 총칭이며 Hors d'Oeuvre이라고도 한다. 훌륭한 Appetizer는 다음과 같은 요건을 갖추어야 한다.

① 한입에 먹을 수 있어야 하며, 소량이어야 한다.
② 적당한 신맛과 짠맛으로 식욕을 돋우어야 한다.
③ 맛과 모양, 그리고 요리방법이 주요리와 조화를 이루어야 한다.
④ 계절감과 지방색을 띤 요리가 좋다.

(2) Soup

실질적인 식사의 첫 번째 순서로 위에 부담을 주지 않는 양과 영양가가 높은 식사이다. Soup는 Stock이 Base가 된다. Soup의 종류는 맑은 Soup와 진한 Soup가 있다. 진한 Soup의 대표적인 메뉴는 Cream Soup이며 맑은 Soup의 대표적 메뉴는 Consomme Soup이다.

(3) Fish

생선요리는 육류보다 섬유질이 연하고 열량이 적으며 소화가 잘된다. 육고기를 대신하여 메인으로 구성되기도 하고, Lunch의 경우 생략되는 경우도 있다.

(4) Main Dish : Entree

Entree는 영어의 Entrance란 의미를 갖는다. 즉 정찬의 입구라는 의미를 가지고 있다. 한 끼의 식사를 Entree라고 하다가 최근에는 일품요리에서 주요리를 의미한다. Entree에는 양, 송아지, 생선 등 다양한 고기가 사용되지만 일반적으로 쇠고기가 사용된다.

Tip

■ **쇠고기의 분류(steak용)**

1. Tenderloin STK(안심스테이크)

일반적으로 안심스테이크라고 하면 Tenderloin STK 또는 F.M-STK라고 한다. 안심을 통칭하여 사용되는 용어로 세부적인 안심의 명칭은 다음과 같다.

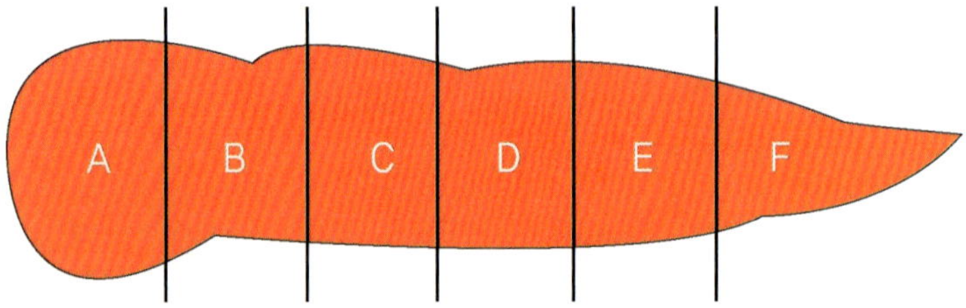

[그림 4-2] Tenderloin의 구분

(A) Head: Tenderloin의 앞부분
(B) Chateaubriand: Head 다음 부위로 가장 부드러운 부위
(C) Filet: Chateaubriand 다음 부위
(D) Tournedos: Filet 다음 부위
(E) Filet Mignon: Filet Tip의 바로 앞부위
(F) Filet Tip: Tenderloin의 끝부분

2. Sirloin STK(등심스테이크)

영국의 국왕 찰스 2세가 즐겨먹던 고기로 'Loin' 앞에 남작의 작위를 뜻하는 'Sir'를 붙여 Sirloin STK라고 하였다.

3. T-Bone STK(티본스테이크)

T자 모양의 뼈 양쪽에 한쪽은 안심, 한쪽은 등심이 붙어 있는 부위이다.

Tip

■ **고기 굽기 정도**

① Rare: 겉만 살짝 익힌 것
② Medium: 3/5 정도 익힌 것
③ Medium Well-done: 4/5 정도 익힌 것
④ Well-done: 완전히 익힌 것

(5) Dessert

Dessert는 식사의 마지막 코스로 식사를 마무리하는 단계이며, 종업원들은 디저트를 제공하기 전에 고객의 테이블을 정리해야 한다. Dessert의 종류는 Sweet, Fruit, 그리고 Savory가 있으며 흔히 커피를 디저트라 하는데 이는 잘못된 표현으로 커피는 음료에 속한다.

Sweet는 단맛이 나는 종류이며, 케이크, 푸딩, 초콜릿 등이 여기에 포함되며, Fruit는 과일을 재료로 만들어 과일의 모양이 변형되지 않은 디저트류이다. 그리고 Savory는 유제품류가 포함되며 대표적인 것으로 치즈가 있다.

Savory

Sweet

Fruit

(6) Beverage

음료는 마지막 단계에 있지만 식사 전부터 식사 후까지 어느 코스든지 마실 수 있다. Beverage의 자세한 사항은 주장에서 다루기로 하겠다.

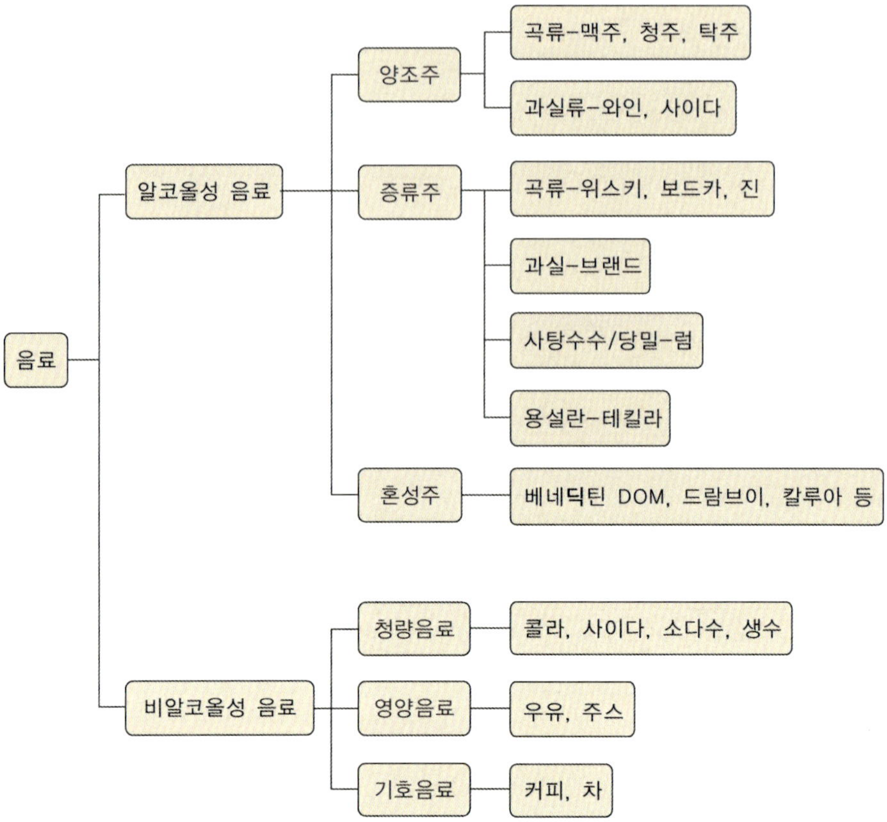

[그림 4-2] 음료의 계통도

Tip

- Table Service Process

Table Service Process 1

Table Service Process 2

Table Service Process 3

Table Service Process 4

Table Service Process 5

Table Service Process 6

Table Service Process 7

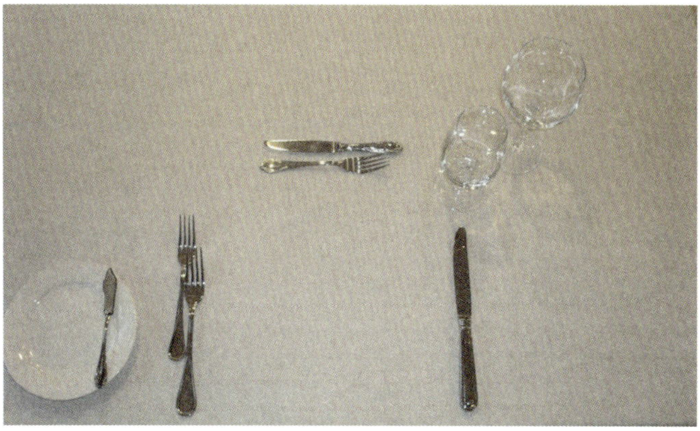

Table Service Process 8

Table Service Process 9

Table Service Process 10

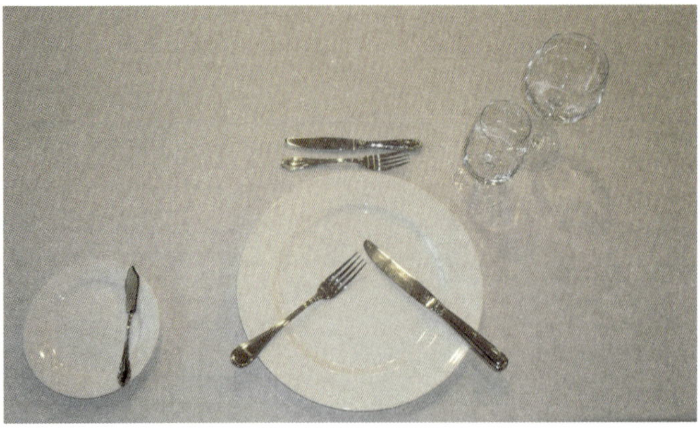

Table Service Process 11

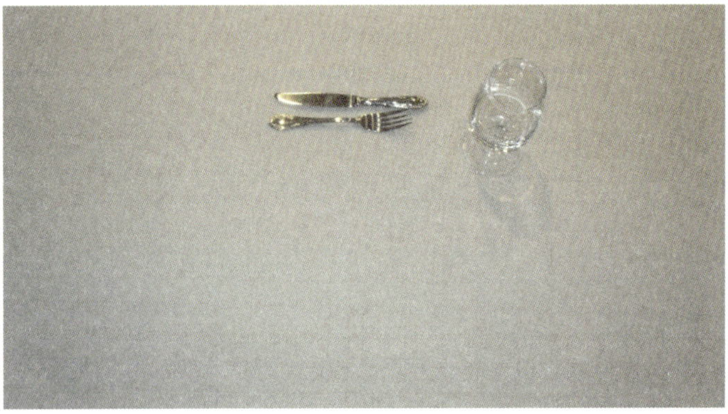

Table Service Process 12

Table Service Process 13

Table Service Process 14

3) 뷔페메뉴(Buffet Menu)

뷔페는 일정한 요금을 지불하고 자신의 기호에 맞는 요리를 셀프서비스로 즐기는 형식이다. 셀프서비스 형식의 뷔페에서는 종업원에게 서비스받을 수 있는 것이 물과 커피의 서브 그리고 접시류의 pick-up이다.

뷔페는 15~16세기 스칸디나비아반도 부근의 해적(바이킹)들에게서 기원되었다. 바이킹은 바다에 나가면 바다에서 장시간 머물렀고 이들이 돌아올 때면 기다리던 가족들이 큰 향연을 열었는데 이때 여러 가지 요리를 테이블 위에 준비해 놓고 기호에 맞게 즐긴 것에서 유래되었다. 때문에 일본인들은 뷔페메뉴를 '바이킹'이라 한다. 일본 여행객이 "내일 아침 바이킹입니까?"라고 물으면 내일 아침식사가 뷔페 스타일인지를 묻는 것이다.

뷔페를 즐길 때 코스요리와 같은 순서로 즐기면 좋다. 뷔페메뉴를 제대로 즐기기 위하여 다음의 사항을 지켜야 한다.

① 정식메뉴의 순으로 즐겨라.

② 뜨거운 요리는 뜨겁게 차가운 요리는 차갑게 즐겨라(같은 접시에 담지 마라).

③ 한꺼번에 많은 양을 접시에 담지 마라.

④ 식사 시작 전 준비된 메뉴를 둘러보고 식사해라.

뷔페의 종류에는 레스토랑 뷔페와 연회장 뷔페가 있다. 전자를 Open Buffet라

하고, 후자를 Closed Buffet라 한다. Open Buffet는 불특정 다수인이 일정한 요금을 지불하면 누구나 즐길 수 있는 일반적인 뷔페이며, Closed Buffet는 특정 소수인을 대상으로 사전에 예약한 가격과 인원으로 연회장에서 운영되는 뷔페이다. 이 뷔페는 일정한 조건이 되어야 입장할 수 있다. 즉 연회장 행사에 초대받은 고객이 즐길 수 있는 뷔페이다.

2 식사시간에 의한 분류

식사시간에 의한 분류는 '식사를 언제 하느냐'에 따라 구분하는 것이다. 일반적으로 Breakfast, Lunch, Dinner로 구분되는데 이를 더 구체적으로 분류하면 아침, 브런치, 점심, 저녁, 만찬 등으로 나눌 수 있다.

1) Breakfast

Breakfast는 아침식사이며 Break와 fast의 합성어이다. Break는 '중단하다', '멈추다'라는 뜻이 있고, 'Fast'는 '빠르다'는 뜻이지만 여기서 'fast'는 금식을 의미한다. 즉 '금식을 멈추다'라는 뜻이다. 이것은 '밤새 금식하던 것을 멈추고 식사를 시작한다'는 뜻이다. 일반적으로 호텔 조식시간은 오전 7시에서 10시 사이로 운영하고 있다.

우리나라는 "아침 밥 저녁 죽"이라는 격언으로 아침의 중요성을 강조하고 있다. 이는 우리나라가 농경사회로서 아침을 든든히 먹어야 농사일을 할 수 있는 사회적 배경에서 그 의미를 찾아볼 수 있다. 그러나 양조식을 살펴보면 우리의 정서와 맞지 않고 처음 접하는 이들은 그 부실함에 놀랄 것이다.

양조식에는 Continental Breakfast와 American Breakfast가 있다. 전자를 대륙식 조찬이라 하고, 후자를 미국식 조찬이라 한다.

(1) Continental Breakfast

Juice, Pastries or TST or Morning soft roll, Coffee or Tea가 제공되는 조식이다.

Continental Breakfast는 미국식 조찬에 메인요리인 계란요리가 포함되지 않아 참으로 부실하기 짝이 없다. 따라서 이 요리는 계급사회의 상위계층 사람들이 먹었던 조식이었을 것으로 여겨진다. 노동이 필수적인 하위계층은 보다 든든한 곡물요리를 먹었을 것으로 추측된다.

콩코드호텔의 Continental Breakfast

(2) American Breakfast

Continental Breakfast에 계란요리를 첨가하여 제공되는 조식이다. 따라서 Juice, Pastries or TST or Morning soft roll, Egg, Coffee or Tea가 제공된다.

콩코드호텔의 American Breakfast

Tip

■ 계란요리의 종류

1. Fried Egg: 프라이팬에 계란을 요리하는 방법이다. 일반적으로 가정에서 많이 요리하여 먹는 형태이며 우리에게 가장 친숙하다. Fried Egg에는 요리 중 계란을 뒤집어 양쪽 면을 다 익히는 turn over와 뒤집지 않고 한쪽 면만 익히는 sunny side up이 있다. turn over에는 노른자를 거의 익히지 않는 over easy와 노른자를 완전히 익히는 over hard가 있다.

2. Scrambled Egg: 프라이팬을 이용하여 요리하는 것은 Fried Egg와 동일하나 scrambled egg는 계란을 우유와 잘 혼합되도록 휘저은 다음 이를 프라이팬에 조리하는 것으로 밑면이 익기 시작하면 조리용 나무젓가락으로 휘저어 익히는 요리다. 일시에 많은 고객에게 제공되는 계란요리로 가장 적당하다.
scrambled egg는 soft scrambled egg와 hard scrambled egg가 있다. 두 요리의 구분은 포크로 찍어서 먹을 수 있으면 hard scrambled egg이고 그렇지 못하면 soft scrambled egg이다. 이는 혼합할 때 우유의 양으로 조절할 수 있다.
3. Poached Egg: 끓는 물에 계란을 깨어 넣고 익히는 요리로 이때 끓는 물에는 식초를 몇 방울 떨어뜨린다. Poaching은 중탕용기를 이용하여 65~80도의 물에 서서히 익히는 조리방법이다.
4. Boiled Egg: Boiled Egg는 삶은 계란이다. 끓는 물에 계란을 넣고 삶는 시간에 따라 1분, 3분, 5분, 7분, 9분, 10분으로 나뉜다. 우리는 흔히 삶은 계란을 먹을 때 껍질을 벗겨 먹지만 레스토랑의 Boiled Egg는 egg stand에 넣어 tea spoon으로 먹는다. 사진과 같은 egg stand에 계란의 뾰족한 부분이 아래를 향하도록 세우고 위쪽을 tea spoon으로 깨어 tea spoon보다 조금 넓은 구멍을 내어 tea spoon으로 먹는다.

Egg Stand

5. Omelette Egg: Omelette Egg는 우리나라 계란말이와 비슷하며 계란 3개가 1인분이다. 우유와 계란을 혼합하여 프라이팬에 조리하다가 밑부분이 익기 시작하면 조리용 나무젓가락으로 휘저어 프라이팬의 위쪽에 모으고 혼합된 계란 위에 치즈, 양송이 등을 넣고 말아 치즈오믈렛, 양송이오믈렛 등을 만든다.

Tip

- **Cereal**

Cereal은 곡물을 주원료로 만든 음식이다. 우리가 흔히 접하는 corn flakes가 여기에 속한다. Cereal에는 cold cereal과 hot cereal이 있다. cold cereal에는 corn flakes와 rice crispy 등이 있고, hot cereal에는 oat meal이 있다. Cereal의 경우 우유와 설탕이 같이 제공되며, 설탕으로 기호에 맞는 당도를 맞추어 즐길 수 있다. 이때 cold cereal에는 차가운 우유가, hot cereal에는 뜨거운 우유가 제공된다.

Tip

■ 조리용어

1. 그라탱(gratin): 요리를 마무리하는 과정으로 치즈, 크림, 계란, 버터 등을 요리 표면에 뿌린 뒤 샐러맨더 오븐에 넣어 표면의 재료를 갈색으로 굽는 요리방법이다.

샐러맨더 오븐(salamander oven): 화기가 위쪽에 있는 오븐

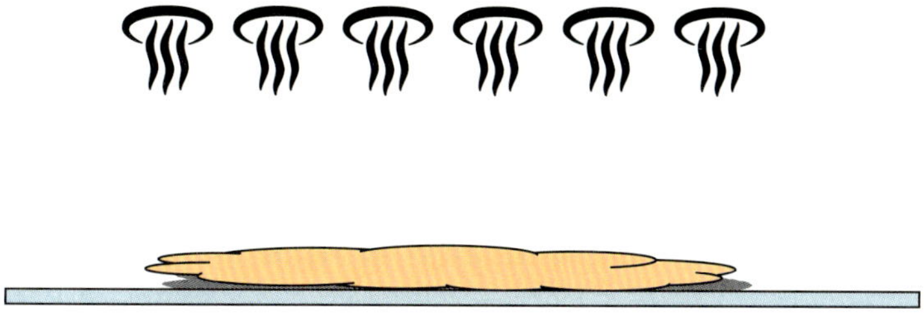

2. 그릴링(grilling): 석쇠를 이용하여 직접 열로 조리하는 방법이다.

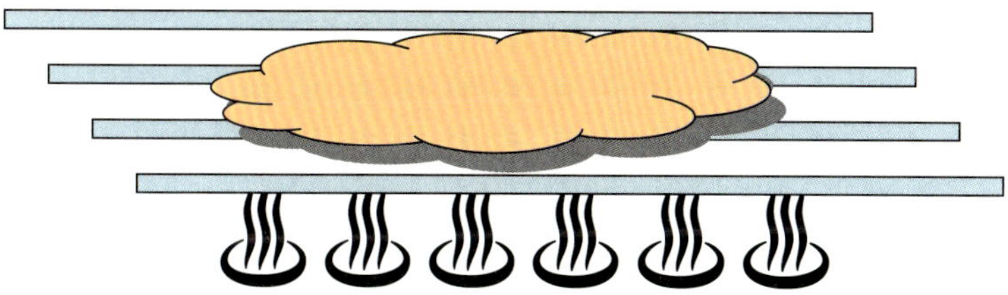

3. 로스팅(roasting): 오븐에 넣어 열로 조리하는 방법으로 조리과정에서 표면에 기름칠을 계속하며 굽기 때문에 식품의 맛을 완전히 보존할 수 있다.

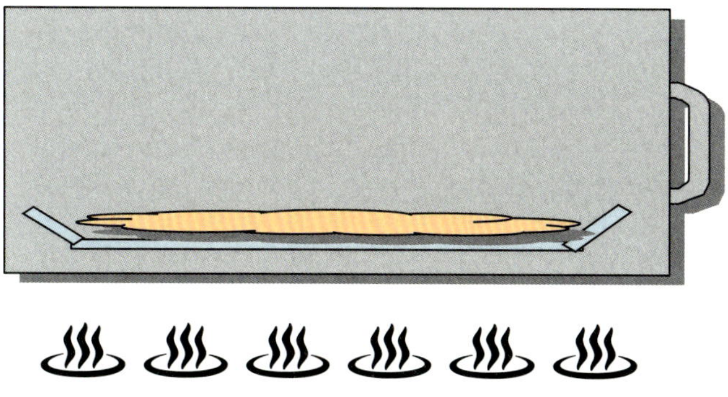

4. 보일링(boiling): 끓는 물에 식재료를 넣고 요리하는 방법이다.

5. 블랜칭(blanching): 야채를 끓는 물에 순간적으로 넣었다 건져서 흐르는 물에 헹구는 조리방법이다.

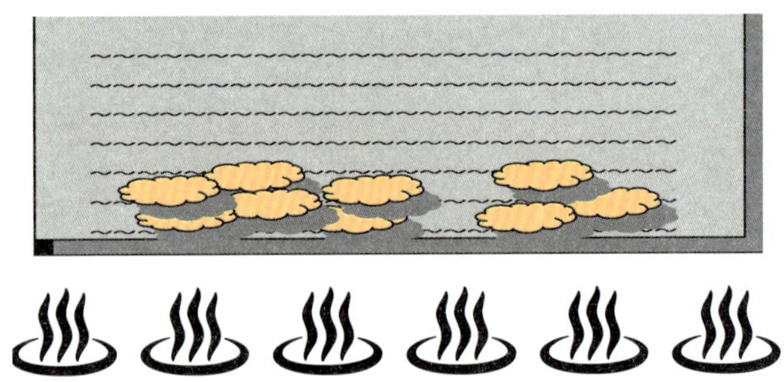

6. 스티밍(steaming): 증기압을 이용한 조리방법으로 밥할 때 사용하는 방법이다.

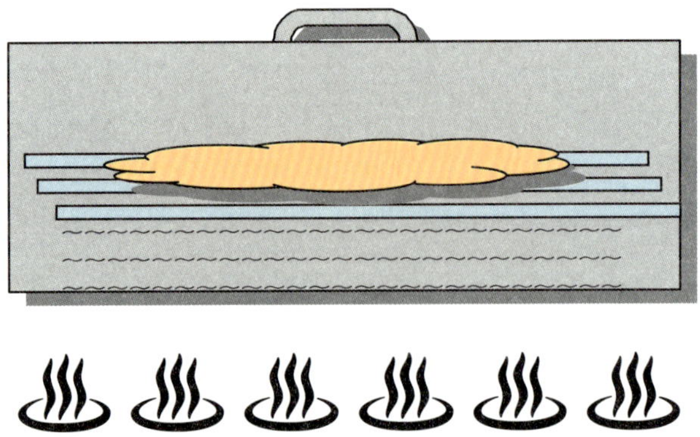

7. 딥 프라잉(deep frying): 기름으로 튀기는 조리방법으로 야채, 생선 등의 튀김요리를 할 때 사용한다.

8. 섈로우 프라잉(shallow frying): 깊이가 낮은 팬에 기름으로 튀기는 조리방법이다. 일명 팬 프라잉(pan frying)이라고도 하고 계란요리를 할 때 주로 사용하며 '계란 프라이'를 이 방법으로 요리한다.

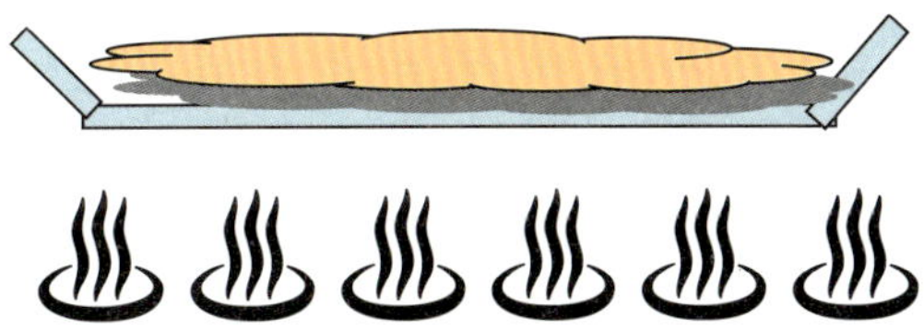

Tip

- **어린이 메뉴**

Breakfast에는 어린이를 위한 메뉴도 준비되어 있는데 pancake와 french TST가 여기에 속하는 대표적인 메뉴이다. 이 메뉴에는 Maple syrup이 함께 제공된다.

Tip

- **Garnish**

요리접시 윗부분에 메인요리와 같이 장식되어 제공되는 음식이다. 일반적으로 Breakfast에는 french fried potato, ham, bacon, 그리고 sausage가 사용된다.

2) Brunch

아침과 점심의 중간쯤에 즐기는 식사이다. Brunch는 Breakfast와 Lunch의 합성어이며 일상적인 생활에서는 찾아보기 힘든 형태의 식사이나 휴양지호텔에서는 고객들의 특별한 욕구에 부응하여 운영하는 경우와 도심지 호텔의 주말과 공휴일에 운영하는 레스토랑도 있다.

3) Lunch

Breakfast와 Dinner 사이에 즐기는 식사로 Dinner보다는 간단하게 한다. 레스토랑에서는 그 위치에 따라 다양한 형태의 점심을 개발 · 판매하고 있다. 예를 들면 사무실이 밀집되어 있는 곳에서는 점심식사의 주인공이 직장인이라 대부분 1시간 내에 식사를 마쳐야 한다. 따라서 점심 특선메뉴를 개발하여 고객의 선택을 돕고, 단순한 메뉴로 고객이 단시간에 식사할 수 있도록 운영하고 있다.

4) Dinner

저녁은 점심식사와 달리 시간적 여유를 가지고 즐기는 식사다. 시간적 여유가 있으므로 식사와 같이 음료를 즐기는 고객이 많다. 만찬과 같은 의미이며 만찬은 디너(Dinner)보다 좀 더 많은 메뉴를 의미하는 경향이 있다.

3 메뉴변화에 따른 분류

'메뉴의 변화주기가 있는가' 또는 '얼마나 자주 변화하는가'에 따른 분류이다. 여기에는 고정메뉴와 변동메뉴가 있다.

1) 고정메뉴

고정메뉴는 식음료업장에서 판매할 상품을 결정하고, 메뉴를 구성한 후 디자인하면 일정기간 그 메뉴를 이용하여 판매하는 것으로 매일매일 바뀌거나 계절별로 변화하지 않는 메뉴이다.

2) 변동메뉴

변동메뉴는 메뉴의 구성이 주기별로 변화하는 메뉴이다. 요일별, 계절별, 월별 메뉴가 정해져 이를 운영하는 형태이다. 특별메뉴, 사이클메뉴가 여기에 속하는 대표적인 메뉴이다.

고정메뉴와 변동메뉴는 〈표 4-2〉와 같은 특성이 있다.

〈표 4-2〉 고정메뉴와 변동메뉴의 특성

고정메뉴	구 분	변동메뉴
감소	노 동 력	증가
숙련된 종업원	노동력의 질	고도로 숙련된 종업원
지속적 이용가능	잔여재고	이용 불가능(재고관리) * 스페셜메뉴 형태로 가능
용이	훈 련	어려움
감소	원 가	증가
있다	메뉴의 권태	없다
신속한 대응 한계	변화하는 고객의 욕구	신속한 대응 가능

제4절 메뉴계획

메뉴에는 고객이 필요로 하는 각종 정보가 포함되어 있어 고객이 가장 관심을 가지는 부분 중 하나이다. 메뉴는 변화하는 고객의 욕구를 충족시켜 줄 수 있도록 구성되어야 하며 변화에 대하여 능동적으로 대처 가능해야 한다.

메뉴는 식음료업장의 매출과 직결되기 때문에 계획단계에서 여러 가지 주변환경을 고려해야 한다. 즉 위치, 고객, 영업시간, 수익성, 원재료, 다양성, 매력성, 고객의 욕구 등의 여러 요인을 고려하지 않으면 사업에 성공하기 힘들다.

즉 메뉴계획은 어떠한 메뉴가 표적시장 고객의 욕구를 충족시킬 수 있는지를 판단하고 제공가능성을 검토하여 상품화하는 과정이다.

1 메뉴계획 시 고려사항

메뉴는 한번 계획하여 디자인하면 비교적 장기간 사용하기 때문에 여러 가지 상황을 고려하여 계획해야 한다. 고려사항은 고객의 욕구, 수익성, 식재료, 다양성, 그리고 매력성 등이다.

1) 고객의 욕구 파악

메뉴계획의 첫 번째 단계는 고객이 누구인가를 찾아야 한다. 즉 레스토랑의 지리적 위치와 특수성을 감안하여 잠재 주요 고객을 파악해야 한다. 레스토랑이 매우 큰 전체시장을 대상으로 마케팅하기 곤란하므로 자신의 영업장이 중점적으로 마케팅할 세분시장을 찾아야 한다. 나이, 성별, 취미, 수입 등의 세분화변수를 이용하여 충분히 구매력 있는 시장을 찾아 그들의 욕구에 부응할 수 있는 분위기와 메뉴를 구성해야 한다. 고객의 욕구를 파악하기 위하여 기업은 시장조사를 실시하고 있다.

2) 수익성

기업의 궁극적 목적은 이윤창출이다. 기업 전체의 이윤창출은 개별 영업장의 이윤으로 발생하는 것이다. 개별 레스토랑의 이윤은 호텔의 이윤과 직결될 수 있다. 수익성은 원가와 판매가로 이루어지며 일정기간 동안의 원가와 매출액의 차이에서 발생하는 것이다. 수익성은 가격전략과 밀접한 관련이 있다.

3) 식재료의 구입가능성

매우 좋고, 고객의 욕구를 충분히 충족시켜 줄 수 있는 메뉴라 하더라도 그 식재료의 구입이 보장되지 않으면 무용지물일 것이다. 따라서 산지의 사정과 시장의 형편을 고려해서 계획해야 한다. 이는 매출의 예측에서부터 창고의 조건 등을 고려하여 메뉴를 판매하는 동안 식재료를 안정적으로 공급할 수 있는 공급자의 확보가 우선되어야 한다. 안정성의 확보를 위하여 공급자는 1개 업체보다 2개 이상의 업체와 파트너십을 맺는 것이 안정적이다.

원재료가 안정적으로 공급되지 않아 메뉴의 품절이 발생하면 판매기회를 상실하여 매출의 하락을 가져오고 더 나아가 레스토랑의 이미지까지 실추될 수 있다.

4) 다양성

오늘날은 과거보다 경제적인 풍요를 바탕으로 고객의 욕구가 다양해졌다. 이는 물질적인 삶의 추구에서 정신적인 삶의 추구로 고객의 가치관이 변화함으로써 생겨난 현상이다. 즉 과거에는 '인간의 삶에 필수적인 의식주만 해결되면 인간은 행복하다'라는 의식이 지배적이었으나 오늘날은 의식주 외 자아실현 등의 '정신적 욕구의 충족이 인간다운 삶을 영위하는 것이다'라는 의식이 강해졌다. 사람은 행복과 즐거움을 추구하기 위하여 자신의 욕구를 구체적으로 충족시키기를 원하고 이러한 욕구는 사람마다 복잡하고 다양하게 나타난다. 레스토랑을 이용하는 고객의 목적 또한 매우 다양해져 그 욕구에 대응할 수 있는 메뉴가 구성되어야 한다.

5) 매력성

메뉴는 고객의 관심을 유발해야 한다. 아름다운 색과 향이 있어 고객의 호기심과 식욕을 돋울 수 있어야 한다. 이를 위하여 메뉴 자체뿐만 아니라 메뉴판의 구성 및 디자인도 고려하여야 한다.

2 메뉴 북 디자인

메뉴 북은 광고와 마찬가지로 '고객에게 무엇을 살 수 있는가?'를 직접적으로 알려주는 도구이다. 제대로 구성된 메뉴는 수익을 높이고, 고객에게 만족을 줄 수 있는 훌륭한 광고 및 판매매체가 된다. 또한 섬세하게 디자인된 메뉴 북은 레스토랑 분위기에 일익을 담당하며, 각각의 음식을 항목별로 적절하게 분류하여 작성된 메뉴 북은 상품판매의 중요한 역할을 한다.

이렇듯 메뉴를 효율적인 판매수단이 되도록 디자인할 때에는 음식의 배열 및 내용, 시각적 구성, 지면, 활자체 등 메뉴 북의 제작에 따른 여러 요소들이 조화를 이루도록 해야 한다.

다음은 메뉴 북의 외형과 관련하여 고려해야 할 사항들이다.

1) 관심을 끌 수 있는 메뉴 북

식탁 위에 놓인 메뉴 북을 처음 본 순간 고객의 관심을 끌어 메뉴 북을 집어 들고 읽을 정도로 매력적이어야 한다. 한편, 레스토랑의 인기상품 또는 주력상품으로 매출을 극대화시키기 위해서는 고객이 메뉴 북을 펼쳤을 때 판매하고자 하는 상품으로 고객의 시선이 집중되도록 배치시켜야 한다.

2) 실용성 있는 메뉴 북

메뉴 북의 실용적인 부분은 중요한 사항임에도 불구하고 가볍게 여기기 쉬운 부분이다. 고객이 자주 집어서 보기를 원한다면 메뉴 북이 깨끗하게 보존될 수 있도록 플라스틱 코팅을 하든지, 아니면 정기적으로 교환할 수 있도록 카드를 사용하는 것이 좋다.

3) 읽기에 편한 메뉴 북

고객이 어려움 없이 메뉴를 읽을 수 있는 적절한 크기의 활자가 좋다. 음식을 종류별로 나누어 놓았다면 종류의 명칭은 큰 활자로, 그에 부속된 개별 메뉴항목은 보다 작은 활자로 나타내는 것이 좋다. 미려한 활자체 또한 고객의 선택을 유도할 수 있다. 그래픽과 색채를 사용하고 여백을 적절히 활용하는 것도 고객의 시선을 끌 수 있는 방법이다. 메뉴 북이 기차나 버스의 시간표처럼 딱딱한 형식으로 단순히 정보만을 전달하는 도구가 되어서는 안 된다.

4) 주변환경과 조화를 이루는 메뉴 북

메뉴 북은 전체적인 외형이 실내장식이나 분위기와 조화를 잘 이루어야 할 뿐만 아니라 그 환경에 적합한 것이어야 한다. 예를 들면, 휴양지 레스토랑, 결혼피로연, 고급만찬, 디스코텍 등에서의 메뉴 북은 메뉴품목의 적절한 배치는 물론, 목적에 맞는 외형도 갖추어야 한다. 메뉴 북의 외형은 음식의 주제와 스타일, 그래프의 사용, 활자체 등 인쇄된 항목의 수에 따라 결정된다.

5) 적당한 메뉴 북 포맷

메뉴 북 포맷(menu format)은 한 장에서부터 중앙이 수직으로 접히는 것, 수직으로 2번 접히는 것, 3번 접히는 것, 수직으로 2~4번 접히는 것 등 대부분이 책의 형태로 되어 있으며, 크기와 페이지의 수는 레스토랑에 따라 다르다. 또한 대다수의 레스토랑에서는 속 페이지를 갈아끼울 수 있도록 효용성도 함께 고려하여 제작하고 있다. 특별행사 또는 판매촉진을 위한 메뉴에서는 모양을 오려낸 메뉴 북을 사용하기도 한다.

6) 적정한 크기

메뉴 북의 전체적 크기에 대한 일정한 기준은 없지만, 레스토랑이 추구하는 목표, 품목의 특징, 테이블 크기, 분위기, 레스토랑 수준 등을 알기 쉽게 표현할 수 있는 정도의 적합한 크기가 좋다. 특급호텔의 경우 영업장에 따라 다르지만, 평균 메뉴 북의 크기는 30~40cm이고, 페이지의 수는 6~15페이지 정도이다.

7) 고객의 기호가 반영된 디자인

영업장이 추구하는 전체적인 콘셉트, 고객의 기호에 맞는 메뉴 북의 겉표지, 내지(內紙)의 전체적 디자인 등이 적절하게 조화를 이루어야 한다.

8) 상품과의 관련성

영업장에서 사용되는 냅킨, 테이블 매트, 테이블 카드, 기물 등의 소품들 역시 고객이 접하게 되는 상품들이다. 따라서 메뉴 북도 위와 같은 비품이 나타내는 이미지와 잘 어우러지도록 디자인되어야 한다.

CHAPTER 05

레스토랑의 집기와 기물

제1절 Silver Ware
제2절 China Ware
제3절 Glass Ware
제4절 Linen

제5장

레스토랑의 집기와 기물

레스토랑은 고객의 편안한 식사를 위하여 많은 기물과 집기가 필요하다. 본 서에서 많은 기물을 모두 다룰 수는 없으므로 Silver Ware, China Ware, Glass Ware, 그리고 Linen류를 살펴보고자 한다.

제1절 Silver Ware

Silver Ware는 은으로 만든 식사용 기물 또는 은으로 도금한 식사용 기물을 일컫는 용어다. Silver Ware는 공기 중에 방치하면 산화되어 황금색으로 변하므로 일정한 시기마다 광을 내야 하는데 이를 위한 전용약품이 있으며 호텔에서는 이 작업을 '디스탕'이라고 한다. 약품으로 광을 낼 경우 반드시 고무장갑을 착용하고 작업해야 하며 작업 후 기물에 남아 있을 수 있는 약품을 깨끗이 씻어야 한다. 즉 은으로 도금을 하거나 은으로 만든 제품은 모두 Silver Ware이다. 그러나 금속기술의 발달로 오늘날 레스토랑에서 사용하는 금속제품은 은도금을 하지 않아도 고급스러운 광채가 있으므로 디스탕을 해야 하는 번거로움이 있는 은기물을 사용하지 않는다. 때문에 일부 레스토랑은 Silver Ware와 Stainless Ware를 구분하여 칭하기도 한다.

Silver Ware는 레스토랑마다 디자인이나 크기 등이 조금씩 차이가 있으며 외식산업의 유행에 따라 모양이 변하기도 하여 '특정한 모양이 반드시 특정 목적에 사용된다'라고 말할 수는 없다. 때문에 일반적인 기물의 명칭과 모양을 설명하고자 한다.

◆ **디스탕**

derust(녹을 제거하다)라는 뜻의 단어에 ing의 현재형을 붙인 derusting이 원어인 것으로 추정하나 현재 호텔에서 '디스탕'이라고 하는 것은 와전되어 통용화된 것으로 보인다.

1 Silver Ware의 종류

레스토랑에서 사용하는 기물은 같은 용도라 하더라도 그 모양과 특징이 동일하지 않다. 따라서 본서에서는 일반적인 사항을 설명하기로 한다.

1) Meat Knife

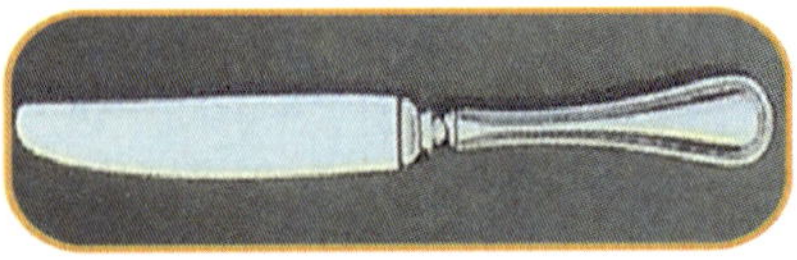

Meat Knife

육고기를 먹을 때 사용하는 Knife로 고객의 테이블에서 고객이 사용하는 Knife 중 가장 크며, 스테이크를 용이하게 자르기 위하여 칼날의 앞 1/3 정도는 톱날로 되어 있다. 양식 세팅의 경우 일반적으로 오른쪽 제일 안쪽에 setting한다.

2) Meat Fork

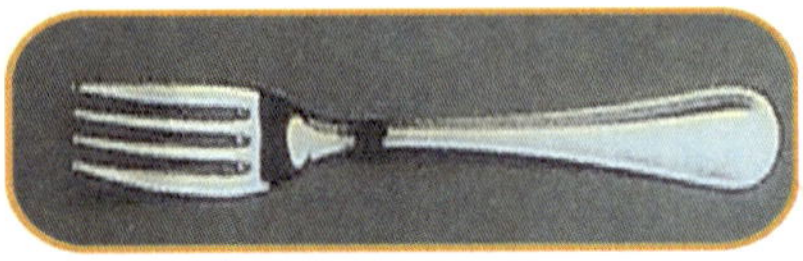

Meat Fork

육고기를 먹을 때 사용하는 Fork로 테

이블에서 고객이 사용하는 Fork 중 가장 크다. 그러나 일반적으로 Knife보다 짧다. 양식 세팅의 경우 일반적으로 왼쪽 제일 안쪽에 setting한다.

3) Table Spoon

일반적으로 볶음밥, 오므라이스 같은 밥 종류의 메인을 먹거나 Buffet 식사를 할 경우에 준비되는 기물로 'Soup Spoon'이라고도 한다. 양식코스에는 사용되지 않는다.

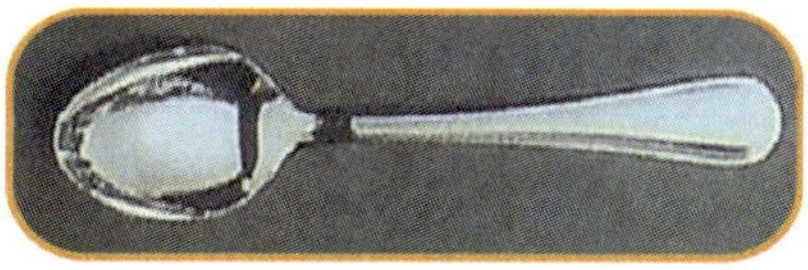

Table Spoon

4) Bouillion Spoon

양식 코스메뉴에서 Soup를 먹을 때 사용하는 Spoon이다. 주걱부분이 원형이며 Table Spoon보다 주걱부분의 깊이가 깊다. 일반적으로 Meat Knife 오른쪽에 setting한다.

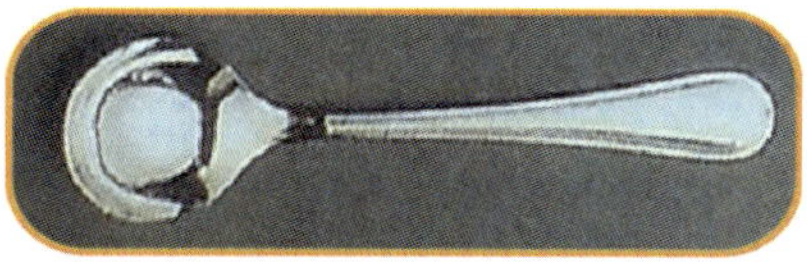

Bouillion Spoon

5) Salad Fork

크기는 Meat Fork보나 작으며 Fish Fork 정도의 크기이다. 사진과 같이 앞부분의 가지가 3개인 경우도 있고 4개인 경우도 있다. 두 가지 중 어느 것이 Salad Fork로 적합한지는 레스토랑마다 다르다. 일반적으로 Meat Fork 왼쪽에 setting한다.

Salad Fork

6) Fish Knife

생선요리를 먹을 때 사용하는 기물이다. 일반적으로 Bouillion Spoon의 오른쪽에 setting한다. Meat Knife보다 작으며 생선을 자르기가 쉬워 칼날 중에 톱날이 없다.

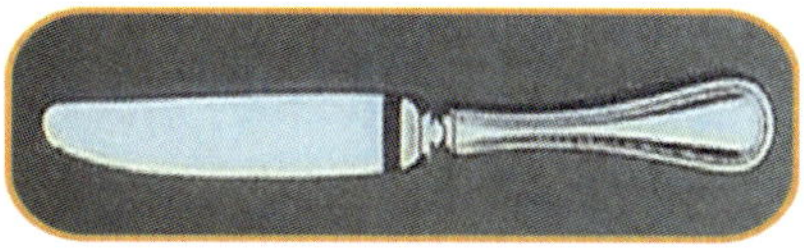

Fish Knife

7) Fish Fork

Meat Fork보다 작으며 일반적으로 Salad Fork의 왼쪽에 setting한다. Fish Fork와

Fish Knife는 대부분 생선의 뼈를 발려 먹기 편하도록 기물 한 부분에 홈이 있으나 고객의 편의를 위하여 생선 뼈는 대부분 제거한 뒤 요리하므로 최근에는 홈이 없는 기물도 있다.

Fish Fork

8) Butter Spreader(Butter Knife)

빵에 버터를 바르기 위한 기물이다. 일반적으로 왼쪽 B/B Plate 상단의 오른쪽에 다른 기물과 평행하게 setting한다.

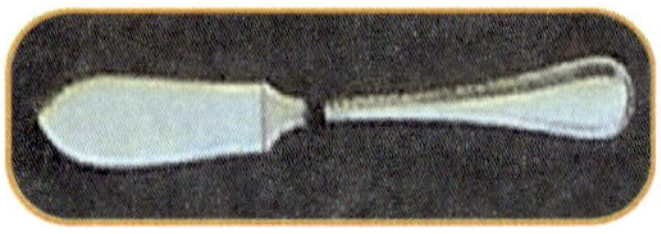

Butter Spreader(Butter Knife)

◆ B/B plate: Butter와 Bread를 얹는 접시

9) Dessert Knife

디저트를 먹을 때 사용하는 것으로 제일 작은 Knife다. 그러나 대부분의 경우 디저트는 한입에 먹을 수 있도록 요리되거나 Knife가 필요없는 메뉴이다. 메뉴의 구성에 따라 setting한다. 그러나 디저트에 필요한 기물들은 메인식사 후 요리와 같이 setting하며, 연회장에서는 상단에 setting해 놓는 경우가 많다.

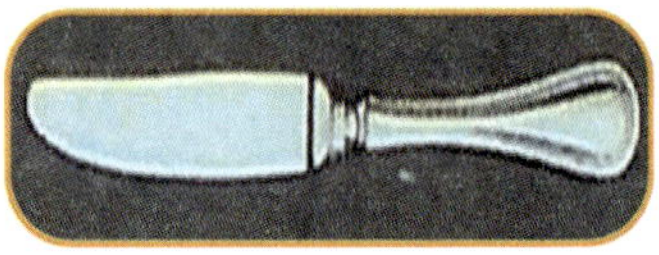

Dessert Knife

10) Dessert Fork

디저트를 먹을 때 사용하는 기물로 일반적으로 사용되는 기물 중 Snail Fork를 제외한 Fork 중 가장 작다.

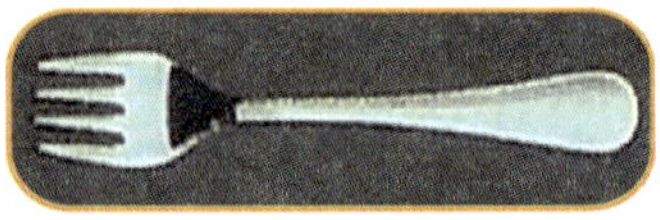

Dessert Fork

11) Tea Spoon

일반적으로 커피 마실 때 사용하는 Spoon으로 Coffee Spoon이라고도 한다. Spoon 중 가장 작다.

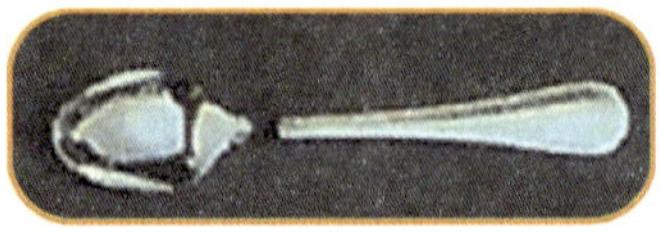

Tea Spoon

12) Ice cream Spoon

Ice cream 먹을 때 사용하는 Spoon으로 일반적으로 주걱부분이 사각형이다.

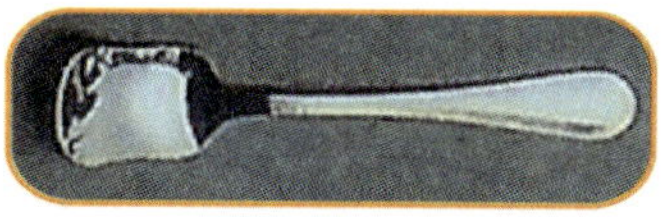

Ice cream Spoon

2 Silver Ware의 관리 및 취급요령

Silver Ware를 관리하고 취급하는 요령은 다음과 같다.

① 'Pantry'에서 세척이 끝난 기물을 영업장의 Back Side로 옮긴다.

② 기물을 종류별로 정리하여 분리한다. 이때 변색된 기물은 광을 내어 Back Side로 옮긴다.

③ Cleaning Towel과 뜨거운 물을 준비한다. 일반적으로 Cleaning Towel을 대신하여 Damage난 Linen(Napkin 등)을 이용한다.

④ 양손에 Cleaning Towel을 들고 왼손에 적당량의 기물을 들어 뜨거운 물의 수증기를 쐬거나 뜨거운 물에 살짝 담근 후 꺼내어 오른손으로 Knife의 칼날부분과 Spoon의 주걱부분, 그리고 Fork의 가지 있는 부분을 깨끗이 닦는다. 이때 기물은 종류별로 구분하여 한 종류의 기물을 닦은 후 다른 기물을 닦는다.

기물이 깨끗하게 되었는지를 확인하며 닦는다.

- Pantry: 레스토랑의 기물을 세척하는 곳. Steward 부서 중 한 파트
- Back Side: 레스토랑의 영업을 위하여 준비하는 공간. 간단한 조리가 가능한 공간(커피, 팥빙수 등)
- Damage: 구멍이 나거나 찢어져 고객에게 제공하지 못할 정도로 손상된 리넨류
- Linen: 레스토랑에서 사용하는 직물(유니폼, 냅킨 등)

⑤ 깨끗하게 닦은 기물은 종류별로 기물함 또는 서비스 스테이션에 가지런히 정리한다.

⑥ 기물로 setting할 때 음식이 닿는 부분을 손으로 만지거나 닿으면 안 된다.

광이 없어질 뿐만 아니라 비위생적이기 때문이다. Table setting을 할 경우 반드시 손잡이 부분을 옆으로 잡는 것이 좋다. 그리고 setting 전 기물의 청결을 다시 한번 확인하는 것이 좋다.

⑦ 영업 중인 레스토랑에는 고객이 없는 자리라 하더라도 기본적인 setting을 한다. 고객이 자리에 착석한 후 주문을 하면 주문에 맞는 기물로 교환하거나 보충한다.

⑧ 영업장 내에서 기물을 운반할 때는 Tray를 이용한다.

⑨ 상기의 과정이 영업 시작 전에 완료되어 있어야 한다. Breakfast는 전일 영업마감 전, Lunch와 Dinner는 영업 시작 전에 완료되어 있어야 한다.

⑩ 고객이 사용한 기물은 pick-up하여 기물 Rack에 모은다. 흠이 생기지 않도록 던지거나 한 번에 개수통에 부으면 안 된다. 고객의 식사 중에 기물을 pick-up할 경우 Fork와 Knife가 한문의 여덟 팔(八)자 모양으로 놓여 있으면 식사 중이라는 표시로 pick-up하지 않고, 왼쪽 또는 오른쪽에 가지런히 모아놓았으면 식사를 마쳤다는 의미로 pick-up해야 한다.

⑪ Rack에 적당량의 기물이 모이면 Pantry로 운반한다. 운반할 때 떨어지지 않도록 적당량을 담아야 한다.

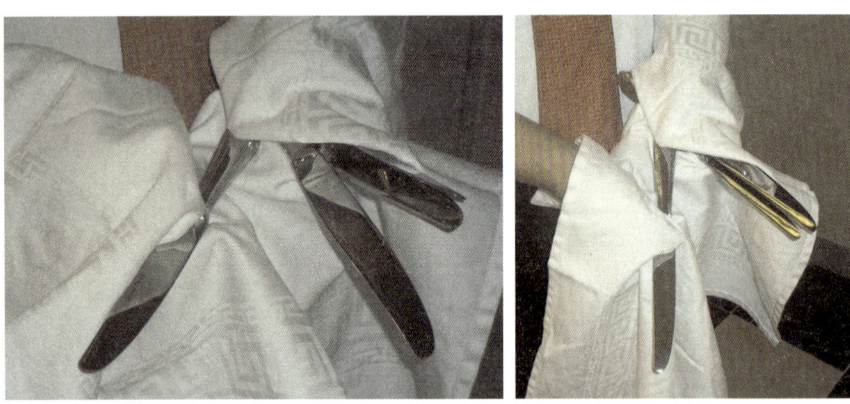

Silver Ware 닦는 모습

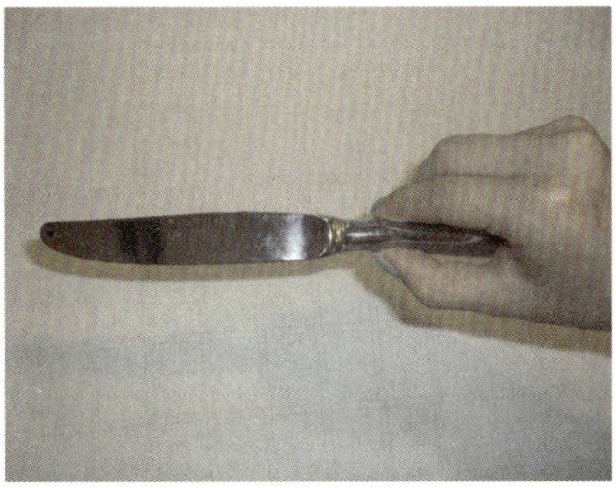

(○)

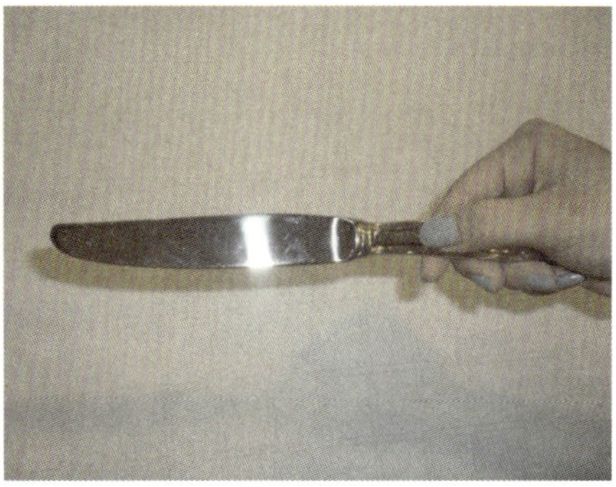

(×)

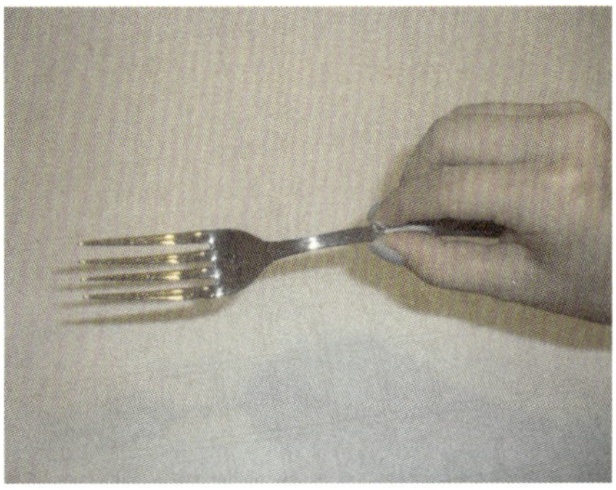

(○)

(×)

제2절 China Ware

China Ware는 도자기 종류의 식사용 기물이다. 접시, 커피잔 등이 여기에 속하는 대표적인 기물이다. 본서에서는 코스별로 사용되는 China Ware를 살펴보기로 하자.

여러 가지 China Ware

1 China Ware의 종류

1) Appetizer Plate

Appetizer(Smoked Salmon)

일반적으로 Main Plate보다 작고 B/B Plate보다는 큰 Plate를 쓰고 있으나 요즘에는 Main Plate 크기의 사각형, 원형, 그리고 삼각형 등 다양한 모양의 Plate를 사용한다.

2) Soup

Soup Bowl은 크게 3종류가 있다. Soup Bowl, Soup Plate, 그리고 Bouillion Cup이 그것이다.

(1) Soup Bowl

Soup Bowl

일반적으로 레스토랑에서 soup를 제공할 때 사용하는 기물이다. 오목하게 생겨 Bowl이라 하고, Salad Bowl과 비슷하게 생겼으나 Salad Bowl보다 더 크다.

(2) Soup Plate

Soup Plate

연회장에서 많이 사용하는 Soup 용기로 Soup Bowl보다 높이가 낮으며 넓이는 더 넓다.

일반적으로 연회장에서 고객 앞에 Soup가 담기지 않은 Soup Plate를 set-up한 후 Soup Tureen을 이용하여 고객의 왼쪽에서 고객이 원하는 양만큼 서브해 주는 Tureen Service할 때 사용된다. Tureen Service는 종업원의 생산성을 향상시키는 한 방법이라 할 수 있다.

(3) Bouillion Cup

Bouillion Cup은 Saucer에 받쳐 제공되며 정식코스가 많아 Soup의 양을 줄일 때 사용한다. 양쪽에 손잡이가 달려 있는 컵과 같은 것으로 양쪽의 손잡이를 잡고 마시기 위한 기물이다. 그러나 이때도 Bouillion Spoon은 set-up해야 한다. 그 모양은 사진의 왼쪽과 같은 'U'형으로 생긴 것과 오른쪽과 같이 아래쪽과 위쪽의 넓이가 같은 것이 있다. 오른쪽 모양이 수납이 편해서 많이 사용된다.

Bouillion Cup

◆ Saucer: 밑받침 = underlying

3) Fish Plate

Fish Plate는 Appetizer Plate와 같은 크기로 사용하나, 레스토랑에 따라 타원형 접시를 사용하는 곳도 있다. 최근에는 특별한 구분 없이 다양한 Plate를 사용하고 있다.

Fish Plate(Salmon Steak)

4) Salad Bowl

Salad Bowl은 Soup Bowl과 같은 모양으로 크기가 작다. 일부 레스토랑은 오목한 Bowl이 아니라 평평한 Plate를 Salad용으로 사용하고 있으나 일반적으로 Salad는 오목한 Bowl을 사용한다.

Salad Bowl

5) Entree Plate(Main Plate)

일반적으로 직경 10인치에서 12인치 크기의 평평한 접시이다. 음식물이 넘치지 않도록 음식물 담는 곳은 오목하게 턱이 져서 약 3mm 정도 낮게 되어 있다.

Entree Plate

6) Dessert

Dessert는 종류에 따라 매우 다양한 기물을 사용한다. Glass, Plate, Bowl 등을 사용한다.

7) Coffee Cup

사진과 같이 손잡이가 달려 있는 Bowl이다. 그러나 호텔에서는 커피컵으로 머그컵은 사용하지 않는다. 그리고 일반 커피컵의 반 정도 크기에 해당하는 Demi Tasse Cup이 있다. Demi Tasse Cup은 많은 코스의 정찬 후에 먹는 적은 양의 Espresso Coffee를 마시기 위한 것이다.

Creamer

커피와 같이 서브되는 크림을 담아 제공하는 Creamer가 set-up되어야 한다.

Coffee Cup과 Demi Tasse Cup

2 China Ware의 관리 및 취급요령

① 고객이 식사를 마친 Plate와 Bowl을 pick-up하여 같은 종류의 기물들을 겹쳐서 Plate 전용 Car에 싣는다.

② Coffee Cup은 Rack에 넣는다.

③ 겹치거나 전용 Rack이 없을 경우 바구니를 이용하여 바구니에 담는다.

④ 도기는 파손되기 쉬우므로 조심해서 다룬다.

⑤ 적당량이 쌓이면 Pantry로 옮긴다.

⑥ Pantry에서 세척된 기물 중 영업장 내에서 준비해야 하는 Coffee Cup과 같은 기물은 영업장 Back Side로 옮겨 청결함을 확인한 뒤 서브할 수 있도록 준비한다. 이때 청결하지 않은 기물은 선별하여 Pantry로 보낸다.

Tip

- **Plate 드는 방법**

1장 들기

2장 들기

3장 들기

⑦ Buffet Restaurant은 Main Plate를 비롯하여 많은 기물이 영업장으로 이동해야 하는데 이때 Cleaning Towel로 청결을 확인하면서 물기를 제거해 준다.

⑧ Plate를 손으로 들 경우 테두리가 있는 Plate는 테두리 안쪽으로 손가락이 들어가지 않도록 주의하고, 테두리가 없는 Plate는 가장자리에서 2cm 이상 들어가지 않도록 주의한다.

제3절 Glass Ware

글라스는 유리재질로 만들어진 기물의 총칭이다. Glass는 제조과정에 따라 열처리된 것과 열처리되지 않은 것으로 구분된다. 열처리되지 않은 Glass는 급속한 온도의 변화에 의하여 파손되지만, 열처리된 유리는 파손되지 않으므로 일반적으로 호텔에서는 열처리된 Glass를 사용한다.

글라스는 부분마다 명칭이 있다. 주둥이부분을 림(Rim)이라 하고, 음료가 담기는 부분을 볼(Bowl) 또는 바디(Body)라고 한다. 손잡이부분을 스템(Stem)이라 하고, 바닥부분을 바텀(Bottom) 또는 베이스(Base)라 한다.

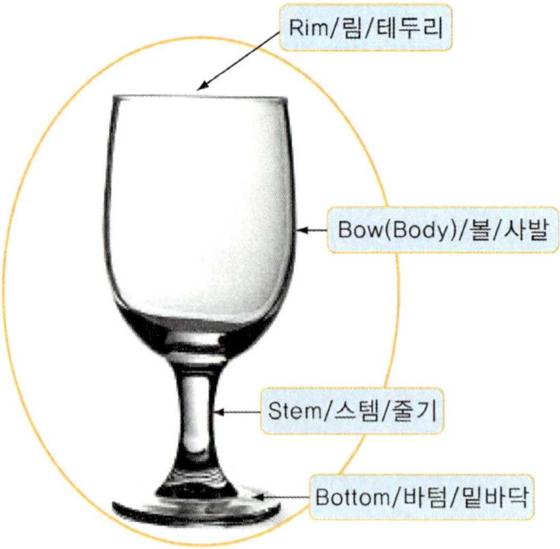

1 Glass의 종류

1) Whisky Glass

위스키 글라스는 스트레이트 글라스(straight glass)라고도 하며, 싱글(Single)과 더블(Double)이 있다. 싱글은 1oz, 더블은 2oz이다.

2) Cocktail Glass

칵테일 글라스는 쇼트 드링크 전용글라스로서 역삼각형의 윗부분과 긴 다리가 있다. 표준용량은 3oz이다.

3) Sherry Wine Glass

셰리와인 글라스는 컵부분이 삼각형 또는 긴 원통 모양이며, 다리가 길고 용량은 스트레이트 글라스와 칵테일 글라스의 중간 크기이며 용량은 2~3oz이다.

4) Sour Glass

사워 칵테일을 제공할 때 사용하는 글라스로 다리가 길고 용량은 5oz이다.

5) Champagne Glass

샴페인을 마시기 위한 글라스로 소서(Saucer)형과 튤립(Tulip)형이 있다. 표준용량은 4oz이다. 주둥이가 넓은 것이 소서형 글라스로 건배용으로 사용하며, 튤립형은 입구가 좁고 긴 글라스로 식사용으로 천천히 즐길 때 사용한다.

6) Liqueur Glass

리큐르를 스트레이트로 마실 때 이용하는 글라스이다. 일반적으로 다리가 있고 코디얼 글라스(cordial glass)라 부르기도 한다.

7) Goblet

정찬이나 기타 물을 제공할 경우에 사용하는 튤립형의 글라스이다. 주로 물을 제공하는 용도이므로 Water Goblet이라고도 부른다. 표준용량은 12oz이나 10oz가 사용되기도 한다.

8) Brandy Glass

브랜디 글라스는 다리가 짧고 림부분보다 바디가 넓은 형태의 글라스이다. 표준용량은 10oz이며 잔은 크지만 브랜디를 즐길 때는 1oz를 따라 마신다.

9) Wine Glass

와인을 마실 때 이용하는 글라스로서 다리가 길다. 현대에는 다양한 형태의 와인 글라스가 이용되지만 표준용량은 레드와인 5~7oz, 화이트와인 5~6oz이다. 와인 글라스는 와인의 숙성 정도에 따라 오래 숙성된 와인은 입구가 넓은 글라스로, 단기간의 숙성와인은 입구가 좁은 와인으로 즐겨야 와인의 향을 느낄 수 있다. 사진은 화이트와인 글라스이며 레드와인 글라스는 Bowl 부분이 원형에 가깝다.

10) Highball Glass

피즈류의 칵테일이나 청량음료를 마실 때 이용하는 글라스이다. 모양은 높고 길게 생겼다. 용량은 6~10oz까지 다양하다.

11) Collins Glass

키가 커서 일반적으로 톨 글라스(Tall Glass)로 부르기도 한다. 표준용량은 10~12oz이다.

12) Old Fashioned Glass

On the rocks 글라스라고도 하여, 위스키를 온더락스 형태로 즐길 때 사용한다.

13) Pilsner Glass

바디의 밑부분이 좁고 림(주둥이)부분이 넓은 형태의 글라스로서 스템이 없는 것처럼 짧다. 맥주나 주스를 마실 때 사용하는 글라스이다. 표준용량은 10oz이다.

Sherbet Glass

2 Glass Ware의 관리 및 취급요령

① 용도에 맞게 적당한 온도, 오물이 묻지 않는 곳, 그리고 환기가 잘되는 곳에 보관한다.

② 이가 빠지거나 금이 간 글라스는 사용금지(서브 전 확인)한다.

③ 글라스의 재질에 따라 구분하여 세척한다. 열처리된 글라스의 경우 뜨거운 물에 세척해도 파손되지 않으나, 열처리되지 않은 글라스는 뜨거운 물에 세척하면 파손의 우려가 있다.

④ 기계로 세척할 경우 종업원이 한번 더 뜨거운 수증기를 이용하여 Glass를 닦은 후 물기를 완전히 제거한다.

⑤ 글라스를 운반하거나 고객에게 제공할 경우 반드시 글라스의 하단부분을 잡거나 글라스의 스템부분을 잡아 제공하고 어떠한 경우라도 입구를 손으로 터치하지 않는다.

Tip

■ **글라스의 크기**

Straight glass : 1 ounce

Liqueur glass : 1 ounce

Wine glass : 5~7 ounce

Cocktail glass : 3~4 ounce

Sherry glass : 2~3 ounce

Sour glass : 5~6 ounce

Champagne glass : 4~6 ounce

Old Fashioned glass : 4~6 ounce

Highball glass : 8~10 ounce

Brandy glass : 10~12 ounce

Goblet glass : 12~14 ounce

Collins glass : 10~14 ounce

Pilsner glass : 10~12 ounce

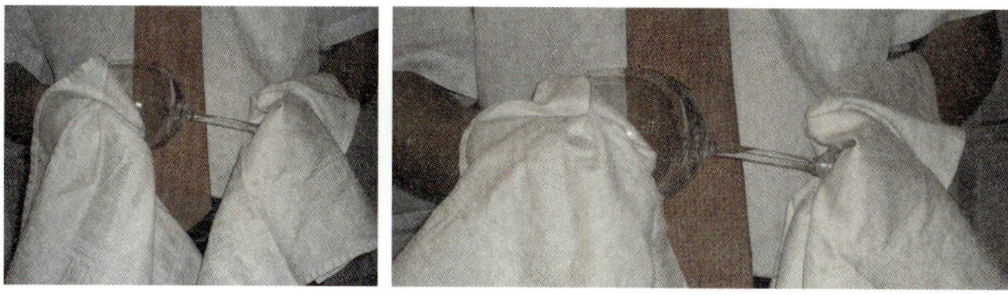

Glass 닦는 모습

(○)

(×)

(×)

(○)

(×)

(×)

(○)

Glass Rack

디캔터(와인을 병에서 디캔터로 옮겨 즐김)

Tip

- **디캔터를 사용하는 이유**

  ① 와인의 찌꺼기를 제거하기 위해

  ② 와인의 풍미와 맛을 향상시키기 위해

제4절 Linen

Linen은 레스토랑에서 사용하는 것 중 직물로 된 모든 것을 말한다. Table Cloth, Napkin 등이 대표적인 Linen류이다.

1 Linen의 종류

1) Table Cloth

레스토랑의 테이블 위에 덮는 직물을 칭한다. 일반적으로 흰색을 이용하며 몇몇 레스토랑은 로고를 삽입하기도 한다. 최근에는 레스토랑의 분위기를 창출하기 위하여 핑크색, 하늘색, 그리고 화려한 꽃무늬가 있는 것을 사용하기도 한다. Table Cloth는 테이블의 종류에 따라 그 크기와 모양이 다르다. 원형테이블의

Cloth는 원형이고 사각테이블의 Cloth는 사각이다. Table Cloth용 테이블을 덮었을 때 테이블 상단으로부터 Cloth가 떨어지는 길이는 일반적으로 30cm이다. 따라서 지름이 180cm인 Round Table의 Cloth는 240cm이다.

사각테이블에 Cloth를 덮은 모습

2) Napkin

Napkin은 고객이 식사 중 무릎에 얹어 입을 닦는 Linen이다. Table Cloth와 마찬가지로 흰색을 주로 사용하나 최근에는 레스토랑의 분위기와 어울리는 색을 선정하기도 한다. Napkin의 크기는 가로, 세로 50cm이다. Napkin은 테이블의 분위기에 따라 접는 방법이 다양하다. 왕관형, 부채형, 장미형 등이 대표적인 Napkin의 모양이다.

왕관형 Napkin과 Doily

3) Green Cloth(Meeting Cloth)

Green Cloth는 Meeting Cloth라고도 하며 연회장의 회의 시 테이블 위에 덮는 녹색 Cloth이다. 연회장의 회의용으로 사용된다.

4) Doily

1인용 setting을 할 수 있도록 만든 면직류 또는 컵받침을 할 수 있도록 작게 만든 면 종류를 Doily라 한다. 그러나 레스토랑의 매출향상을 위해 종이재질을 사용하여 각종 홍보수단으로 사용하는 경우도 있다.

홍보수단으로 사용되는 종이 Doily

5) Skirt

연회장 Buffet에 요리를 얹을 Stand를 만들 때 사각테이블 위에 Table Cloth를 덮고 옆공간을 주름이 잡힌 면직류인 Skirt로 두른다. 과거에는 Table Cloth와 Skirt를 침핀으로 바느질하듯 연결하였으나 최근에는 Skirt Holder로 연결한다.

Skirt Holder

사각테이블에 Skirt를 연결한 모습

6) Chair Cover

연회장의 Stacking Chair는 의자를 여러 개 겹쳐서 이동 또는 수납에 용이한 장점이 있지만 디자인이 단순하여 아름답지 못하다. 따라서 아름다운 장식으로 화려한 분위기 또는 행사에 어울리는 분위기를 창출하기 위해 직물로 된 Cover를 덮는다.

Stacking Chair

Chair Cover를 이용하여 꾸민 연회장의 모습

2 Linen의 관리 및 취급요령

① 'Laundry'에서 레스토랑에 필요한 Linen을 레스토랑의 Back Side에 적정량 옮긴다.

② 종류별로 구분하여 보관한다.

③ Napkin은 가능하면 접어서 보관한다.

④ 고객이 식사 후 떠난 Table에 setting되어 있는 Cloth를 교환한다(재봉선을 밑으로 setting한다).

⑤ 옆 테이블 고객에게 방해가 되지 않도록 가능한 조용하고 먼지가 나지 않도록 setting한다.

⑥ setting할 때 Cloth는 구멍이 없는지 또는 깨끗이 세탁되었는지 확인한다.

⑦ 교환한 Cloth는 일정한 장소에 보관했다가 Laundry로 옮겨 세탁하게 한다.

CHAPTER 06

연회

제6장

연회

최근 연회행사는 결혼식을 비롯하여 매우 다양한 모습으로 이루어지면서 보편화되었다. 연회는 고객의 주문 즉 계약을 근거로 매출이 발생하는 부문이다. 즉 연회는 고객의 수요가 있어야 영업이 가능하며, 수요에 따라 매출의 탄력성이 높은 부문이다. 우리나라 대부분의 연회장은 결혼식의 매출이 많이 차지하므로 결혼시즌이 되면 매출은 향상된다.

연회는 무에서 유를 창조하는 식음료업장이다. 연회는 고객의 주문에 의해 계획되고 진행되는 행사로서, 비어 있는 연회장에 고객의 요구, 행사의 내용과 성격, 참석인원 등에 따라 다양한 형태로 테이블이 정해지고, 천차만별의 가격이 결정된다. 즉 연회는 아무것도 없는 연회장을 고객의 요청에 따라 목적에 맞는 행사를 진행하기 위해 화려하고 아름다운 행사장으로 변화시키는 무에서 유를 창조하는 부분이다.

한국관광공사가 발행한 『관광용어사전』에는 연회장을 지칭하는 Banquet Room과 Function Room을 다음과 같이 정의하고 있다.

① Banquet Room: 별도의 공간에서 다양한 식음료 서비스를 대금을 지불하는 그룹에게 제공하는 호텔 서비스의 한 분야
② Function Room: 취침시설은 없지만 모임, 전시, 오락 등으로 사용하는 그룹에 적합한 방

상기의 Banquet Room과 Function Room은 별다른 구분 없이 혼용하고 있으나 전체적으로 보면 모두 연회장으로 해석할 수 있다.

제1절 연회의 특수성과 파급효과

1 연회의 특수성

연회는 무에서 유를 창조하고 고객의 주문을 통하여 운영하므로 식음료업장과는 다른 특성이 있다.

1) 홍보효과

연회행사가 이루어지면 TV, 라디오, 신문 등의 방송매체를 통하여 일반 대중에게 알려지는 홍보효과와 더불어 이미지를 향상시킬 수 있는 기회가 생긴다. 때문에 많은 호텔은 국제회의를 유치하기 위하여 다양한 노력을 하고 있다.

2) 매출의 탄력성

매출의 탄력성이 크다는 것은 곧 성수기와 비수기의 구분이 뚜렷하다는 것이다. 또한 연회는 고객의 계약이 없으면 매출이 발생하지 않는다. 일반 레스토랑은 예약하지 않고 식사하러 오는 Walk-In 고객이 있으나 연회행사는 Walk-In 고객이 있을 수 없다. 레스토랑은 주어진 공간에 좌석 수가 정해져 있지만 연회는 공간이 정해져 있지 않아 서비스능력을 갖추면 매출은 무한대로 늘어날 수 있다. 이것은 출장연회로 가능한 것이다. 예를 들면 월드컵경기장에서 이루어지는 행사를 출장연회로 계약하였다면 공간적 한계는 없을 것이다.

3) 원가절감

연회행사는 사전에 행사의 스케줄, 식사의 메뉴 등이 결정되므로 한 사람의 종업원이 많은 사람을 서비스할 수 있고, 행사인원이 대규모이므로 규모의 경제에 의한 원가절감이 가능하다.

4) 외부판매가 가능

전술한 바와 마찬가지로 일정한 규모를 갖춘 레스토랑은 내부에서 판매가능하다. 그러나 외부에서 같은 요리를 판매하는 것은 불가능할 것이다. 따라서 각 레스토랑은 수용력의 한계를 벗어나기 위하여 회전율을 향상시키려 노력하며 일부 뷔페 레스토랑에서는 성수기에 뷔페를 1부와 2부로 나누어 영업하기도 한다.

그러나 연회는 출장행사도 가능하기 때문에 매출의 한계는 거의 없다고 볼 수 있다.

5) 비수기 타개에 기여

연회장을 이용하여 각종 이벤트성 행사를 진행하므로 수요가 적은 비수기에 매출향상을 도모할 수 있다. 비수기에 대규모행사를 유치하므로 수요를 유발하는 효과를 볼 수 있다. 많은 외부인들이 방문하여 숙식을 해결해야 하기 때문에 비수기에 행사를 유치하는 것은 비수기를 타개하는 좋은 방법이다.

6) 동시성

많은 고객에게 동시에 서비스한다. 대부분의 행사는 많은 인원이라 하더라도 동일한 메뉴를 동일한 시점에서 서비스한다.

7) 매출 파급효과

많은 인원이 방문하여 생활하므로 그 외 레스토랑, 쇼핑, 숙박 등의 부문에서도 매출을 향상시킨다.

8) 예약

연회는 주문에 의해 영업이 시작되고 종료된다. 즉 고객의 예약이 없으면 영업은 시작되지 않는다. 따라서 비수기와 성수기의 수요를 잘 조절하고 서비스 종업원의 배치 또한 고려해야 한다.

◆ 연회의 특수성

① 홍보효과	② 매출의 탄력성	③ 원가절감
④ 외부판매가 가능	⑤ 비수기 타개에 기여	⑥ 동시성
⑦ 매출 파급효과	⑧ 예약	

2 연회의 파급효과

연회는 고객이 연회장에 방문하여 숙식을 하므로 여러 가지 측면에서 많은 영향을 미친다. 여기서는 경제적 · 사회적 · 문화적 · 경영적 파급효과로 나누어 살펴보기로 하자.

1) 경제적 측면

연회는 당일로 이루어지는 경우도 있고 숙박을 하며 장기간에 걸쳐 이루어지는 경우도 있다. 따라서 방문한 고객은 식사를 하고, 숙박을 해야 한다. 이러한 것은 호텔의 매출을 향상시킬 뿐만 아니라 주변 점포에까지 영향을 준다. 지역특산품을 구매하거나 기념품을 구매하는 것은 지역경제에 긍정적인 영향을 미치는 대표적인 사례이다. 또한, 수요가 발생하면서 서비스 종업원이 필요해지고 기업은 이를 위하여 인력을 고용할 것이다.

2) 사회적 측면

연회행사는 관련분야의 발전에 이바지한다. 국제회의가 개최되면 국제회의에 필요한 여러 가지 사항을 검토하며 준비할 것이고, 행사를 진행하면서 귀중한 실무경험을 얻게 될 것이다. 뿐만 아니라 연회행사와 관련된 모든 분야가 국제화될 것이다.

성공적인 국제행사 개최는 지역과 해당 국가의 권위를 신장시키고, 원활한 교통망이 확충되며, 환경을 개선하는 효과를 거둘 수 있다.

3) 문화적 측면

국제회의는 서로 다른 문화를 경험하고, 상대국에 대한 지식과 정보를 획득함으로써 국제문화 교류가 활발해지며, 해당국가에 대한 관광 유발효과가 있다.

4) 경영적 측면

각종 마케팅 노력으로 비수기에 수요를 자극하여 성수기에 집중된 수요를 비수기로 옮겨 수요의 편중현상을 해소할 수 있다. 그러나 비수기에 행사를 유치하기 위해서는 고객에게 충분한 편익을 제공하는 것이 중요하다.

Tip

■ **연회장시설 설계의 기본원칙**

연회장은 동시에 많은 고객에게 서비스가 이루어지므로 효율적인 서비스와 생산성 향상을 위하여 편리하고 경제적인 시설의 설계가 필요하다. 연회장시설 설계의 원칙은 다음과 같다.

① 최단거리 운반의 원칙
② 유통원활의 원칙
③ 안전도와 만족감의 원칙
④ 융통성의 원칙
⑤ 조화의 원칙

제2절 연회행사의 종류

연회행사는 식사가 포함되어 있는 식음료연회와 식사가 포함되지 않는 임대연회로 구분한다.

1 식음료연회

1) 테이블서비스파티(정찬파티)

가장 품격 높은 연회행사로서 정찬파티이다. 비용이 많이 소요되고, 중요한 목적이 있을 때 개최된다. 일반적으로 정장을 하고 참석하며 식사 전 Reception이 있다. 초청자와 주빈이 입구에서 손님을 맞이하며 입구에서 보면 초청자와 주빈은 오른쪽에서 손님을 맞이하고 뒤에는 병풍이 있다. 행사장은 Table과 Chair가 준비되어 있고 지정석이 있는 경우도 있다.

2) 칵테일파티

가격이 저렴하며 standing형식으로 진행된다. 식사 전에 이루어지는 경우가 많으나 칵테일파티를 주행사로 하는 경우도 있다. 1인당 3잔 정도의 음료를 준비하고 안주는 한입에 먹을 수 있는 크기로 준비한다. 서먹한 사람들의 친분을 쌓는 자리가 되게 하기 위하여 standing형식으로 이루어지며 참석자들은 음료를 들고 서로 인사하며 담소를 나눈다.

3) 뷔페파티

우리나라에서 가장 흔하게 이루어지는 파티이다. 결혼식 피로연은 거의 모든 파티가 뷔페파티로 이루어진다. Self Service형식으로 준비된 요리를 기호껏 즐기는 파티이다.

4) 출장파티

고객의 요청에 의해 고객이 원하는 장소에서 이루어지는 파티이다. 정찬파티부터 Reception까지 다양한 형식으로 이루어지며 일반적으로 출장파티는 10% 정도 더 비싸다.

2 임대연회

1) Meeting

모든 회의의 총칭이다. 가장 포괄적으로 사용되는 회의를 의미한다.

2) Convention

정보전달을 목적으로 하는 회의를 의미한다.

3) Congress

유럽에서 사용하는 용어로 대규모 국제회의를 의미한다.

4) Conference

과학분야의 새로운 지식 또는 문제점을 연구하기 위한 회의를 의미한다.

5) Seminar

교육을 목적으로 개최하는 회의를 의미한다.

6) Symposium

특정 사안을 연구 · 검토하기 위한 전문가들의 토론장이다.

7) Forum

회의를 진행하는 사회자가 있고 미리 주어진 주제에 관하여 상반된 의견을 가지고 청중 앞에서 토의하는 형태의 회의이다.

8) Panel Discussion

사회자의 주관 아래 패널리스를 중심으로 한 공개토론이다.

9) Workshop

30명 정도 참석하는 훈련목적의 소규모 회의를 의미한다.

10) Exhibition

각종 전시회이다.

◆ 연회행사의 종류

1. 식음료연회
   ① 테이블서비스파티　② 칵테일파티　③ 뷔페파티
   ④ 출장파티

2. 임대연회
   ① Meeting　② Convention　③ Congress
   ④ Conference　⑤ Seminar　⑥ Symposium
   ⑦ Forum　⑧ Panel Discussion　⑨ Workshop
   ⑩ Exhibition

제3절 연회의 흐름

연회행사는 고객의 주문으로부터 시작된다. 고객의 주문은 일정한 요건에 따른 예약을 의미하며, 예약 후 법적 근거가 되는 계약서를 수반해야 한다.

1 예약접수

연회행사를 하고자 하는 고객은 전화나 메일 또는 방문 등을 통하여 예약을 하게 되며, 일반적으로 전화로 문의를 하고 연회장의 시설과 규모 등 행사의 성격에 어울리는지를 판단하기 위하여 방문하게 된다.

2 Control Chart 확인

예약을 접수받으면 연회장에 수용 가능한지 가용할 연회장이 있는지를 확인하기 위하여 Control Chart를 확인한다. Control Chart는 회사 내 연회장의 수와 가용인원 등이 표시되며 먼저 예약된 행사의 유무를 한눈에 확인할 수 있도록 만든 Chart이다. 이는 이중예약을 방지하기 위하여 운영하는 Chart이며 문의 중, 가예약, 예약확정, 계약 유무 등을 상세히 기록하는 것이 일반적이다. Control Chart를 담당하는 종업원은 여러 예약 원천 중 어느 한곳에 치우치지 않고 연회장의 가동률과 매출을 위하여 잘 관리해야 한다.

3 견적서 제출

Control Chart의 확인 후 행사를 유치할 수 있다고 판단되면 연회에 제공되는 서비스와 가격을 구체적으로 기입해 행사 주최자에게 견적서를 제출한다. 이때 보다 높은 매출을 달성하기 위하여 비수기와 성수기를 파악하고 주변 경쟁사의 연회장 가동률 등을 판단하여 경쟁력 있는 가격의 견적서를 제출해야 한다.

4 계약서 작성

견적서를 받은 행사 주최자와 담당자는 몇 번의 토의와 가격에 대한 상담을 통하여 적정가격을 확정하게 되고 이를 계약서로 문서화하여 주최자와 담당자가 각 1부씩 보관한다.

계약서에는 모든 행사의 내용과 진행 그리고 식사 등의 사항을 구체적으로 기입하여야 하며 지면이 부족할 경우 첨부하여 작성한다.

5 Control Chart Booking

계약서 작성을 마치면 Control Chart 담당자는 가예약 또는 진행 중으로 표시되었던 사항을 계약완료로 기입하여 또 다른 행사의 중복유치를 방지한다. 계약서는 행사가 이루어질 날짜를 기준으로 빠른 행사의 계약서가 윗면에 위치할 수 있도록 정리한다.

6 Function Sheet의 작성 및 회람

계약서의 내용을 서비스 종업원들이 잘 파악할 수 있도록 Function Sheet를 작성하여 각 부서에 회람하고 각 부서에서 이를 위한 준비를 시작할 수 있도록 한다. Function Sheet에는 구체적이고 정확한 내용을 기입하여 행사의 원활한 진행에 만전을 기할 수 있도록 한다.

7 관계부서 업무협조사항 확인 및 체크리스트 작성

Function Sheet를 수납한 각 부서는 행사에 필요한 사항들을 확인하고 체크리스트를 작성하여 순차적으로 진행한다. 이 과정에서 연회 담당자와 각 부서 그리고 계약 담당자의 긴밀한 커뮤니케이션은 성공적인 행사진행의 열쇠가 된다.

8 참석인원과 VIP 확인

행사시일이 가까워지면 준비된 사항과 주최측의 변동사항 등을 파악하고 이를 각 부서에 전달한다. 그리고 행사에 참석하는 VIP를 확인하고 영접계획을 마련한다.

9 현장점검 및 수정사항 확인

일반적으로 연회행사는 행사 시작 전일 주최측에서 현장에 방문하여 최종점검을 하게 된다. 이때 계약서에 있는 모든 사항을 점검하고 부족한 부분이 있으면 즉시 수정하여 확인받도록 한다.

10 안내문과 현수막 확인

고객의 동선을 돕기 위한 안내문과 현수막 등이 준비되어 있는지 확인한다.

11 체크리스트 전체 확인(계약서와 동일한지 여부)

행사와 관련된 전체 Check List를 세밀하게 확인한다.

12 고객 영접

행사 당일이 되면 계약 담당자와 연회장 그리고 관련 부서가 고객을 영접한다. 이때가 고객에게 좋은 첫인상을 줄 수 있는 기회이므로 최선의 노력을 기울인다.

13 행사진행

식음료부서가 주관이 되어 행사를 진행한다. 이때 식음료 연회 담당자와 행사 주최자의 유기적인 협조와 커뮤니케이션이 중요하다.

14 계산

행사가 종료되면 행사에 관련하여 고객이 지불해야 할 금액을 정산하고 고객의 계산을 돕는다. 만약 후불을 할 경우 문서로 근거를 남긴다.

15 손님 환송

고객이 연회장을 떠날 때 모든 종업원은 입구에서 정중하게 인사하여 좋은 이미지를 쌓을 수 있도록 연출한다.

16 고객관리

연회행사가 끝난 고객의 정보를 컴퓨터에 입력하고 그들을 Repeat Guest로 창출하기 위하여 판매촉진 자료로 활용한다. 특히 기업체 연회행사는 매년 유사한 행사를 진행하므로 문의 전에 자료를 제출할 수 있도록 한다.

제4절 연회장 Layout

연회의 성격에 따라 의자를 배열하기도 하고 테이블과 의자를 배열하기도 한다. 그러나 일반적으로 공간이 허락하면 테이블과 의자를 같이 배열한다. 연회장의 Layout은 앞뒤 테이블과 의자의 사이 그리고 통로를 충분히 확보하여 고객의 이동이 원활하도록 한다.

연회장에서는 앞뒤의 간격과 테이블의 줄을 맞추기 위하여 카펫 바닥의 무늬를 이용하기도 하며 긴 줄을 이용하기도 한다.

1 의자 배열

의자만 배열하는 경우는 공간이 협소하거나 필기구가 필요 없는 경우 그리고 짧은 시간이 소요될 경우에 이용한다.

1) 극장식 Layout(Theater Style Layout)

좁은 공간에 많은 사람을 입장시키기 위해 사용되며 전문적인 내용의 강연에는 이용되지 않는다. 일반적으로 많이 볼 수 있는 결혼식장의 배열이 극장식 Layout이다.

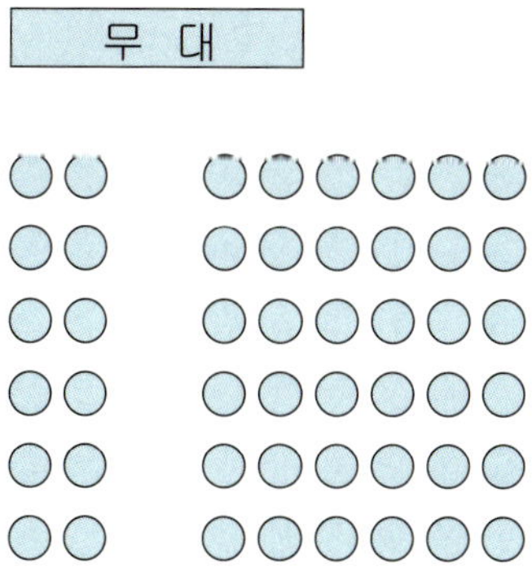

극장식 Layout

2) 강당식 반원형 Layout(Auditorium Half-round Style Layout)

연회장의 길이보다 넓이가 더 넓을 때 사용하는 Layout이다. 연회장에서는 잘 사용하지 않는 Layout이다.

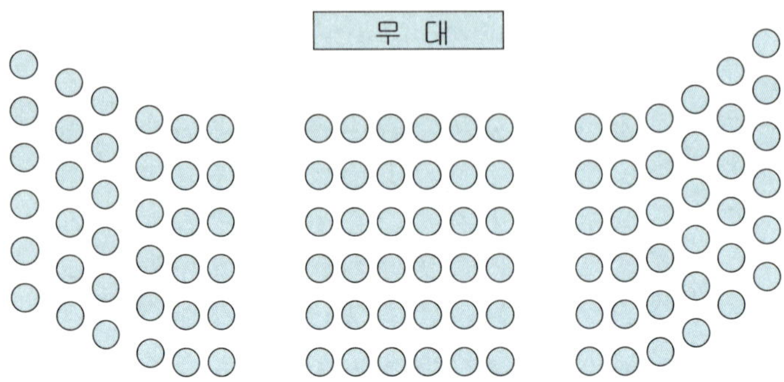

강당식 반원형 Layout

3) 강당식 V형 Layout(Auditorium V Style Layout)

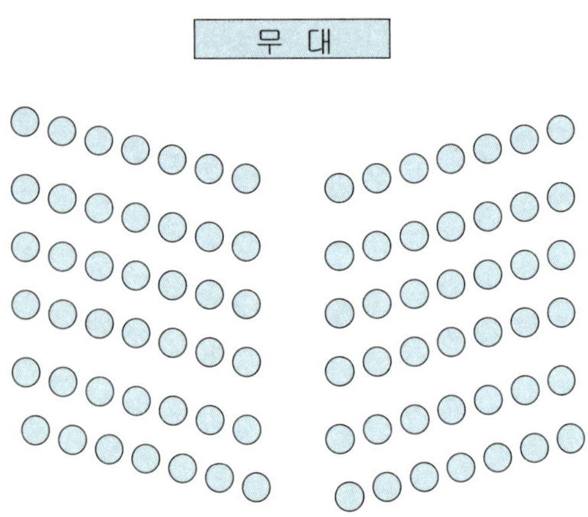

강당식 V형 Layout

2 테이블과 의자 배열

1) 스쿨형 Layout(School Style Layout)

가장 많이 사용되는 Layout이다. Meeting Table이라 불리는 Table 위에 Green Cloth를 덮는다. Meeting Table

의 크기는 180*45cm이다. Table 1개에 2인 또는 3인이 앉는다.

School Style Layout

2) 원형 Layout(Round Style Layout)

식사 시 가장 많이 사용되는 배열이다. Round Table을 연회장 공간에 맞게 배열하고 각 Table에 적정인원이 앉아서 식사한다. 원형테이블의 종류는 일반적으로 small round와 large round를 사용하는데, small round는 지름의 길이가 120cm(4~6인용)이고, large round는 180cm(8~10인용)이다. Banquet행사에는 대부분 large round를 사용한다.

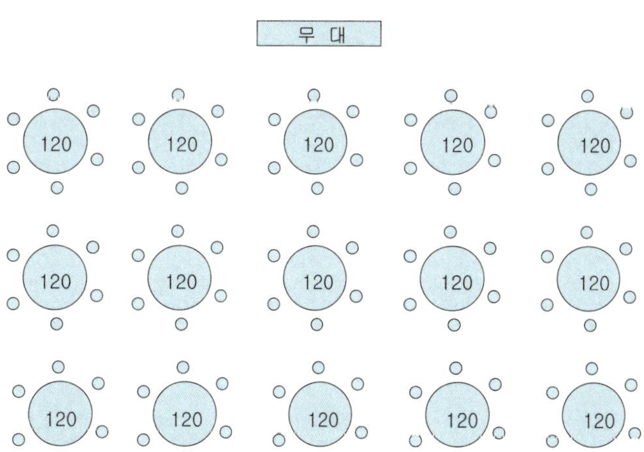

Small Round Style Layout

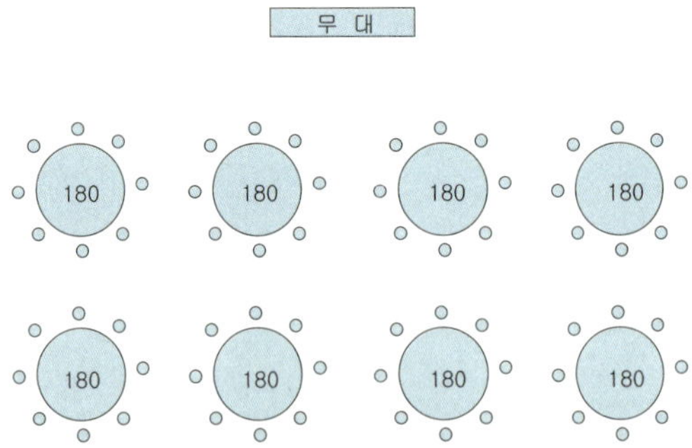

Large Round Style Layout

3) U형 배열(U Shape)

소규모 회의 시 많이 사용한다. 특히, Screen을 보며 회의할 경우 U Shape를 가장 많이 사용한다.

U Shape

4) E형 배열(E Shape)

일반적으로 사용하지 않는 Layout이다. 좁은 공간에 많은 사람이 들어가야 할 때 사용한다.

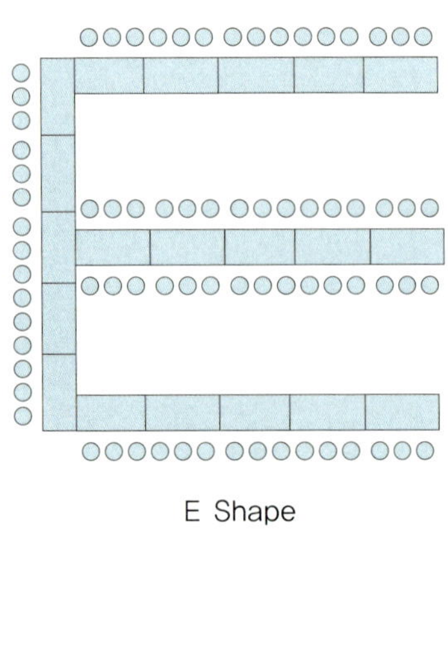

E Shape

5) T형 배열(T Shape)

Main Table에 많은 사람이 앉아야 할 경우에 사용하는 Layout이다.

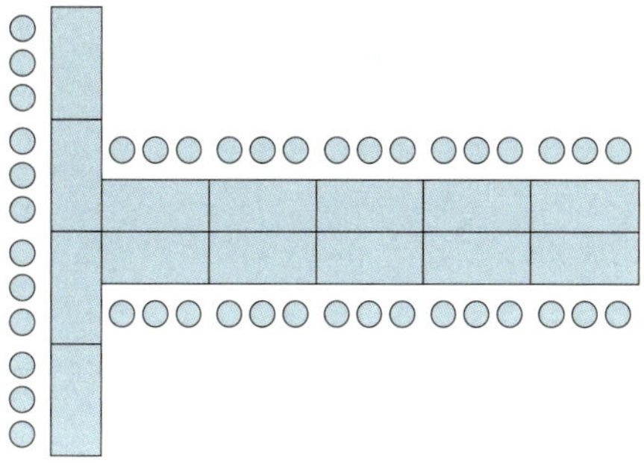

T Shape

6) I형 배열(I Shape)

좁은 공간의 회의 또는 소규모 파티와 식사를 겸한 행사에 많이 사용한다.

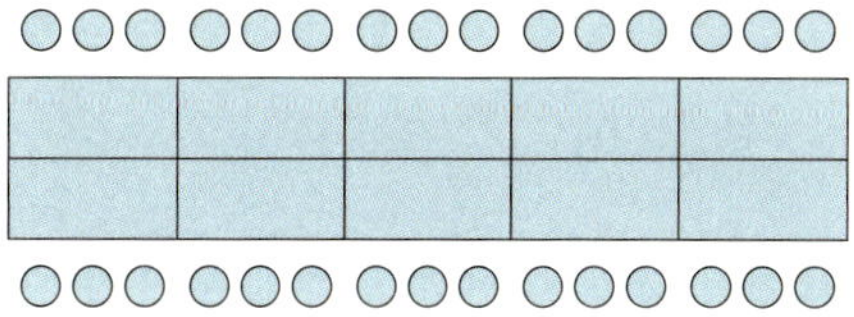

I Shape

7) Oval형 배열(Oval Shape)

I Shape 양쪽 끝에 고객이 더 앉을 때 사용되는 스타일이며 이때 양쪽 끝자리에 주빈 또는 초청자는 앉지 않는다.

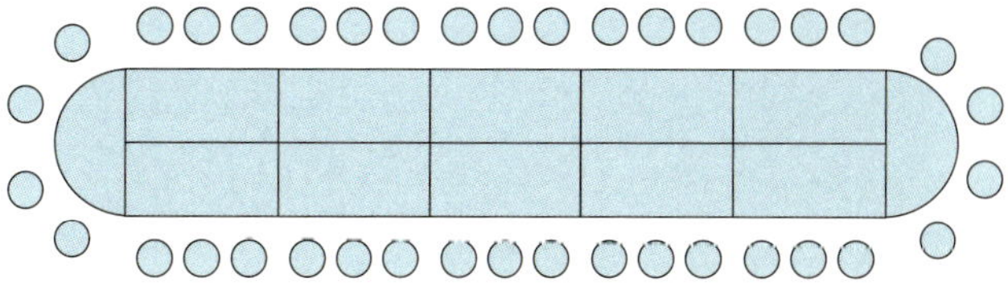

Oval Shape

8) ㅁ형 배열(ㅁ Shape)

가장 격식을 갖추어야 하는 회의 및 식사에 사용되는 Layout이다.

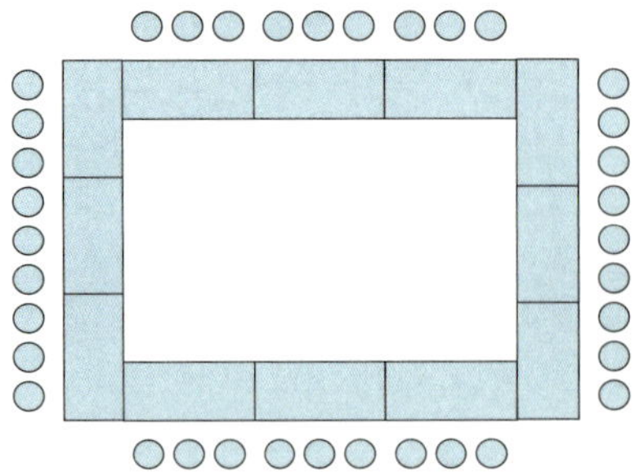

ㅁ Shape

제5절 연회용 테이블과 의자

1 Table

1) Meeting Table

School style에 쓰이며 가장 많이 사용되는 테이블이다. 높이는 75cm이며 길이와 폭은 180cm와 45cm이다. 세미나(seminar) 테이블이라 부르기도 한다. Meeting Table 2개를 합치면 Folding Table이 된다.

2) Folding Table

Folding Table은 Meeting Table의 두 배 크기다. 즉 높이와 길이는 동일하며 폭은 90cm이다. 이 테이블은 연회장 Buffet Table을 구성할 때 주로 사용한다.

Meeting Table

Folding Table

Table Car

3) Round Table

주로 식사 테이블로 사용된다. 일반적으로 높이는 75cm이며 지름은 수용인원에 따라 120/160/180cm 등이 있다.

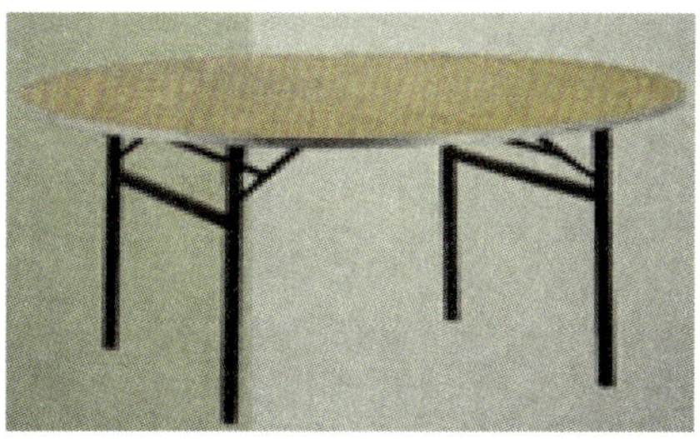
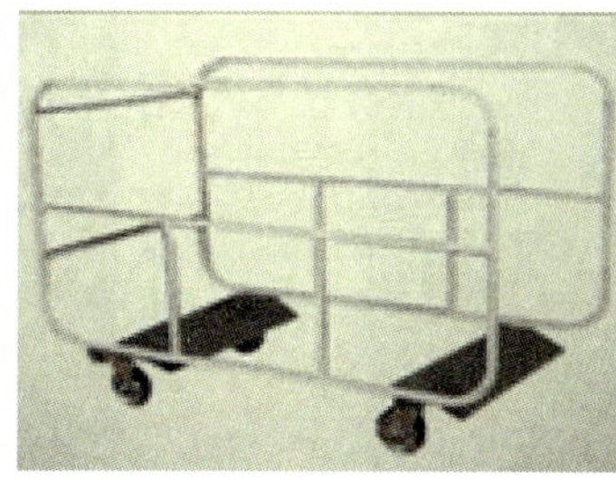

Round Table과 이동용 Car

4) Half Round Table

Oval Shape를 Layout할 때 양쪽 끝부분에 연결시키는 테이블이다. 지름은 Folding Table의 폭에 따라 결정된다.

5) Doughnut Table

장식용 테이블로 많이 쓰이며 Folding Table 곡선으로 연결할 때 모서리에 사용된다. 4개를 연결하면 중앙이 비어 있는 Doughnut과 같은 모양이므로 Doughnut Table이라 한다.

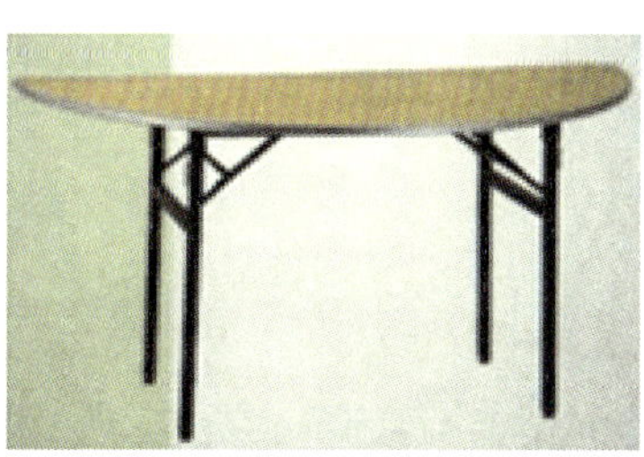

Half Round Table

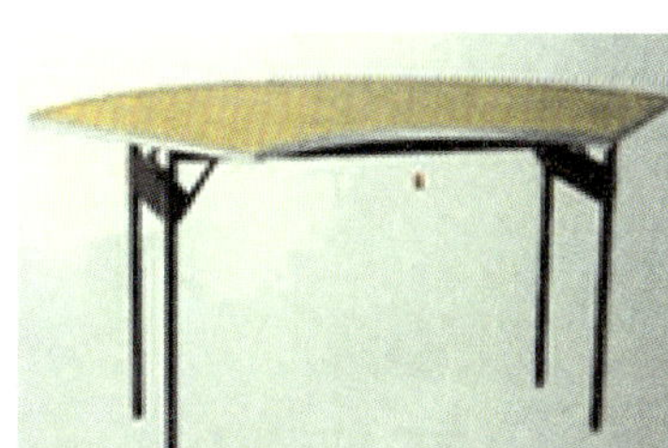

Doughnut Table

6) Quarter Table

라운드 테이블의 1/4쪽이다. 용도는 Doughnut Table과 유사하다.

Quarter Table

Tip

■ **테이블 취급요령**

① 무리한 충격을 가하지 않는다.
② 파손 시 즉시 수리한다.
③ 행사에 알맞은 테이블을 사용한다.
④ 보관 시 변형이 일어나지 않도록 주의한다.

2 Chair

1) Stacking Chair

연회장에 사용되는 의자는 대부분 Stacking Chair이다. 이 의자는 겹칠 수 있어 좁은 공간에 많이 보관할 수 있고 10개씩 접을 수 있어 이동할 때 능률적이다. 그러나 미적인 면에서 부족하여 아름다운 모양과 무늬가 있는 Chair Cover를 사용한다.

Stacking Chair

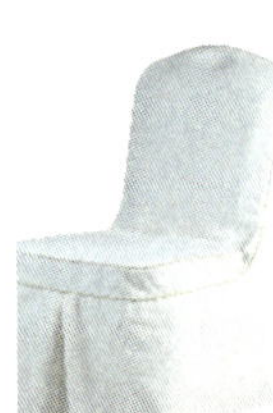

Chair Cover

연출된 Chair Cover

Chair Setting

2) Arm chair

양쪽에 팔걸이(Arm Rest)가 있는 Chair를 Arm chair라 한다. 공간의 여유가 있고 격식을 갖추어야 하는 연회행사에 사용한다.

Arm chair

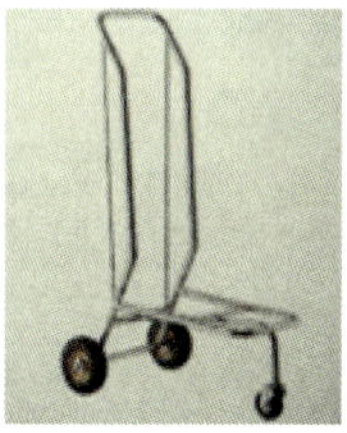
Chair car

3) Chair car

Stacking chair를 10개씩 겹쳐서 이동할 때 사용하는 기구이다.

> **Tip**
>
> ■ **의자 취급요령**
>
> ① 무리한 충격을 가하지 않는다.
> ② 고장은 즉시 수리한다.
> ③ 얼룩 있는 의자는 즉시 세탁한다.
> ④ 이동 시 Chair car를 이용한다.

3 Portable Stage(연회용 무대/조립식 무대)

Portable Stage는 높이를 조절할 수 있는 무대이다. 기존에 설치되어 있는 고정식 무대를 용도에 따라 연장하여 사용하기도 하고, 무대가 없는 연회장의 무대 설치용으로 사용하기도 한다.

Portable Stage의 일반적 제원은 다음과 같다.

① 넓이 : 240cm*120cm(일반적으로 120*120이 겹쳐서 세워져 있다.)

② 조정가능 높이 : 40/60/80/100cm이다.

Tip

■ **사용방법과 주의사항**

① 2인 1조로 작업한다.
② 운반 시 반드시 안전핀을 고정한다.
③ 용도에 맞게 높이를 조절하여 사용한다.
④ 높이 조절이 끝나면 안전핀으로 고정한다.
⑤ 다리 끝부분에 있는 높이 조절장치로 수평을 맞춰 안정적인 무대를 만든다.

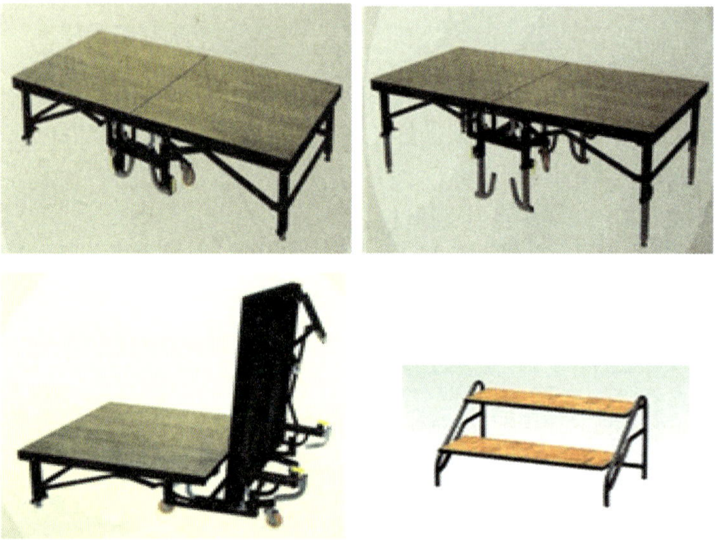

Portable Stage와 계단

CHAPTER 07

식음료 접객서비스

제1절 접객실무
제2절 Complaint

제7장

식음료 접객서비스

식음료 제품은 서비스 종업원의 인적 서비스를 통하여 완성된다. 즉 종사원의 서비스는 제품의 일부분으로 제품에 포함되어 판매된다. 따라서 종업원의 표정, 깨끗하고 단정한 유니폼, 고객을 우선으로 생각하는 마음가짐, 그리고 정중한 표현 등이 레스토랑의 전반적인 품질을 결정하는 중요한 요소이다.

특히, 식음료는 고객이 비교적 오랜 시간 레스토랑에 머물면서 다양한 서비스를 제공받는다. 긴 시간은 서비스과정에서 종업원의 실수를 유발하기 쉽게 하고 종업원의 실수가 고객의 기분을 상하게 하여 결국 고객이 레스토랑의 품질에 대하여 부정적으로 인지하게 만든다.

제1절 접객실무

1 접객대화

대화는 자신의 마음을 표현하는 대표적인 커뮤니케이션 방법이다. 레스토랑의 종업원은 항상 고객에게 감사하는 마음을 표현해야 한다. 접객대화는 형식적인 표현이 아니라 진심에서 우러나오는 대화가 이루어졌을 때, 고객은 레스토랑에 대하여 좋은 이미지를 갖게 되고 이는 레스토랑 성과에 긍정적인 영향을 미칠 것이다.

1) 정중한 표준어

접객종업원은 고객에게 표준어를 사용해야 한다. 사투리를 사용하면 의사소통의 불편함을 초래할 뿐만 아니라 오해 발생의 소지가 있다. 때로는 특별한 사투리가 특정 지방을 홍보하는 관광홍보 도구(예, 요셔유 즐겨유, 2010년 충청방문의 해 슬로건)로 사용되기도 하지만 접객상황에서 고객이 이해할 수 없는 사투리를 사용한다면 오히려 고객과 종업원의 커뮤니케이션 장애요소로 작용할 수 있다.

2) 간결하고 상황에 어울리는 말

고객의 질문에는 고객의 입장에서 이해할 수 있도록 간결하고 상황에 어울리는 말로 응대해야 한다. 고객은 종업원에게 정확한 정보를 원한다. 때문에 고객이 충분히 이해할 수 있는 정보가 포함된 간결하고 상황에 어울리는 말을 해야 한다.

3) 미소로 고객과 대화

종업원은 고객과의 대화 중 항상 미소를 잊지 말아야 한다. "웃는 얼굴에 침 뱉으랴"라는 속담이 있듯이 웃음은 유대관계를 형성하고 유지시켜 준다.

4) 고객의 말 경청

서비스는 고객의 입장을 충분히 이해함으로써 출발한다. 특히, 레스토랑의 환경은 고객에게 익숙지 않고 판매하는 메뉴 또한 익숙지 않다. 따라서 고객은 종업원의 도움이 필요하며 이때 종업원은 고객의 입장에서 고객의 의견과 말을 충분히 경청해야 한다.

5) 고객의 반응에 적극적인 응대

서비스과정 중 불편을 포함한 고객의 반응에 대해 고객의 입장에서 생각하고 즉각적으로 이를 해결하며 어려움을 돕기 위하여 적극적인 노력을 기울여야 한다.

6) 민감한 내용 자제

대화 중 서로의 의견이 상충할 수 있는 대화는 피하는 것이 좋다. 예를 들면 정치적 이슈에 관한 문제, 스포츠 승패에 관한 문제 등은 대화 중 서로의 의견이 상충할 수 있으므로 자제하는 것이 좋다.

2 접객종업원의 마음자세

1) 능동적인 자기개발

종업원은 회사의 자산인 동시에 그들의 능력은 자신의 미래 발전과 회사의 발전에 기여하게 된다. 따라서 접객종업원은 자기개발을 능동적으로 해야 한다.

2) 회사발전에 적극 참여

회사와 자신 사이의 우선순위는 항상 갈등의 상황에 봉착하게 한다. 다행히 회사의 발전이 자신의 발전과 연결될 수 있으면 좋은 일이나 그렇지 못한 경우 접객종업원은 갈등의 상황에 봉착하게 된다. 그러나 회사의 발전은 곧 나의 발전이라는 긍정적인 마음가짐으로 회사발전을 위한 적극적인 참여는 오늘날 회사가 추구하는 인재상이라 할 수 있다.

3) 책임완수

조직은 기능 및 프로젝트별 등 여러 가지 기준으로 분화되어 있다. 분화된 작은 조직이 자신의 책임을 충분히 완수하였을 경우 레스토랑 전체는 양호한 성과를 달성할 수 있다. 자동차의 수많은 부속 중 작은 부속 하나라도 제 역할과 책임을 완수하지 못하면 자동차는 원활하게 움직일 수 없는 것과 마찬가지이다. 이와 같이 한 사람 한 사람의 책임완수가 레스토랑 전체의 훌륭한 성과 달성에 밑거름이 된다.

4) 주인의식

서비스과정에서 서비스를 생산·관리하는 사람은 접객종업원뿐이다. 따라서 접객종업원은 부분적 마케터로서의 역할을 담당해야 한다. 이는 서비스를 훌륭하게 제공하는 것뿐만 아니라 더 나아가 원가, 이윤, 장기적인 고객관리까지를 포함하는 것으로 바람직한 종업원의 자세라 하겠다.

5) 역지사지

"고객은 항상 우리를 떠날 준비가 되어 있다"라는 마케팅 격언이 있다. 즉 고객은 우리가 주시하지 않고 소홀하다고 판단되면 언제라도 경쟁업체로 브랜드를 전환할 수 있다는 이야기이다. 때문에 항상 고객의 입장에서 고객을 이해하고 모든 업무에 있어서 고객 우선주의가 필요하다.

3 접객종업원의 대기자세

접객종업원은 고객이 서비스를 요구할 때 항상 서비스할 수 있는 위치에 대기하고 있어야 하며 더 나아가 고객의 욕구를 사전에 예측하여 고객만족을 창출해야 한다. 따라서 접객종업원은 다음과 같은 자세로 대기한다.

첫째, 가슴은 반듯하게 펴고 수직자세로 대기한다.

둘째, 왼손은 팔꿈치를 접어 암타월을 걸쳐 복부에 놓고, 오른손은 바지 재봉선에 살며시 놓는다(여자는 양손을 모은다).

셋째, 서비스 스테이션이 잘 보이는 곳에서 고객의 욕구를 잘 파악할 수 있도록 대기한다.

넷째, 항상 고객을 주시하면서 밝은 표정과 미소로 고객에게 훌륭한 이미지를 심어준다.

구체적인 내용을 살펴보면 다음과 같다.

〈표 7-1〉 접객종업원의 대기자세

단계	내용
자세	• 미소 • arm towel 휴대 • 시선은 항상 고객
위치	• 서비스 스테이션이 잘 보이는 곳 • 고객의 시선이 잘 보이는 곳
업무 포인트	• 고객의 시선관찰 • 각종 glass상태 • 서비스 적정시점 • 고객의 요청에 신속한 대응
금지사항	• 잡담 • 주머니에 손 넣기 • 뒷짐지기

4 접객절차

레스토랑의 품질은 생산과정과 판매과정에서 많은 변수가 작용한다. 때문에 품질의 표준화가 어렵다. 각 레스토랑은 이를 극복하기 위하여 나름의 매뉴얼을 정하고 있다. 일반적인 매뉴얼에 따른 레스토랑 접객절차는 다음과 같다.

1) 영접

고객이 레스토랑에 입장하면 레스토랑 입구에 대기하고 있던 종업원은 '어서 오세요' 또는 '안녕하세요' 등의 적절한 인사말과 미소 가득한 얼굴로 예약의 유무와 동행 인원수를 확인하고 고객이 선호할 만한 좌석으로 안내한다. 단골고객인 경우 고객의 존함이나 직함을 불러드림으로써 고객만족을 창출한다.

2) 안내

좌석으로 안내할 경우 접객종업원은 고객보다 2~3보 앞에서 고객을 테이블로 안내하며 손바닥을 위로 향하게 하여 방향을 지시한다. 이 경우 고객의 성향에 따라 그에 맞는 테이블로 안내하며 안내 후 좌석이 좋은지 고객의 의향을 물어봐야 한다. 일반적으로 연인은 구석진 곳, 장애인 또는 노약자 등의 사회적 약자는 입구, 어린이를 동반한 고객은 레스토랑의 안쪽 또는 PDR로 안내하는 것이 좋다. 화려한 의상을 차려입은 고객은 레스토랑의 중앙으로 안내하는 것이 좋다. 이 경우 고객의 수와 좌석의 수가 맞는 테이블로 안내하여 매출을 극대화시켜야 한다.

3) 착석

좌석이 정해지면 고객의 착석을 돕는다. 어린이, 여성, 노약자 순으로 착석을 돕고 일반적으로 처음 고객의 착석을 도우면 다른 고객은 스스로 알아서 앉는다. 어린이의 경우 high chair를 제공하는 것이 좋으며 고객이 자리에 앉기 쉽도록 의자를 가볍게 당겼다가 고객이 앉을 때 다시 밀어준다. 이때 의자가 바닥에 닿아 소음이 발생하지 않도록 주의한다.

4) 메뉴 제공

자리가 정리되면 고객에게 메뉴를 제공한다. 이때 고객의 선택을 돕기 위해 잘 팔리는 메뉴, 신선한 식재료, 계절요리, 그리고 특별히 시간이 소요되는 요리를 안내한 후 조금 떨어진 곳에서 충분한 시간을 두고 대기한다.

5) 주문받기

고객이 준비되었다는 신호를 보내면 주문을 받는다. 이때 고객의 주문을 메모할 수 있는 메모장은 필수적이며 고객의 질문에 충분한 설명을 할 수 있는 전문적 지식이 필요하다. 이때 레스토랑 매출을 향상시키기 위하여 음료 추천을 잊지 않는다.

(1) 주문기법

① 고객의 좌측에서 메뉴를 제공하고 주문을 받는다.
② 주문서와 필기구를 준비한다.
③ 시계방향(어린이, 여자, 연장자)
④ 주문사항을 복창하여 확인한다.
⑤ 주문한 요리의 소요시간을 알려준다.

(2) 주문접수 시 주의사항

① 고객의 입장에서 설명(쉬운 말)한다.
② 고객의 선택을 쉽게 추천한다.
③ 그날의 품절요리를 숙지한다.
④ 고기의 굽기 정도, 계란요리의 종류, 드레싱의 종류 등을 선택받는다.

6) 세팅하기

주문받은 후 주문한 요리에 맞는 기물을 세팅한다. 일반적으로 테이블에는 기본 세팅이 되어 있으며 고객이 주문한 메뉴에 따라 기물을 추가하거나 기물을 픽업한다.

7) 식사 중 서비스

고객이 주문한 요리를 제공한 후 필요한 사항이 없는지 항상 고객을 주시한다. 이때 고객의 물잔(Water Goblet)에 물이 5부 이하이면 리필해 드린다. 식사 중 불편한 사항이나 필요한 것이 없는지 고객에게 한두 번 정도 여쭙고 즉시 고객의 요구에 응대할 수 있도록 한다.

디저트가 제공되기 전 고객에게 식사의 만족도를 체크한다. 즉 "스테이크는 입맛에 맞으셨습니까?"라는 질문과 함께 고객과의 자연스러운 대화를 유도하고 다음에 제공될 디저트 메뉴에 대해 간단히 설명한다.

식사 중 서비스 내용을 상세히 살펴보면 다음과 같다.

식음료를 서브할 때에는 고객의 오른쪽에서 오른손으로 제공한다. 음식을 큰 접시에 담아 서빙할 때에는 고객의 왼쪽에서 오른손으로 서빙한다. 빵과 요리에 따른 소스와 샐러드드레싱을 제공할 때, Platter Service 시에는 고객의 좌측에서 Showing한 후에 서브하는 것이 원칙이다.

(1) Serving 시 주의사항

① 서비스는 주빈 → 여자 → 남자 → Host 순으로 서브한다.

② 식음료를 서브할 때에는 반드시 "주문하신 ○○ 또는 ○○요리 올려드리겠습니다. 맛있게 드십시오"라고 정중히 말씀드린다.

③ 식음료를 서브할 때와 치워드릴 때에는 트레이 또는 접시가 절대로 고객의 머리 위를 스쳐 지나가면 안 된다.

④ 접시를 쥘 때에는 엄지손가락이 접시의 테두리(plate rim) 안쪽으로 절대 들어가지 않도록 한다.

⑤ 무늬나 마크가 들어 있는 접시 또는 그릇은 무늬나 마크가 고객의 정면으로 오도록 하고, 접시를 놓을 때에는 테이블 끝에서 약 2cm 정도 안쪽으로 놓는다.

⑥ 고객이 다 드신 빈 식기(접시, glass bowl 등)를 치워드릴 때에는 오른손으로 손가락을 완전히 편 채 빈 접시를 가리키며 "맛있게 드셨습니까? 치워드릴까요?"라고 반드시 고객에게 물어본 후에 치운다.

⑦ 기물을 다룰 때에는 소음이 나지 않도록 취급해야 한다.

(2) Beverage serving

① 음료는 오른쪽에서 오른손으로 서빙한다.

② 글라스는 위생상 반드시 1/3 하단쪽을 손끝으로 가볍게 쥐어야 한다.

③ 테이블에 글라스를 놓을 때 소리가 나선 안 되며, 놓은 후에는 고객 앞으로 1cm 정도 살며시 밀며 "주문하신 ○○입니다. 맛있게 드십시오"라고 말씀드린다.

④ Table Cloth를 사용하지 않는 테이블에 음료 글라스를 놓을 때에는 반드시 Coaster 또는 Cocktail Napkin을 깔고 서브한다.

⑤ 맥주와 맥주 글라스는 반드시 깨끗이 보관된 차가운 것을 서브한다.

⑥ 맥주를 따를 때에는 넘치지 않게 글라스에 7부 정도 채우고, 나머지 3부 정도는 거품이 솟아오르도록 잘 조절하여 따르도록 한다.

⑦ 맥주를 따를 때에는 맥주병이 글라스에 닿지 않도록 1~2cm 정도 띄워서 따르도록 한다.

⑧ 글라스에 채우고 남은 맥주병은 상표가 고객 앞을 향하도록 하여 맥주 글라스 위쪽에 놓는다.

(3) Water serving

① 물을 따르기 전에 반드시 Water Pitcher 표면에 묻어 있는 물방울이 흘러내리지 않도록 Arm Towel로 닦아내어 테이블이나 고객의 옷에 물방울이 떨어지지 않도록 한다.

② 물은 고객의 우측에서 오른손으로 Water Glass에 7부 정도 따르며, 고객이 퇴장할 때까지 물을 충분히 보충해 드려 항시 7부 정도를 유지하도록 한다.

③ Water Pitcher가 글라스에 닿지 않도록 2cm 정도 높은 위치에서 따른다.

④ 물을 따를 때 글라스를 손으로 들고 따라서는 안 된다.

(4) Bread & Butter serving

① Bread Cart에 담아서 제공할 때에는 고객의 좌측에서 보여드리며, 어느 것으로 드실 건지 물어본다.

② 빵을 집을 때에는 위생상 반드시 Serving Gear(bread tong)를 사용한다.

③ 개인용 Butter Bowl은 B.B Plate 위쪽에 놓고, Butter dish에 담아서 제공할 때에는 고객이 쉽게 드실 수 있는 위치에 놓는다.

(5) Wine serving

① White Wine은 글라스에 2/3 정도, Red Wine은 글라스에 1/2 정도 따른다.

② 고객이 손수 따르는 일이 없도록 한다.

③ 와인을 따를 때에는 Table Cloth에 와인방울이 떨어지지 않도록 조심해서 서브한다.

④ 따르고 난 후 병을 세울 때에는 병목을 왼쪽으로 자연스럽게 틀어 올리면서(손목 활용) 세운다.

⑤ 다음 서브를 위해 입구에 맺힌 와인이 흘러내리지 않도록 Arm Towel로 살짝 덮는다.

⑥ 와인을 따를 때 글라스에 와인병이 닿지 않도록 조심해서 서브하고, 글라스를 쥘 때에는 밑부분인 Stem 쪽을 쥐도록 한다.

(6) Soup serving

① Soup Bowl에 담아서 서브할 때에는 고객의 우측에서 드린다.

② Soup Tureen에 담아서 서브할 때에는 먼저 준비된 빈 Soup Plate를 고객의 우측에서 중앙에 놓아드린다.

③ arm towel을 알맞게 접어서 왼손으로 Soup Tureen 밑받침을 감싸쥔 후 고객의 좌측에서 Soup Plate를 Soup Tureen을 가까이 대고 오른손으로 Soup Ladle을 사용하여 Soup Plate에 따른다. 이때 테이블 또는 Soup Underlying에 Soup를 흘리지 않도록 조심한다.

④ Soup Bowl에 8부 정도 담아드린다.

(7) Food serving

① 뜨거운 요리는 뜨거운 식기에, 차가운 요리는 차가운 식기에 담아 서브한다.

② 뜨거운 요리를 서브할 때에는 고객에게 대단히 뜨겁다는 말씀을 드려 주의를 환기시켜 드린다.

③ 요리에 따라 소스의 종류가 많은데, 일반적으로 묽은 소스류는 주요리에 골고루 끼얹어드리고, 농도가 진한 소스류는 주요리에 끼얹지 말고 주요리 옆 또는 접시의 빈 부분에 덜어준다.

④ 고객이 요구할 때에는 즉시 제공할 수 있도록 Serve Station 또는 Side Table에 기본 Table Sauce(mustard, tabasco, chili sauce, tomato ketchup 등)를 준비해 놓는다.

(8) Side dish serving

요리에 따라 같이 서브해야 하는 Side Dish는 적당한 시기에 치운다.

(9) Finger Bowl serving

① 고객이 손을 사용해야 하는 뼈나 껍질이 있는 요리 또는 과일을 서브할 때 제공한다.

② 미지근한 물을 담도록 하며, Sliced Lemon 조각 또는 꽃잎을 띄운다.

③ Finger Bowl은 Meat Fork 바로 위쪽에 놓는다.

(10) Salad serving

① 샐러드는 고객의 우측으로 드린다.

② Salad Dressing은 반드시 고객의 좌측에서 어떤 드레싱으로 드실 건지 여쭙는다.

③ 오른손으로 정중히 샐러드 위에 끼얹어드린다.

(11) Empty dish take out

① 고객이 다 드신 빈 접시를 치울 때는 큰 접시부터 작은 접시의 순으로 같은 크기의 접시를 통일하여 정리하고, 볼(bowl), 글라스 등은 트레이를 사용하여 정리한다.

② 고객이 남긴 음식과 포크 및 나이프를 분리하여 한 접시에 모은다. 이때 소음이 나지 않도록 주의한다.

③ 후식을 서브하기 위해서 Water Glass를 제외한 불필요한 기물이 테이블에 남아 있지 않도록 깨끗이 치운다.

(12) Table cleaning

① 주요리(main dish) 식사를 마친 후 후식이 서브되기 전에 크럼 스위퍼(crumb sweeper)나 크럼 브러시(crumb brush)를 사용하여 테이블 위의 빵부스러기 등을 깨끗이 제거한다.

② 테이블 위를 Cleaning하기 전에 고객에게 반드시 양해를 구한 후 방해가 되지 않도록 고객의 좌측에서 조심스럽게 Cleaning한다.

③ Table Cloth가 소스, 음식찌꺼기 등으로 인해 지저분할 때에는 Table Cloth와 같은 색의 깨끗한 Napkin을 깔아준다.

(13) Dessert serving

① 후식종류에 따라 디저트 나이프와 스푼은 고객의 오른쪽에, 디저트 포크는 고객의 왼쪽에 세팅하고, 디저트 포크만 세팅할 때에는 고객의 오른쪽에 세팅한다.

② Piece Cake 또는 Piece Pie를 서브할 때에는 모서리의 뾰족한 부분이 고객 앞으로 오도록 놓는다.

③ 케이크 또는 파이에 아이스크림을 함께 서브할 때에는 고객 오른쪽에 디저트 스푼을, 왼쪽에 디저트 포크를 세팅한다.

(14) Coffee 또는 Tea serving

① 깨끗이 준비된 Sugar Bowl, Creamer에 양이 충분한지 확인한 후 손잡이가 고객을 향하게 하여 고객이 쉽게 집을 수 있는 위치에 세팅한다.

② 커피컵은 항상 Coffee Cup Warmer에 넣어 사전에 데워둔다.

③ 커피컵은 고객의 우측에, 손잡이가 오른쪽을 향하도록 물컵 아래쪽에 놓아드리며, Tea spoon은 컵의 앞부분에 손잡이와 평행이 되게 얹어놓는다.

④ 고객이 커피를 다 마셔갈 즈음에 더 드실 건지 여쭙고, 더 원하실 경우에는 refill한다.

⑤ Coffee Serve 온도는 80℃ 정도가 좋으며, 컵에 8부 정도 채워드린다.

8) 결재

고객이 식사를 마치면 '맛있게 드셨습니까?'라는 질문과 함께 결재를 돕는다. 일반적으로 고객이 총액을 물어보면 총액이 기입된 계산서를 출력하여 고객에게 제공하고 이후 결재방법에 대하여 확인한다.

외국인의 경우 한 테이블에 앉아도 따로 계산할 수 있으므로 주문받을 때 이를 물어보고 그에 따른 별도의 영수증을 준비한다. 결재방법에는 현금과 후불이 있다. 호텔의 경우 후불에는 GL(Guest Ledger)과 CL(City Ledger)이 있다. GL은 객실후불(투숙고객), CL은 신용카드와 계약 후불 등을 일컫는다(미투숙고객).

9) 환송

계산을 마치고 고객이 테이블에서 일어서면 테이블 주위에 빠뜨린 물건이 없는지 확인하고 고객의 만족 정도를 살피고 여쭈어본다. 담당자는 출구까지 동행하여 감사의 인사말을 한다.

5 분실물 발생 시 요령

만약 고객이 떠난 후 분실물(Lost & Found)이 발견되면 다음과 같은 방법으로 관리한다.

① 고객이 테이블을 떠날 때 고객의 물품이 있는지 확인한다. 분실물이 발견될 시 고객이 떠나기 전에 이를 전달한다.
② 고객이 떠난 후 분실물 발견 시 분실물대장에 6하 원칙에 의거하여 정리 기입한다.
③ 원칙에 의거하여 고객의 연락처를 찾는다.
④ 별도의 부서가 있으면 분실물과 대장을 이관한다.
⑤ 업무일지에 이 상황을 기입하고 상사에게 보고한다.
⑥ 고객에게 연락이 되면 고객의 연락처와 신분증을 확인한 후 대장에 기입한다. 이때 담당자의 이름도 기입한다.

6 인사요령

인사는 상호 간 교류의 첫걸음으로 인간관계에 있어서 가장 중요한 요소이다. 또한 인사는 존경과 사랑, 그리고 배려가 포함되어 있다. 레스토랑에서 인사는 '내가 당신을 위하여 무언가 하기를 원한다' 또는 '무언가를 할 준비가 되어 있다'라는 의미가 포함되어 있으며 서비스의 출발점이다.

일반적으로 인사의 종류는 15도, 30도, 45도가 있는데 이는 허리를 굽히는 각도이다. 인사는 마음과 마음의 첫 만남이고 상대방이 느낄 수 있는 첫 번째 감동이며 인간관계의 출발점이므로 레스토랑 등의 서비스산업에 있어서 매우 중요한 요인이다.

따라서 인사는 다음과 같은 방법으로 해야 한다.

① 내가 먼저 인사한다.
② 눈맞춤과 함께 인사한다.
③ 밝은 미소와 웃음으로 인사한다.
④ 날씨, 계절, 칭찬 등의 말과 함께 인사한다.

그리고 다음과 같은 행동에 주의해야 한다.

① 고개만 숙이는 인사
② 무표정한 인사
③ 망설이는 인사
④ 눈맞춤 없는 인사

7 예약

예약은 고객에게 시간과 계획의 차질 없이 식사를 즐길 수 있게 하고, 레스토랑은 사전준비를 철저히 함으로써 양질의 서비스를 제공할 수 있게 한다. 또한 예약은 수요를 조절함으로써 매출의 극대화에 도움을 준다. 즉 비저장성의 특성을 가진 레스토랑의 테이블과 좌석은 예약고객들에게 인센티브를 제공함으로써 수요를 유발하기도 하고 철저한 시간관리를 통하여 회전율을 향상시키기도 한다.

레스토랑의 예약은 고객이 직접 찾아와서 예약하는 직접예약과 전화 또는 인터넷 등의 커뮤니케이션 수단을 이용하는 간접예약이 있다. 그러나 대부분의 경우 간접예약으로 이루어지며 행사의 중요도에 따라 간접예약 후 직접 내방하여 예약을 완료하기도 한다.

예약은 최소한의 시간에 많이 접수해야 한다. 예약과정에서 경청, 열의, 친절, 설명 등에 만전을 기하여 판매기회를 상실하는 어리석은 실수를 범해서는 안 된다. 예약 담당자는 예약받을 경우 반드시 예약장부의 상황을 숙지한 후 예약을 접수해야 한다(수용능력). 데이터베이스를 기반으로 예약 취소율에 대한 자료를 근거로 성수기에 초과예약을 관리하고 선입금 또는 체계적 확인전화를 통하여 취소율과 No-Show율을 감소시킨다.

8 전화응대요령

예약은 주로 전화로 이루어지므로 예약전화의 세심한 관리가 필요하다. 전화는 가장 중요한 커뮤니케이션 도구 중 하나이며, 가장 편리하게 이용할 수 있는 커뮤니케이션 수단이다. 그러나 대면하지 않고 상대의 음성을 통해 이미지가 형성되므로 세심한 주의를 기울이지 않으면 판매기회를 상실할 수 있다.

따라서 예약 담당자는 주어진 매뉴얼에 따라 신중하게 업무를 진행해야 한다. 전화응대요령은 다음과 같다.

첫째, 벨이 3번 울리기 전에 전화를 받는다.

둘째, 통화 중인 전화보다 걸려오는 전화를 먼저 받고 홀딩한 후 통화를 계속해야 한다.

셋째, 날짜, 요일, 시간, 인원 수, 메뉴 등 전화내용을 정확히 기록해야 한다.

넷째, 메모한 내용을 고객에게 반복하여 확인해야 한다.

다섯째, 고객이 정중한 서비스를 느낄 수 있는 언어를 사용해야 한다.

여섯째, 예약 취소전화라 해도 친절하게 받아야 하며, 취소사유와 담당자의 이름을 기입해야 한다.

제2절 Complaint

1 Complaint

레스토랑의 서비스는 다양하여 마케터가 완벽하게 통제하기 어렵다. 때문에 항상 실패할 가능성이 있으며 이를 통하여 고객은 전체적인 서비스에 불만족할 수 있다. 레스토랑의 마케터는 고객의 불평이 발생했을 경우 고객의 입장에서 적극적으로 대처해야 하며 이 과정에서 새로운 만족을 창출할 수 있도록 관리해야 한다. 이러한 과정을 서비스회복이라 한다.

서비스회복의 중요성은 고객이 일상적인 서비스보다 서비스회복에 감정적으로 집중함에서 찾아볼 수 있다. 즉 서비스실패가 발생하였을 때 적절한 서비스회복을 통하여 만족한 고객은 일반적 만족보다 서비스회복 후의 만족이 더 높게 나타난다. 그러므로 많은 학자들은 새로운 마케팅 기회로서의 서비스실패에 동의하고 있다.

서비스회복은 고객유지의 측면에서도 중요한 요소이다. 즉 서비스실패 상황에서 적절한 서비스회복은 고객을 유지하고 재방문하게 하는 요인이 된다. 고객 유지노력을 통하여 특정 고객은 단골고객이 되며, 단골고객 유지비용은 신규고객의 창출비용보다 적게 소요되며, 단골고객에 대한 마케팅 노력은 일반인보다 쉽게 전달되며, 가격에 민감하지 않은 마케팅상의 혜택을 제공한다.

서비스는 무형의 재화로 사람과 사람 간의 상호작용을 통하여 창출되고 제공되는 과정에서 실수나 실패가 종종 발생한다. 이때 서비스 제공자가 신속하게 그 실수를 인정하고, 적극적으로 피해를 보상 또는 회복해 주지 않는다면 이는 고객 불만과 기업 이미지 손상으로 이어지고, 궁극적으로는 기업의 수익성을 크게 악화시키는 결과를 초래할 수 있다. 즉 서비스과정에서 실수 또는 실패가 발생하였을 때 적극적으로 고객의 피해를 조사하고 회복시킨다면 고객은 만족하게 되고,

기업의 이미지는 향상될 것이다.

서비스실패를 그대로 방치하면 기업의 성과에 부정적인 영향을 미치는 반면 적절히 회복하면 고객의 만족을 이끌어낼 수 있다. 또한, 서비스회복은 서비스 제공자의 노력에 따라 기업과 고객 간의 관계를 더욱 돈독하게 하기도 하고, 기존의 서비스문제를 더욱 악화시키기도 한다. 따라서 서비스실패 상황에서 무엇보다도 중요한 것은 고객과의 관계유지 또는 강화를 통하여 서비스실패를 효율적으로 회복시키는 것이다.

서비스실패 후 서비스기업의 서비스회복 노력을 통하여 얻어지는 고객의 만족은 일반적인 만족보다 크게 나타나며, 충성고객으로 전환시킬 수 있는 기회를 제공한다. 따라서 서비스기업은 서비스실패를 새로운 마케팅 기회로 삼고 신속하게 서비스회복 노력에 최선을 다해야 할 것이다.

2 고객불평 처리요령

서비스회복 과정에서 접객종업원은 다음과 같이 응대하여야 한다.

① 서비스실패에 대해 고객이 기다리지 않도록 신속하게 대응한다.
② 성실한 태도로 응대한다.
③ 고객의 문제를 해결하려는 적극적인 자세로 대응한다.
④ 인내심을 가지고 고객의 불평을 끝까지 듣는다.
⑤ 고객의 지적사항을 성의 있게 메모한다.
⑥ 접객 담당자는 유연한 대처능력과 지식을 겸비해야 한다.
⑦ 변명 또는 고객의 잘못을 지적하는 것은 금물이다.
⑧ 책임을 회피하거나 성급히 해결하려는 인상을 주지 않는다.
⑨ 고객의 요구사항을 신속 정확하게 파악해야 한다.
⑩ 특정 고객의 불평은 동일한 장소의 타 고객에게 영향을 줄 수 있으므로 가능하면 자리를 옮긴다.
⑪ 문제 해결이 곤란하거나 지연되면 고객이 신뢰할 수 있는 상급자에게 이관한다. 일반적으로 고객은 상급자일수록 자신의 문제를 잘 해결해 줄 것으로 판단한다.
⑫ 무조건적인 사과는 레스토랑의 잘못을 인정하여 더 큰 파급효과를 불러올

수 있으므로 상황 판단 후 명확히 잘못된 부분을 사과한다.

⑬ 차후 조치사항이나 시정내용을 고객에게 통보한다.

⑭ 개선점을 기록 · 유지하여 종업원교육의 자료로 활용하고 재발을 방지한다.

레스토랑에서 자주 발생하는 서비스실패는 다음과 같다.

① 잘못 배달된 주문

② 시간이 지체된 주문

③ 깨끗하지 못한 기물

④ 접객태도

⑤ 요리의 잘못

3 고객불평의 중요성

고객불평은 다음과 같은 점에서 그 중요성을 찾아볼 수 있다.

① 문제점의 빠른 파악

② 문제점의 해결 기회 제공

③ 부정적인 구전의 방지

④ 고객 전환의 가능성(불평고객 → 올바른 고객으로)

이 중 고객불평이 가장 중요한 점은 불평고객의 불평을 충분히 해결했을 때 그 불평의 과정에서 만족한 고객의 충성도는 일반적으로 만족하는 고객의 충성도보다 더 높다는 데 있다. 불평고객의 불평을 해결하는 것을 서비스회복이라 한다. 서비스회복을 어떻게 대처하느냐는 충성도 높은 고객을 확보할 수 있느냐 없느냐의 중요한 문제이며, 기업의 입장에서 고객의 불평을 고객 유지의 기회로 인식하여야 할 것이다.

따라서 마케터는 고객의 불평을 아래와 같은 관점에서 이해해야 한다.

① 고객불평은 피할 수 없는 것이다.

② 충성도를 제고시키기 위한 기회의 제공이다.

③ 긍정적 구전을 만들 수 있는 강력한 마케팅 도구이다.

상기와 같은 고객불평의 이해를 근거로 다음과 같이 대처해야 한다.

① 고객이 쉽게 불평할 수 있는 시스템을 구축해야 한다.

② 고객불평은 신속히, 무조건 해결해야 한다.

③ 고객불평을 전략적으로 관리해야 한다.

이를 위한 방법으로 다음과 같은 시스템을 구축해야 한다.

① 일선 종업원에게 권한을 위양해야 한다.

② 고객불평에 관한 실제적이고 구체적인 교육을 실시해야 한다.

③ 서비스회복의 경험으로부터 전략적 아이디어를 학습해야 한다.

CHAPTER 08

서비스관리

제1절 서비스
제2절 인적 서비스
제3절 서비스의 마케팅적 접근

제8장

서비스관리

제1절 서비스

1 서비스의 개념

서비스는 '봉사'이다. 서비스는 학문분야별로 다양하게 정의되고 있다. 일반적으로 서비스는 '가치에 대한 요금을 받지 않는 무료'와 봉사의 의미 그리고 구매 후 보상제도를 의미한다. 예를 들면 레스토랑에서 단골고객에게 음료수 한 잔을 가져와 "사장님 서비스입니다"라고 하면 누구나 음료수가 무료라는 것을 알 것이다. 또한, 직장인이 "어제 주말이어서 가족들에게 서비스 좀 했지"라고 한다면 그것은 가족들을 위한 봉사의 시간을 가졌다는 것을 의미할 것이다. 이러한 의미의 서비스는 레스토랑의 경우 고객을 대하는 종업원의 전반적인 태도를 의미한다.

오늘날 고객이 특정 레스토랑을 판단하고, 구전할 경우 '서비스가 훌륭해' 또는 '서비스가 엉망이야'라는 말로 표현할 만큼 서비스는 고객이 좋고 나쁨을 판단하는 중요한 단서가 되었다.

그러나 과거의 경제학자들은 서비스를 '비생산적인 노동'으로 정의하고 경영에 있어서 필요악이라고 생각했다. 즉 서비스는 비용만 발생시키고 생산성에 도움이 되지 않는다고 생각했다. 그러나 기술이 발달하고 과거 공급자가 힘을 가지는 공급자 위주의 시장에서 소비자 중심의 시장으로 변화하면서 소비자의 다양한 욕구에 대응하여 고객에게 반드시 제공되어야 하는 경영의 필수적인 요소가 되었다.

상기와 같은 서비스 중요성의 증가로 1960년대 초부터 서비스에 대한 연구가 이루어졌으며 유형의 제품과 무형의 서비스에 대한 비교 연구를 시작으로 서비스의 특성에 관한 연구와 함께 80년대에 이루어진 서비스의 이론적 체계와 전략적 이슈가 학문의 대상이 되었다.

경영학 분야에서는 "판매목적으로 제공되거나 상품 판매와 연계해 제공되는 모든 활동", "시장에서 판매되는 무형적 상품"으로 정의하기도 하고, "사람의 사람에 대한 봉사", "고객과 종업원의 상호관계에서 고객의 문제를 해결해 주는 것" 등으로 정의하고 있다. 전술한 정의를 종합해 보면 서비스는 '무형의 속성을 가진 고객과 종업원의 상호관계에서 고객의 욕구를 충족시키기 위한 서비스 종업원의 가치 있는 봉사'로 정의할 수 있다.

Tip

■ **서비스의 정의**

① **활동론적 정의:** 판매목적으로 제공되거나 상품 판매와 연계해 제공되는 모든 활동
② **속성론적 정의:** 시장에서 판매되는 무형적 상품
③ **봉사론적 정의:** 사람의 사람에 대한 봉사
④ **상호관계론적 정의:** 고객과 종업원의 상호관계에서 고객의 문제를 해결해 주는 것

2 서비스의 중요성

1) 소비자의 욕구 변화와 기술의 발전

경영자들은 경쟁사와 차별화하여 경쟁우위를 확보하기 위하여 서비스에 높은 관심을 가지고 있다. 이러한 관심은 기업을 둘러싼 주변환경에서 원인을 찾아볼 수 있다. 즉 소비자들은 가처분소득의 향상, 여가시간의 증대, 수명연장 등의 원인으로 욕구는 다양화되었으며 급속한 기술의 발달로 유형적인 제품은 경쟁사끼리 구별하기 어려울 정도로 유사해졌다. 이러한 환경에서 경영자들은 소비자들에게 선택받기 위하여 서비스에 관심을 기울이기 시작하였다. 이러한 현상은 광고시장에서도 나타나고 있다. 예를 들면 냉장고는 냉장고 고유의 기능으로 고객

에게 광고하는 것이 아니라 디자인으로 광고하고, 보험은 보험상품의 구체화보다 서비스에 집중하여 광고하고 있다.

2) 서비스산업의 확대

기업환경의 급격한 변화로 기업은 새로운 소비자의 욕구를 발견하여 새로운 서비스와 제품으로 경쟁우위를 확보하기 위해 노력하고 있다. 예를 들면 과거와 다른 인터넷환경은 인터넷 경매와 PC방 같은 새로운 형식의 업종을 탄생시켰다.

또한, 기업 간의 경쟁은 서비스의 위상을 제고시켰다. 제조기업은 제품전략으로 경쟁우위를 확보하기 힘들어지자 부가제품에 관심을 기울이기 시작하였다. 전자산업의 A/S센터는 그 대표적인 예이다. A/S센터가 고객이 이용하기 편리한 지역에 있느냐 없느냐는 고객이 전자제품을 구매할 때 고려하는 또 다른 근거로 등장하였으며, 보조서비스 자체가 실제제품의 가치를 증가시키는 요소임을 소비자와 경영자는 인식하고 있다.

'클라크의 법칙'과 같이 경제가 성장하면 3차산업, 2차산업, 1차산업의 순으로 산업의 성장과 크기가 결정된다. 즉 경제가 성장할수록 회계, 렌트, 수리, 인적 전문서비스, 그리고 레스토랑과 같은 3차산업의 규모가 커지고 성장에 따른 고용 창출 등의 효과로 서비스의 중요성은 점점 증가하고 전략적 서비스관리에 대한 인식이 증대되고 있다.

3) 서비스에 대한 인식 변화

전술한 바와 같이 서비스는 우리 사회에서 점점 많은 부분을 차지하고 있으며 그 중요성도 증가하고 있다. 그러나 서비스에 대한 인식은 그 중요성에 비해 성숙되어 있지 않다.

일반적인 서비스에 대한 편견을 열거하면 다음과 같다.

첫째, 서비스는 희생의 대가다.

둘째, 서비스는 저임금 단순노동이다.

셋째, 서비스는 경영에 있어서 '필요악'이다.

즉 서비스는 꼭 필요하지만 비용을 창출하고 생산성이 낮은 단순노동이며 희생이라는 편견이 존재한다. 이러한 편견도 점차 사라지고 있으며 서비스에 대한 인식 또한 성숙해지고 있다.

Tip

■ **서비스의 중요성**

① 소비자의 욕구변화와 기술의 발전
② 서비스산업의 확대
③ 서비스에 대한 인식 변화

3 서비스의 특성

서비스의 특성에 관한 연구는 1970년대부터 현재까지 빈번히 이루어지는 중요한 이슈이다. 즉 '무형의 재화인 서비스는 유형의 재화와 다른 특성을 가지고 있어 전략적 접근을 달리해야 한다'는 것이다. 서비스의 특성은 무형성, 동시성, 이질성, 소멸성, 참여성, 그리고 비이동성 등이다.

◆ **서비스의 특성**

① 무형성 ② 동시성(비분리성) ③ 이질성
④ 소멸성 ⑤ 참여성 ⑥ 비이동성

1) 무형성

서비스는 눈으로 보거나 만지거나 유형의 재화처럼 디자인을 확인할 수 없다. 따라서 품질의 측정이 어렵다. 이러한 특성은 고객이 구매 전 품질을 평가할 수 없게 하여 마케팅의 어려움을 가중시킨다.

품질은 탐색품질, 경험품질, 신용품질로 구분할 수 있다. 고객이 품질을 판단함에 있어 탐색품질은 눈으로 보고 디자인을 판단하고, 감각으로 재질을 판단하여 그것을 기준으로 품질을 판단할 수 있는 집단이다. 즉 책장, 자전거, 유모차, 프라이팬 등 거의 모든 재화가 여기에 속한다.

◆ **품질의 종류**

① 탐색품질: 일반적 재화, 노트, 볼펜, 책상
② 경험품질: 여행패키지상품, 호텔서비스
③ 신용품질: 보험

고객이 구매 전 품질을 판단할 수 없는 상품도 있다. 호텔의 숙식과 여행사의 상품 등은 구매 전 품질을 판단할 수 없으며 구매시점과 관계없이 경험한 후에야 품질의 좋고 나쁨을 판단할 수 있다. 따라서 여행사 마케터들은 먼저 경험한 고객들의 후기를 고객이 보게 함으로써 구매 전 품질을 판단할 수 없는 단점을 보완하려 노력한다. 이러한 후기를 보고 소비자는 '여행 후 만족할 것이다' 또는 '불만족할 것이다'라는 예측을 통하여 여행상품의 구매를 결정할 수 있다.

한편 구매 후, 인위적으로 경험이 불가능한 상품도 있다. 이 부류의 제품을 신용품질이라 한다. 구매 후 제품과 관련된 사항이 내게 일어나야만 제품의 품질 판단이 가능하므로 구매 당시에는 신용으로 구매하는 신용품질이다. 예를 들면 보험에 가입하면 그 보험에 대한 평가는 내가 아파야 결과를 알 수 있고, 생명보험이라면 그 평가는 내가 할 수 있는 것이 아니다. 따라서 보험회사 마케터는 고객이 자사의 보험상품을 신뢰하게 하기 위하여 변호사, 의사 등과 같은 신뢰의 상징을 광고모델로 기용한다. 이러한 광고모델의 신뢰와 전문성이 광고회사로 전이되어 소비자가 '광고회사를 신뢰할 수 있고 전문성이 있다'고 판단할 수 있게 하기 위한 광고전략이다.

서비스는 무형의 재화로 탐색할 수 없다. 경험 후에 품질을 판단할 수 있거나 신용으로 품질을 판단해야 한다. 따라서 호텔의 경영자들은 로비라운지를 화려하게 장식하고 직원들의 유니폼을 멋있게 입혀 무형인 자신들의 서비스에 대한 증거를 제시하려 노력한다. 영업장의 네온, 인테리어 등도 이러한 물리적 증거(가시적 증거)에 해당한다.

서비스기업의 마케터는 상기와 같은 특성으로 인하여 마케팅 수행 시 다음과 같은 사항을 고려해야 한다.

① 유형적 단서 강조
② 구전 커뮤니케이션 활성화
③ 강력한 기업 이미지 창출
④ 지속적인 커뮤니케이션 강화
⑤ 제공되는 혜택 강조

2) 동시성(비분리성)

서비스는 생산과 소비 그리고 분배가 동시에 발생한다. 따라서 고객을 직접 서비스하는 일선 종업원의 역할이 매우 중요하다. 접객종업원은 자신이 회사를 대표하는 주자로서의 역할을 깊이 인식해야 한다. 즉 접객종업원은 생산과 소비 분배에 있어서 최고 책임자이자 담당자인 것이다. 레스토랑에서는 고객이 식사하는 동안 고객은 그 자리에 있어야 하며, 종업원은 고객이 주문한 식사를 고객이 계시는 동안 제공하여야 한다. 고객과의 쌍방향 커뮤니케이션은 서비스의 전달과 이용을 편리하게 할 수 있는 중요한 요소이다. 이러한 비분리성은 인적 요소에 대한 중요성을 부각시킨다. MOT(진실의 순간, 결정의 순간)는 상기와 같은 비분리성으로 고객과의 접점 종업원의 중요성을 역설하는 것이다. 즉 접객종업원이 고객을 어떻게 영접하고 서비스하느냐가 서비스기업에서는 중요하다. 레스토랑의 입구에서 미소 짓는 얼굴로 고객을 영접하는 종업원의 자세, '고객에게 무엇이 더 필요한가' 테이블을 살피는 종업원의 눈동자 등이 순간순간 고객을 감동시키는 MOT이다.

마케터는 상기와 같은 특성으로 인하여 마케팅 수행 시 다음과 같은 사항을 고려해야 한다.

① 종업원 선발과 교육 비중 강화
② 고객관리 강화
③ 서비스환경에 관한 철저한 관리

3) 이질성

서비스 상황에 따라 고객은 제공되는 품질을 상이하게 지각한다. 접객종업원의 태도, 고객의 기분 그리고 서비스 접점의 주위사람들까지 서비스에 영향을 미친다. 예를 들어 호텔 프런트에 호텔 서비스에 대한 불만을 토로하는 고객이 있으면 주변의 고객들은 호텔 서비스의 품질에 대해 의구심을 갖게 될 것이다. 이질성은 가변성으로 표현되기도 하는데 주로 인적 요소에 의하여 발생되는 것이다. 접점 종업원에 따라 차이가 있는 서비스가 제공된다. 즉 레스토랑의 같은 시간, 같은 공간에서 서비스를 받는 고객일지라도 접객종업원이 누구냐 또는 담당자가 누구냐에 따라 서비스의 품질을 상이하게 지각한다. 이러한 특성은 서비스에 대한 표준화와 품질에 대한 통제를 어렵게 한다.

마케터는 상기와 같은 특성으로 인하여 마케팅 수행 시 다음과 같은 사항을 고려해야 한다.

① 서비스 매뉴얼의 설계와 철저한 교육
② 근무관리 철저
③ 종업원 동기부여

4) 소멸성

서비스는 생산이 곧 소비를 의미하기 때문에 저장할 수 없다. 따라서 레스토랑이 수요의 변화에 적극적으로 대처하지 않으면 판매기회의 상실과 원가의 상승으로 이어진다. 소멸성은 비저장성으로 표현되기도 하며 고객의 욕구에 대한 대응시간을 의미하는 리드타임(Lead Time)이 짧고, 수요와 공급의 관리를 어렵게 만든다. 예를 들면 연필을 만드는 공장에서는 신학기 성수기에 대비하여 예측되는 판매량을 결정하고 판매량을 제조하기 위하여 비수기에 지속적으로 연필을 생산하여 창고에 저장해 두었다가 신학기에 판매하면 된다. 그러나 레스토랑은 수요에 맞추어 접객종업원의 수와 재고량을 조절해야 한다. 또한, 레스토랑은 좌석에 한계가 있어 수요가 폭발적인 날에는 내방하는 모든 고객에게 식음료를 판매할 수 없으며, 수요가 적은 날의 좌석을 저장했다가 수요의 발생시점으로 이동하지 못한다. 이러한 특성은 항공사도 마찬가지다. 성수기는 좌석이 부족하고 비수기는 좌석이 남는다. 이러한 특성은 비수기의 인건비 비율 증가, 성수기의 인력 부족 등의 경영상 어려움을 가중시킨다.

이러한 특성을 관리하기 위하여 마케터는 다음과 같은 전략을 수행해야 한다.

① 수요변동에 대한 철저한 대비
② 수요 자극
③ 혜택 패키징
④ Yield Management

5) 참여성

참여성은 고객의 참여를 의미한다. 서비스는 생산과정에 고객이 참여함으로써 이루어진다. 즉 고객은 참여를 통해 서비스의 생산과 전달에 있어 중요한 역할을 수행하고, 생산과정에 관여하게 된다. 고객 참여에 관한 많은 연구는 고객 참여를 적극적인 서비스 전달 및 생산과정의 고객 행동으로 보고 있다. 고객 참여는 자신이 필요한 서비스를 획득하고, 서비스의 실패를 방지하기 위한 효과적인 방법이다. 이러한 관점에서 본다면 고객은 훌륭한 서비스를 제공받기 위하여 서비스의 생산과 전달과정에서 적극적으로 행동하고, 서비스를 일부 생산하는 종업원으로서의 역할을 해야 할 것이다. 이러한 참여성은 서비스기업으로 하여금 품질의 통제를 곤란하게 한다.

마케터들은 상기와 같은 특성을 고려하여 전략을 수행해야 할 것이다.

① 고객의 적극적인 참여 유발

② 상호작용 활성화

③ 고객의 욕구에 대한 즉각적인 피드백

6) 비이동성

서비스는 수요가 발생되는 지역으로 제품을 이동하여 판매하지 못한다. 즉 전술한 예와 같이 연필을 생산하는 기업에서 예측을 잘못하여 공급이 수요보다 많으면 수요가 공급보다 많은 지역으로 이동하여 판매할 수 있다. 그러나 서비스는 그렇지 못하다. 겨울이 비수기인 제주도 호텔의 객실을 스키장이 많은 강원도로 이동하여 판매하지 못한다. 따라서 생산과 소비가 특정지역에서만 가능하다. 이러한 비이동성은 수요에 대응하는 공급전략의 중요성을 강조하는 것이다. 따라서 마케터는 철저한 시장조사를 통하여 정확한 수요를 예측하고 이에 따른 공급의 유동성을 발휘하거나 잠재되어 있는 수요를 발견하고 이를 촉진시켜야 할 것이다.

제2절 인적 서비스

레스토랑의 접객종업원은 고객과 가장 밀접하게 접해 있으며 고객들의 욕구에 즉각적으로 대응할 수 있는 능력을 지니고 있어야 한다. 레스토랑에서 종사하는 모든 구성원들은 고객을 직접 대면하는 접객종업원이며 이들의 서비스는 유형의 제품을 완성시키는 역할을 한다.

접객종업원의 고객서비스는 레스토랑의 이미지에 직접적인 영향을 미치며, 이미지는 기업의 성과에 영향을 미치므로 종업원의 서비스는 레스토랑의 성공적인 영업에 필수적인 요소이다.

고객은 종업원과 근접했을 때 레스토랑에 대한 강한 인상을 남긴다. 종업원의 인사하는 태도와 인상 그리고 종업원의 전체적인 태도는 물론 서비스 공간의 물리적 특성까지 고객에게 강한 인상을 준다. 따라서 접객종업원은 고객 접점 시 항상 주의 깊은 관리가 필요하며, 고객의 욕구에 지속적인 관심을 가지고 고객 우선으로 업무에 임해야 한다.

종업원의 태도에 따라 고객은 만족하거나 불만족한다. 고객이 불만족하는 종업원의 태도에는 무관심, 무시, 냉담, 생색, 로봇화, 규정핑계, 발뺌 등이 있다.

식음료분야의 유형적인 제품은 경쟁업체가 복제하기 쉽다. 특히, 경쟁이 치열한 상황에서 인기를 끌기 시작한 메뉴는 유사한 업종에서 복제하여 판매하고 있다. 관광지를 대표하는 먹거리를 맛보러 가보면 이러한 현상을 쉽게 접할 수 있다. 모든 영업장이 원조라는 간판을 내걸고 영업하고 있으며 같은 제품, 같은 유통망을 가지고 영업하고 있다.

그러나 서비스는 단시간에 복제할 수 없는 무형의 상품이다. 때문에 종업원이 고객을 이해하고 그들을 돕기 위해 최선을 다하는 서비스 마인드를 가질 경우 경쟁사와 자사를 구별할 수 있는 훌륭한 마케팅 도구가 된다.

레스토랑의 접객종업원은 고객의 성격에 대응하여 서비스를 제공해야 한다. 성격을 설명하는 이론은 프로이트의 성격유형이 일반적으로 인용되고 있다. 프로이트에 의하면 성격은 원초자아(原初自我), 자아(自我), 초자아(超自我) 등의 3개 주요 부분으로 형성되어 있으며 성격은 이들 구성요소의 변형과 교환으로 형성된다. 원초자아는 이성이나 논리에 따르지 않고 가치, 윤리와도 관련 없으며, 본능적 욕구충족을 위한 행위이다. 자아는 사회와 균형 및 조화를 이루려는 요소이다. 초자아는 윤리적 · 비판적 역할을 수행하며, 현실보다는 이상을 추구한다.

프로이트의 성격론은 심리학 교류분석(交流分析)의 근간이 되었다. 교류분석에는 자아상태(自我狀態)에 관한 기본적 개념이 포함되어 있다. 이 개념에 따르면 사람의 성격은 부모자아상태, 성인자아상태 그리고 유아자아상태 등의 3개 부분으로 구성되어 있다. 각각의 자아상태는 개인의 사고와 감정 그리고 행동에 영향을 미친다.

1 유아자아상태

유아자아상태는 개인이 첫 번째로 생성되는 자아상태이다. 유아자아상태는 원하는 대로 행동하고자 하는 자아이다. 호기심, 창조성, 상상력, 충동성의 근원이 되는 자아상태이다. 이 자아상태는 사람의 욕구, 욕망, 감정 등을 관장한다.

2 부모자아상태

부모자아상태는 두 번째로 생성되는 자아상태로서 자신의 부모나 다른 부모를 보고 배운 자아상태이다. 이 자아는 가르치고, 잘못에 대해 야유하고, 규칙을 정한다. 이 자아상태는 때로는 동정하고 위로하며 때로는 비판하고, 지시하고 평가한다.

3 성인자아상태

성인자아상태는 합리적인 사고와 정보의 객관적 처리를 관장한다. 문제해결을 지시하는 자아상태가 성인자아상태이다.

사람은 세 가지 자아상태가 모두 작용한다. 만약 100% 어느 한쪽의 자아상태에 의하여 통제받는다면 심각한 성격결함을 가지게 된다. 따라서 개인의 성격은 세 가지 자아상태 중 어느 쪽이 많이 지배하는가에 따라 결정된다.

제3절 서비스의 마케팅적 접근

마케팅이란 기업이 시장에서 수행하는 모든 활동이다. 즉 기업이 이윤을 창출하기 위하여 시장에서 이루어지는 여러 형태의 활동을 말하며, 여기에는 세분화전략, 가격전략 등이 포함된다. 경쟁이 치열한 시장환경에서 경쟁우위를 확보하기 위하여 시장환경에 훌륭히 대응하는 마케팅전략이 필수적이다.

레스토랑은 양적 · 질적으로 성장하여 온 분야이다. 그러나 그 성장세에 발맞추어 적당한 수요가 발생하지 않아 현재 시장환경은 과당경쟁의 상황에 놓여 있다. 때문에 레스토랑을 경영하는 경영자와 마케터들은 업태 간의 경쟁에서 경쟁우위를 확보하기 위하여 협회를 구성하고, 업태 내의 경쟁에서 경쟁우위를 확보하기 위하여 차별화에 전력을 기울이고 있는 실정이다.

1 고객의 패턴변화

소비자의 패턴변화는 레스토랑의 경영에 있어서 대단히 중요하다. 이러한 패턴은 현재의 경영에 있어도 중요할 뿐만 아니라 장래의 추이분석에도 중요한 자료이다. "소비자의 욕구가 어떻게 변화하고 있는가?" 또는 "소비추세가 어떻게 변화하고 있는가?"의 분석은 경영의 기초자료라고 할 수 있다. 또한, 사회환경이 급격히 변화하므로 소비자와 관련된 욕구, 소비풍토, 유행 등의 사이클의 폭이 과거보다 좁아져 레스토랑은 빠르게 변하는 환경에 적응하지 못하면 경쟁우위는 물론 기업의 존속까지 위협받게 된다.

2 마케팅 믹스요소

시장에서의 마케팅활동은 자사의 생존과 이윤을 위한 경쟁에서 나타나는 현상이다. 이러한 시장활동의 저변에는 소비자의 구매력과 공급자의 공급력이 있다. 특히, 인적 서비스가 중요한 요인으로 작용하는 환대산업에서는 공급과 수요의 균형에 따라 서비스의 중요성에 차이가 있다. 즉 수급상황에 따라 서비스의 역할이 상이하다는 것이다.

공급보다 수요가 많은 시장에서는 인적 서비스가 중요한 요인으로 작용하지 않고, 공급이 수요보다 많을 경우는 반대로 서비스가 매우 중요하다. 일반제품은 제품으로써 차별화가 가능하나 레스토랑은 독특한 상품을 가지기 어렵고 가진다 하더라도 곧 경쟁자로부터 모방당하기 때문이다. 또한, 환대산업은 일반기업과 다른 특성을 가지고 있어 마케팅활동의 도구인 믹스요소 또한 추가적으로 첨가되는 것이 있다.

일반적으로 4P's는 제품(Product), 가격(Price), 판매촉진(Promotion), 유통(Place) 등의 마케팅 믹스요소를 주장하고 있으나 환대산업에서는 추가적인 5P를 더해 9P를 마케팅 믹스요소로 가지고 있다.

1) 사람(people)

레스토랑의 제품과 서비스의 생산과정에는 사람이 참여한다. 사람이란 고객과 종업원을 일컫는 말로서 고객의 주문, 종업원의 서비스와 제품의 제공 그리고 가장 중요한 고객과 종업원과의 대화 등을 통해 항상 사람이 참여해야 판매가 이루어진다.

종업원이 고객에게 서비스와 제품을 제공하는 과정에서 레스토랑은 서비스를 강화하고, 서비스를 인식시키기 위하여 유니폼을 착용하며, 이러한 유니폼을 통하여 레스토랑이 지향하는 이미지를 고객에게 전달하며 표준화된 품질을 전달할 수 있는 경영을 고객에게 자랑한다. 또한, 이러한 유니폼의 착용은 고객에게 주장의 신뢰성을 강화하여 준다.

2) 물리적 증거(physical evidence)

레스토랑의 마케팅기능은 제조기업보다 매우 복잡하고, 핵심상품인 서비스는 무형의 특징으로 고객은 신뢰할 수 있는 유형적 단서를 찾고 유형적 단서는 고객의 재방문, 만족 등과 관련된다.

유형적 단서는 물리적 증거이며 이는 여러 형태로 시장에 나타난다. 대표적인 것에는 로그, 상표, 유니폼, 물리적인 환경 등이 있다.

물리적 환경은 고객이 서비스품질과 수준을 측정할 수 있는 도구이다. 이러한 물리적 환경은 고객이 주장을 방문하기 전에 품질을 경험할 수 없기 때문에 더욱 중요성을 지닌다. 일반제품은 구매하기 전에 색, 디자인, 재질 등을 탐색할 수 있지만 주장의 상품은 경험하고서야 품질을 평가할 수 있기 때문에 고객은 물리적인 환경에 따라 품질을 측정하게 된다. 즉 분위기, 장식 등을 통하여 품질을 평가하게 된다. 이러한 물리적 환경은 유형적인 제품이 상대적으로 부족한 주장의 경영에서 고객에게 제공되는 평가기준이라 해도 과언이 아니다.

물리적 환경은 소비자에게 제공될 서비스가 무엇이며 어떻게 수행될 것인가에 대하여 소비자들에게 알려주며, 무형의 상품(서비스)과 이어지고, 소비자와 공급자 간에 상호작용하는 역할을 한다. 또한, 물리적 환경은 고객의 편익을 가시화하는 중요한 요인으로, 광고, 카드, 팸플릿 등이 대표적인 예이며 여기에는 서비스가 제공되는 각종 시설 즉 주류와 같이 제공되는 컵, 접시, 포크, 나이프 등의 각종 기물과 장식 등이 포함된다.

물리적 환경은 물리적 증거(physical evidence)라 표현하기도 하며 유형적 제품의 포장과 유사하여 여러 가지 요소들이 혼합되어 서비스를 포장해서 서비스에 담겨진 이미지를 고객들에게 전달하는 포장의 기능과 서비스를 지향하는 표적시장이 어떤 시장인지를 나타내주는 차별화기능을 가지고 있다.

3) 과정(process)

레스토랑의 서비스 전달과정은 고객의 만족과 기업의 마케팅 성과증진과 관련되어 있다. 과정은 종업원으로부터 고객에게 또는 고객으로부터 종업원에게로의 상호작용이며 상품이나 서비스가 제공되는 절차와 흐름을 의미한다. 일반적으로 과정은 복잡성(complexity)과 다양성(divergence)의 2×2의 매트릭스구조를 가지고 있다. 복잡성은 서비스를 제공하는 단계의 수이며, 다양성은 각 단계별 경우의 수를 나타낸다. 주장의 과정은 고객의 욕구만큼이나 매우 다양하며 매우 많은 경우를 가지고 있다.

4) 패키징과 프로그래밍(packaging and programming)

오늘날은 고객의 욕구가 다양해지고 레스토랑의 수가 증가하여 경쟁이 치열해짐으로써 레스토랑의 경영이 매우 복잡 · 다양해졌다. 때문에 다른 환대산업과 마찬가지로 주장 경영자들이 경쟁주장과 차별화하고 고객의 욕구에 부응하기 위하여 제품을 패키징하는 경향이 늘고 있다. 패키징이란 단일가격에 대해 한 개의 패키지상품으로 서비스와 그에 따른 제품들을 묶어놓은 다발의 형태이며 이러한 패키징은 고객에게 가격적인 혜택과 서비스적인 혜택을 동시에 제공하고 있다.

패키징과 함께 고객에게 혜택을 부여하여 많은 경쟁 주장 중에서 선택받기 위해 프로그래밍을 한다. 프로그래밍은 기존의 패키지에 고객들을 더 유인하기 위해 더해지는 특별한 활동, 새로운 이벤트 및 프로그램을 추가하는 마케팅이다.

이러한 프로그래밍은 성수기와 비수기의 차이, 비이동성 등의 특성으로 인하여 더욱더 중요성이 강조되고 있다. 이러한 패키징과 프로그래밍은 환대산업의 마케팅에 있어서 전형적인 형태이고, 고객의 욕구(needs)에 맞추어 여러 가지 서비스와 혜택을 조합하는 것이며, 매우 고객지향적이다.

5) 파트너십(partnership)

파트너십은 동종업계 또는 공급업자 등의 사업과 관련된 제휴를 의미한다. 현재 코브랜딩(전략적 제휴)으로 서로의 매력성을 높여 시장에 상품을 투입하는 기업이 많이 생겨나고 있으며 주장 또한 이러한 형태의 마케팅전략을 구사하고 있다.

3 시장세분화

기업은 시장에서 이윤을 달성하기 위하여 각종 전략을 구사하며 많은 비용과 시간을 투자하고 있다. 그러나 시장은 하나의 기업이 감당할 수 있을 정도로 적당한 크기가 아니라 상상할 수 없을 정도로 매우 크다. 때문에 마케터는 자신이 감당할 수 있고 적당한 매출이 발생할 수 있는 세분시장에 관심을 기울이고 있다. 주장 또한 가처분소득의 향상, 소비자 가치관의 변화 등으로 시장의 규모가 커지고 있다. 개별 레스토랑이 방대한 시장을 대상으로 마케팅활동을 한다면 투자되는 비용과 시간은 엄청나게 많을 것이다. 또한 소비자의 욕구는 시간이 갈수록 다양화되고 다양한 욕구에 따라 다양한 마케팅활동이 요구되므로 이러한 부담은 날로 커지고 있다.

이러한 부담의 증가로 레스토랑은 투자의 효율성을 제고하기 위하여 특정 시장에 마케팅 노력을 집중하기 시작하였다. 물론 특정 시장이 어느 정도 이윤을 추구할 수 있을 정도로 커야 하며 다른 시장과 구별되는 독특한 특성을 지니고 있어야 한다.

상기와 같이 방대한 시장을 그 특성별로 구분하는 마케팅전략이 세분화전략이다. 세분화전략은 소비자의 특성에 따라 동일한 또는 유사한 욕구가 있을 것이라는 아이디어에서 출발하였다. 시장을 구분하는 세분화변수로는 인구통계학적 특성, 고객의 방문목적, 성격과 라이프스타일 등의 인간내재적인 특성을 의미하는 사이코그래픽 등이 있다. 이러한 기준으로 구별되는 시장은 세분시장 내에서는 동질적인 소비자 성향이 있고, 세분시장과 세분시장 간에 이질적인 특성을 가지고 있다.

세분화전략은 다음과 같은 장점을 가지고 있다.

첫째, 자사의 특성을 정확히 파악할 수 있다. 세분화전략은 자신의 '바'와 어울리는 시장을 알아보기 위한 기초적인 단계이며, 시장을 구분하고 자사에 어울리는 시장을 발견하기 위하여 자사의 특성을 면밀히 살펴야 한다.

둘째, 자사의 강점과 약점을 파악할 수 있다. 앞에서 언급한 바와 같이 세분화 전략은 자신의 레스토랑에 어울리는 시장을 찾기 위한 기초적인 단계이다. 때문에 좀 더 유리하고 어울리는 시장에 접근하기 위하여 주장은 자사의 강점과 약점을 면밀히 조사하여야 한다.

셋째, 유리한 시장에 접근가능하다. 자사의 특성과 강점, 그리고 약점을 파악함으로써 가장 유리한 시장으로의 접근을 도와준다.

넷째, 방대한 시장을 대상으로 효율적이지 않은 마케팅비용을 일부 시장에 집중함으로써 보다 경제적인 투자와 자원의 배치를 도와준다.

다섯째, 목표시장의 선정을 도와준다. 세분화전략은 가장 유리한 시장을 선정하여 주장의 모든 역량을 집중할 수 있는 기초적인 자료를 제공하고 가장 유리한 시장을 선정할 수 있도록 도와준다.

4 소비자의 욕구

소비자의 욕구는 매우 다양하다. 욕구의 다양성은 다양한 사업을 창출하고 다양한 영업의 형태를 만들어냈다. 그 이유는 마케팅의 발전과정에서 살펴볼 수 있다. 과거 생산자 중심의 마케팅에서 환경과 생산 그리고 소비자의 여러 가지 변화로 인하여 소비자 중심의 시장으로 변화하면서 소비자가 생산자보다 우위의 위치를 확보하게 되었으며, 기업은 소비자의 욕구에 맞추어 생산, 유통, 판매하지 않으면 생존을 위협받게 되었다. 특히, 레스토랑은 서비스가 강조되는 기업으로 고객은 제품의 구매보다 서비스를 구매하는 성향이 강하게 나타나고 있다.

욕구는 긴장에서 생성되는 것이며 긴장은 우리가 지각하지 못하는 내부에 존재한다. 이러한 욕구는 반드시 만족과 불만족이라는 결과로 나타나며 만족할 경우 기업에게 긍정적 성과로 나타난다. 사람은 욕구를 만족시킬 수 있는 환경과 사건 그리고 조건을 지속적으로 찾고 원한다.

서비스분야에서의 욕구는 대단히 복잡한 현상이며, 이것은 다음과 같은 특성이 있다.

첫째, '고객은 소비자이기 이전에 사람이다'라고 인식해야 한다. 사람은 일반적으로 삶에서 서비스에 대한 기대보다 좀 더 근본적이고 큰 욕구를 채우려고 노력한다.

둘째, 욕구는 기대가 존재할 때 서비스에 대한 반응을 이해하는 데 도움이 된다. 소비자의 욕구가 레스토랑의 경영에 있어서 얼마나 중요한 요인인지 인식하고 경시하지 말아야 한다.

셋째, 제품의 질에서 욕구는 생산품과 소비 양쪽과 관련되어 있지만 일반적인 욕구는 사람의 전체와 관련된 것이다.

이러한 특성으로 인하여 레스토랑의 경영에서 소비자의 욕구충족이 매우 중요하다. 하지만 만족이 생성되어도 주장의 경영에서는 고객이 만족하는 순간을 인식하기 힘들다.

5 포지셔닝

1) 지각

지각은 사람이 주변세계를 이해하는 과정이다. 즉 형체나 색 등을 자신의 방식대로 인지하는 과정이다. 때문에 지각은 사람마다 다르게 나타나며 동일한 사건에 대해서 저마다 다르게 인식한다.

지각요인은 자극요인과 인적 요인으로 나눌 수 있다. 자극요인은 크기 · 색상 · 감촉 · 모양 등이며, 인적 요인은 감각 · 지능 · 성격 · 경험 · 가치관 · 동기 등이다. 이러한 소비자의 지각은 시장에서 매우 강력하게 나타난다. 즉 소비자는 구매의사결정과정에서 제품 자체를 비교하는 것이 아니라 지각된 제품을 비교하므로 마케터는 자사의 제품이 소비자의 지각에 잘 위치하도록 하여야 한다. 이러한 지각은 소비자의 소비행동에 큰 영향을 미치며 많은 경우 소비자는 현재의 상황보다 현재의 상황지각을 우선으로 판단한다.

2) 포지셔닝

소비자의 지각에 근거하여 자사의 제품 또는 서비스를 소비자의 마음에 위치시키는 과정을 포지셔닝이라 하며, 포지셔닝은 마케팅전략의 주춧돌 역할을 한다. 즉 포지셔닝은 소비자의 마음에 위치를 창조하는 과정이며 이러한 위치가 확고해지면 ① 경쟁우위, ② 이미지창조, ③ 특별한 시장에서 강력한 힘을 가지는 장점이 있다.

포지셔닝은 궁극적으로 '바'의 제품과 서비스를 소비자가 인식하게 하는 방법의 결정이며, 모든 시장의 접근보다 일부 세분시장에 맞추어진다. 또한, 포지셔닝은 주장의 약점을 약화시키고 강점을 강화시킨다.

3) 포지셔닝 전략과 포지셔닝 맵

포지셔닝 전략에서 자사의 위치와 경쟁자의 위치, 고객의 성향 등을 알아볼 수 있는 유용한 도구가 포지셔닝 맵이다. 포지셔닝 맵은 우리가 인식하기 쉽도록 도식화된 위치를 알려주는 지도이다. 그림은 보다 빨리, 보다 쉽게 복잡한 아이디어 또는 정보를 이해하는 데 도움을 준다. 때문에 그림은 천 단어의 말이며 포지셔닝 맵은 마케터들에게 자사의 위치와 경쟁자의 위치, 고객의 성향 등을 보다 잘 이해할 수 있도록 도움을 준다. 또한, 포지셔닝 맵을 통하여 경쟁시장의 소비자 지각을 그릴 수 있다. 이러한 가능성은 쉽게 해석 가능한 형태의 정보를 제공한다는 면에서 주요한 의미를 지니고 있다.

포지셔닝 맵은 다음과 같은 의의가 있다.

첫째, 경영의 도구로서 지각맵이다. 포지셔닝 맵은 특별한 제품의 범주를 평가할 때 고객과 관련된 차원의 중요성을 알려주며, 시장에서 충분한 수의 경쟁자에게 자료를 수집해야 비교가능한 맵을 그릴 수 있다. 또한, 기준이 되는 차원들의 측정과 통제가 가능해야 한다.

둘째, 포지셔닝 맵은 제품의 물리적인 특성이 아니라 심리적인 위치에 초점을 맞추고 있다.

셋째, 소비자의 제품선택에 있어서 중요한 것은 제품의 이미지, 제품의 개성, 브랜드의 명성이며 포지셔닝 맵의 기준이 된다.

넷째, 새로운 제품을 출시할 경우 유용한 도구로서 경쟁시장의 통찰력을 제공해 준다.

포지셔닝 맵은 단순하지만 강력한 전략적 도구이며, 소비자의 이상점을 제공하여 새로운 제품을 출시할 때 그리고 리포지셔닝의 경우 매우 중요한 도구로 사용된다. 그러나 이렇게 유용한 도구도 한계점이 있는데 그 내용은 다음과 같다.

첫째, 포지셔닝 맵은 정적이기 때문에 변화가 많은 경쟁환경의 위치변화에 대응하기 어렵다.

둘째, 종단적인 연구의 자료수집에 오랜 시간이 걸린다.

셋째, 어떻게 원하는 포지션에 갈 수 있는가의 방법론을 제시하지 못한다.

6 관계마케팅

기업의 경영환경이 과당경쟁의 상황에 봉착하게 되면서 마케팅의 초점은 거래중심에서 관계중심으로 변화하여 왔다. 이러한 관점에서 상호 간의 관계를 중심으로 마케팅을 수행하는 것이 관계마케팅이다.

관계마케팅은 인간의 상호작용에서 발생하는 관계를 통하여 얻을 수 있는 혜택을 이용한 마케팅이다. 즉 고객을 자산으로 간주하고 고객을 창출하고 장기적인 가치를 제공함으로써 관계를 유지하고 향상시켜 나가는 것이다. 관계마케팅은 고객을 창출하는 마케팅이 아니라 고객을 유지하는 마케팅이라는 관점에서 보면 기업의 안정적인 측면에서 중요성을 더하고 있다.

관계마케팅은 소비자들의 지속적인 관계유지에 관한 선호를 가정하고 있다. 즉 소비자들은 선택을 위한 의사결정과정에서 지속적으로 공급자를 전환하기보다는 특정 공급자와 지속적인 거래를 원한다고 가정하는 것이다.

관계마케팅은 경쟁이 심화된 시장환경에서 자사의 상품을 대신할 수 있는 대안이 많을 경우와 구전 커뮤니케이션이 강력한 힘을 발휘하는 제품의 형태 그리고 산업의 브랜드 충성도가 약한 경우에 중요한 마케팅 수단으로 작용할 수 있다.

결론적으로 관계마케팅은 고객과의 유대관계를 형성 · 유지하며 발전시키는 마케팅활동이며, 장기간에 걸친 이익의 확보를 위하여 고객과의 대화를 창조하고 더욱 좋은 제품 또는 서비스를 제공하려는 노력으로 정의할 수 있다. 기업은 이러한 관계마케팅의 결과로서 이익 증가, 운영비 절감, 긍정적 구전 확대 및 종업원 이직률 감소 등의 혜택을 얻을 수 있으며, 고객은 심리적 안정감과 단골고객을 위한 프로그램의 이용으로 만족스러운 제품 또는 서비스의 혜택을 누릴 수 있다.

1) 관계마케팅의 목표

관계마케팅의 목표는 기업의 이익 증가, 운영비 절감, 긍정적 구전 확대 및 종업원 이직률 감소 등의 혜택을 제공할 핵심고객을 유지하고 장기적으로는 충성도를 향상시키는 것이다. 이를 위하여 기업은 고객을 창출하고 유지하며 관계제고에 초점을 맞추게 된다.

고객창출은 올바른 고객의 유치에 중점을 두어야 한다. 올바른 고객이란 장기적으로 자사에 공헌도가 크고, 수익성 · 적합성 등이 높아 기업의 장기적 이익 창출에 기여할 수 있는 고객이다. 올바른 고객을 유치하기 위하여 기업은 로열티계수가 높은 고객을 유치하고 장래성 없는 관계는 포기해야 한다.

고객창출의 다음 단계는 고객유지다. 기업과 고객이 관계를 형성하게 되면 고객이 보증된 품질과 서비스를 지속적으로 제공받는 경우 관계를 유지하려는 성향이 있다. 따라서 기업이 시장의 변화를 인식하고 고객의 기호 변화에 부응하는 지속적인 노력을 보인다면 브랜드를 전환할 가능성은 줄어든다. 브랜드 전환은 서비스나 제품에 대하여 불평이 생겼을 때 발생한다. 따라서 고객불평을 관리하는 시스템을 구축해야 할 것이다.

마케터는 고객불평을 부정적인 요소로 인식할 것이 아니라 긍정적인 요소로 인식하여 관리해야 할 것이다.

고객유지의 다음 단계는 고객관계 제고이다. 이 단계는 충성도를 가진 고객을 만드는 것이다. 고객의 충성도는 관계마케팅의 진정한 목표이다. 왜냐하면 충성도가 높은 고객일수록 기업에 대한 긍정적인 구전과 추천 그리고 기업의 제품이나 서비스를 장기간에 걸쳐 많이 구매하기 때문이다.

2) 관계마케팅의 전략

관계마케팅은 고객의 유지와 관계의 제고를 목표로 하고 있으며, 이는 확보한 고객을 유지하는 전략이다. 이러한 관점에서 접근하면 관계마케팅은 기업의 비용 측면에서 효율적인 전략이다. 즉 고객을 유지하는 마케팅비용은 신규고객을 창출하는 마케팅비용보다 작으므로 기존 고객을 유지하는 마케팅비용은 마케팅의 결과로 산출되는 충성도와 미래 구매 등을 고려할 때 신규고객을 창출하기 위한 광고비용보다 매우 효과적인 전략이라 할 수 있다. 때문에 마케터는 고객과의 관계를 제고하기 위하여 최선을 다하고 있다.

관계마케팅전략은 핵심서비스의 제공과 서비스의 증대이다.

고객에게 핵심서비스를 제공함으로써 고객과의 관계를 제고시키는 전략이다. 이 전략은 관계마케팅의 가장 강력한 전략으로써 대표적인 사례가 서비스 보증제도이다. 즉 고객이 불만족하였을 때 이를 보상하는 전략이다. 이는 고객으로 하여금 품질을 신뢰할 수 있게 하고, 제품 또는 서비스의 구매 후 실패할 수 있다는 지각된 위험을 감소시킬 수 있는 전략이다.

서비스 증대는 핵심서비스에 추가함으로써 고객이 만족할 수 있는 추가적 서비스를 제공하는 것이다. 마트의 배달 서비스, 레스토랑의 대리운전 대행 등이 여기에 속한다.

CHAPTER 09

이익관리

제1절 이익관리
제2절 원가관리
제3절 가격

제9장

이익관리

제1절 이익관리

기업의 궁극적 목적은 이윤창출이다. 이윤은 매출대비 원가로 나타나는데, 이윤창출을 위하여 기업이 관심을 가지는 요소는 시장환경에 따라 다르게 나타난다. 과거 생산자 중심의 시장환경에서 이윤의 창출을 위하여 생산성에 주목하여 과학적 관리법, 호손공장실험 등을 통해 이를 규명하고 향상시키기 위하여 노력하였다. 그러나 오늘날 시장환경은 과거와 달리 소비자 중심의 환경으로 대부분의 기업군에서는 과당경쟁의 상황에 봉착하였다. 따라서 경쟁우위를 창출하여 매출을 향상시키거나 동일한 시장점유율에서 매출과 원가 등을 관리함으로써 이익을 창출하려 하고 있다.

이와 마찬가지로 레스토랑도 독특한 혜택을 고객에게 제공하지 못하면 매출을 보장받지 못하고, 현재 매출이 존재한다 하더라도 언제 새로운 경쟁자가 나타나 매출이 감소될지 예측할 수 없는 상황이다. 많은 학자들은 이러한 환경에서 고객만족이 장기적인 기업 이윤창출의 핵심이라 주장하고 있다.

1 고객만족

만족은 기대에 대한 성과의 차이로 나타난다. 기대에 대한 성과는 만족 또는 불만족의 형태로 나타난다. 즉 기대보다 성과가 크면 만족하고 기대보다 성과가 낮으면 불만족하게 된다. 만족은 전통적 마케팅 연구에서 현재까지 연구의 중심이 되고 있다. 이는 고객의 만족 또는 불만족은 구전, 재방문의도, 충성도에 영향을 미치기 때문이다.

고객이 특정 레스토랑에 만족하면 고객은 해당 레스토랑에 충성하게 된다. 충성도는 재방문의도를 향상시키고, 가족 · 친구 등의 준거집단에게 긍정적인 구전과 추천을 한다. 반면 고객이 레스토랑에 불만족하면 고객은 해당 레스토랑을 다시 찾지 않을 것이다. 즉 브랜드 전환이 이루어지고 준거집단에게 만족하였을 때보다 많은 부정적 구전을 하게 된다.

전술한 고객만족 성과의 결과는 레스토랑의 이윤창출로 연결된다. 즉 고객만족을 통하여 창출된 충성도, 재방문의도, 긍정적 구전 등의 성과는 비재무적 성과로서 결과적으로 재무적 성과인 매출로 이어져 레스토랑의 이윤창출로 나타난다.

결과적으로 고객만족은 레스토랑의 이윤창출을 위한 필수적인 요소로 인식되어야 한다. 고객만족과 불만족은 기업의 이윤창출을 위하여 구체적인 마케팅활동에 있어서 초점을 맞추어야 하는 부문이며 마케팅활동의 목표로 인식하여야 할 것이다.

고객만족은 세 가지 부문으로 구분할 수 있다. 물리적 환경에 대한 만족도, 종업원에 대한 만족도 그리고 결과에 대한 만족도 등이 그것이다. 물리적 환경은 인테리어, 위치, 주차시설, 물리적 접근성, 유니폼, 분위기 등이 포함되고, 종업원에 대한 만족은 서비스이다. 즉 관심, 친절, 미소, 효율적 서비스 등이 여기에 포함된다. 마지막으로 결과에 대한 만족도는 제공된 성과에 대한 만족도를 의미한다.

위와 같은 세 가지 만족의 구성요소가 합해져 고객은 특정 레스토랑에 대한 전반적 만족이 형성되는 것이다. 고객의 만족에 관한 이론은 다양하게 제시되고 있다. 기대불일치이론, 공평성이론, 귀인이론이 고객만족에 관한 대표적 이론이다.

Tip

■ **기대불일치이론**

기대와 성과 간의 차이는 만족 또는 불만족으로 정의된다. 즉 구매 후 지각된 성과가 고객의 기대보다 높거나(긍정적 불일치) 같을(기대일치) 때 고객이 만족하고, 이와 반대로 경험한 성과가 기대에 미치지 못할(부정적 불일치) 때 고객은 불만족하게 된다.

■ **공평성이론**

고객과 판매자 간의 교환이론에 중심이 맞추어져 있다. 이 이론에서는 고객의 투입대비 성과와 판매자의 투입대비 산출을 비교하여 고객이 공평하다고 느끼면 만족한다는 이론이다. 이를 식으로 나타내면 다음과 같다.

$$\frac{\text{고객성과}}{\text{고객투입}} : \frac{\text{판매자 성과}}{\text{판매자 투입}}$$

고객의 투입요소에는 지불금액, 정보탐색 비용(시간과 노력), 구매하기 위해 이동한 거리와 시간 등이 포함되며, 고객의 성과요소는 구매한 상품의 질과 가치 그리고 만족 등이 포함된다.
판매자의 투입요소는 원자재 구입비, 종업원의 채용과 유지비용, 기타 투자가 포함되고, 판매자의 성과요소에는 매출과 이윤이 포함된다.
따라서 위 식에 투입요소와 성과요소를 대입하면 다음과 같다.

$$\frac{\text{상품의 질과 가치, 만족 등}}{\text{지불금액, 정보탐색 비용 등}} : \frac{\text{매출, 이윤 등}}{\text{원자재값, 인건비 등}}$$

공정성이론에 따르면 두 가지의 비율을 비교하여 고객이 공정하다고 지각하면 만족하고, 불공정하다고 지각하면 불만족하게 된다. 즉 상품의 가치와 비교하여 가치보다 높은 이윤을 창출한다면 고객은 불만족하게 된다.

Tip

■ **귀인이론**

사람은 사건 또는 행동에 대한 원인을 추론하려는 경향이 있다는 가정하에 출발하게 된다. 고객의 만족과 불만족은 원인을 어떻게 추론하느냐의 귀인에 따라 만족 또는 불만족한다는 것이다. Heider는 귀인을 내적 귀인과 외적 귀인으로 구분하였다. 내적 귀인은 성향귀인, 외적 귀인은 상황귀인이라고도 한다. 예를 들면 레스토랑에서 접객종업원이 글라스를 파손했다고 하면 내적 귀인은 바텐더가 조심성이 없어서 글라스를 파손했다며 바텐더를 탓한다. 그러나 외적 귀인은 갑자기 주문이 많아서 파손했다고 생각하는 것이다.

일반적으로 자신의 행동이 바람직하지 못한 결과를 낳았을 때 외적 귀인을 하고 타인의 행동이 바람직하지 못한 결과를 낳았을 때 내적 귀인을 하는 경향이 있다. 소비자는 구매 결과가 긍정적일 때 내적 귀인을, 부정적일 때 외적 귀인을 하는 경향이 있다. 따라서 레스토랑에서 서비스에 만족하지 못하였을 경우 고객은 레스토랑에 대하여 불만족하게 된다.

한편 Kelley는 고객이 사건의 원인을 추론할 때 사용되는 구별성, 의견일치성, 그리고 일관성 등의 기준을 제시하였다. 구별성은 특정 '바'에서 좋은 서비스를 받았을 때 다른 레스토랑에서 경험한 서비스가 아니라면 고객만족은 증대한다. 의견일치성은 특정 원인에 대한 자신과 타인의 의견일치 정도를 의미한다. 예를 들면 특정 호텔의 프런트에서 고객 한 사람이 불평을 늘어놓고 지배인을 찾고 있다면, 옆에 있던 불평을 가진 고객은 '이 호텔은 틀림없이 문제가 있어'라고 생각한다. 반대로 자신은 호텔의 서비스에 불만을 가지고 있는데 홈페이지의 이용후기나 다른 고객들의 반응이 자신과 같지 않을 경우는 자신이 너무 민감하다고 생각하게 된다. 때문에 고객이 많은 장소에서 불평하는 고객은 고객이 많지 않은 장소로 이동하여 상담해야 하는 것이다. 마지막으로 일관성은 특정한 사건이 반복적으로 발생한다면 '일관성이 높다'고 한다. 일관성이 높으면 즉 계속적으로 문제점이 발생하면 고객은 문제가 있다고 확신하게 된다.

제2절 원가관리

레스토랑의 원가 중 식재료비와 인건비가 가장 높다. 레스토랑이 성공하기 위해서는 전술한 고객만족 이외에 원가도 같이 고려되어야 하며, 원가 중 높은 비율을 차지하는 식재료비와 인건비의 절감이 필연적이다.

식재료비와 인건비의 관리를 위하여 레스토랑의 경영자와 접객종업원은 원가관리담당자로서의 역할을 해야 한다. 원가는 레스토랑의 수익성과 직결되므로 사업의 성패와 관련되며, 원가절감이 가능하면 경쟁 레스토랑보다 낮은 가격으로 시장을 공략하여 시장점유율을 단기간에 확보할 수 있으므로 가장 강력한 마케팅 도구를 확보한 것이며, 가격 경쟁우위를 확보함으로써 미래 수익을 보장받을 수 있다.

원가는 특정 제품 또는 서비스가 고객에게 전달될 때까지의 제조과정, 판매과정에서 발생되는 총비용을 의미한다. 즉 식재료비, 인건비, 복지후생비, 보험료 등 모든 비용이 포함된다. 구체적인 레스토랑의 원가 구성요소는 〈표 9-1〉과 같다.

〈표 9-1〉 원가 구성요소

<table>
<tr><th colspan="5">구 분</th><th>사 례</th></tr>
<tr><td rowspan="14">총원가</td><td rowspan="10">직접원가</td><td colspan="3">직접재료비</td><td>음식의 재료비, 음료의 구입비</td></tr>
<tr><td colspan="3">인건비</td><td>봉급, 수당</td></tr>
<tr><td colspan="3">복지후생비</td><td>직원복지비 및 사업주 부담금</td></tr>
<tr><td rowspan="7">경비</td><td rowspan="3">광열비</td><td>수도료</td><td>상하수도</td></tr>
<tr><td>연료</td><td>난방, 취사용 연료</td></tr>
<tr><td>전기료</td><td>조명, 난방</td></tr>
<tr><td colspan="2">소모품비</td><td>사무용품</td></tr>
<tr><td colspan="2">통신비</td><td>전화, 우편료</td></tr>
<tr><td colspan="2">보수비</td><td>기자재, 인테리어 등의 보수비용</td></tr>
<tr><td colspan="2">기타비용</td><td>기타</td></tr>
<tr><td rowspan="3">간접원가</td><td rowspan="2">경비</td><td colspan="2">보험료</td><td>하재보험, 산재보험, 실업보험 등</td></tr>
<tr><td colspan="2">잡비</td><td>기타 비용</td></tr>
<tr><td colspan="3">감가상각</td><td>건물, 인테리어 등의 노후화</td></tr>
<tr><td colspan="4">관리비</td><td>관리비, 임대비 등</td></tr>
</table>

레스토랑에서는 유형적 제품뿐만 아니라 무형적 인적 서비스가 제공되고 있다. 즉 유형적 제품의 완성은 무형의 인적 서비스가 담당하고 있다. 따라서 자동화의 한계가 존재하며 인건비의 비중이 크다. 과당경쟁의 상황에서 서비스가 강력한 경쟁요소로 부각되고, 서비스를 담당하는 종업원의 태도에 따라 고객은 만

족하기도 하고 불만족하기도 한다. 경영자들은 이러한 환경에 대응하여 인적 서비스의 중요성을 인식하고 훌륭한 종업원을 기업의 자산으로 인식하기 시작하였다.

상기와 같은 환경에서 인건비가 원가에서 차지하는 비율이 날로 높아지고 있다. 따라서 인건비 절감의 가능성이 수익성에 직결된다. 그러나 인건비의 절감은 서비스품질에 악영향을 미쳐 고객의 불만을 사는 경우도 있다. 규모가 큰 레스토랑은 인건비의 절감을 위하여 단순노동 또는 전문업무를 외부회사에 맡기는 경향도 두드러지게 나타난다. 인건비관리의 목표는 다음과 같다.

① 레스토랑에서 필요로 하는 질과 양의 노동력 확보
② 종업원의 능력을 충분히 발휘할 수 있는 보수의 제공
③ 레스토랑의 재무에서 적정한 수준의 인건비 유지
④ 합리적인 이윤의 배분으로 레스토랑의 발전과 종업원의 사기 제고

제3절 가격

1 가격의 의의

가격은 소비자가 제품 또는 서비스를 얻기 위하여 지불해야 할 화폐가치로 정의할 수 있다. 가격은 마케팅 믹스요소 중 가장 강력한 마케팅 도구이며 소비자와 기업 간의 최종적 커뮤니케이션 수단이다. 때문에 레스토랑에서 고객을 영접하고 자리로 안내한 후 고객에게 제공하는 것이 메뉴이다. 고객은 메뉴에서 많은 정보를 얻을 수 있고, 그중 가장 관심을 갖는 부분이 가격이라는 사실을 부인할 수 없을 것이다.

가격은 매우 강력하며 즉각적으로 수행할 수 있고, 비용이 수반되지 않는 전략이다. 따라서 마케터는 가격전략에 많은 관심을 가지고 있다. 가격전략은 가치를 근간으로 한다. 즉 품질과 가격의 관계에서 발생하는 가치를 도구로, 전략을 계획하고 수행한다. 가치를 결정하는 것은 품질과 가격뿐만 아니라 수요와 공급의 차이, 경쟁의 크기 등이 복합적으로 작용한다. 그러므로 마케터는 가격전략을 계획할 때 비용, 수요와 공급 상황, 경쟁의 강도 등을 우선 고려하고 이익, 판매량,

이미지 등을 고려하게 된다.

전통적으로 가격은 소비자의 구매 의사결정과정에 가장 강력한 영향을 미치는 요소이다. 오랜 세월 가격의 중요성을 인식하고 다양한 가격전략을 수행하여 왔지만 마케터들은 가끔 가격전략에서 실수를 범하고 있다. 마케터들이 자주 범하는 실수는 다음과 같은 사항들이다.

① 비용 중심적 가격
② 시장환경 변화에 대응치 못한 가격
③ 가격 외 다른 요소를 고려치 않은 가격
④ 제품 또는 서비스와 일치하지 않은 가격

2 가격의 역할

가격은 가치를 평가하는 기준이다. 따라서 소비자가 특정 제품의 가격을 알면 제품을 직접 보지 않고 품질을 유추할 수 있게 된다. 가격은 가치의 기준뿐만 아니라 여러 가지 역할을 수행한다.

1) 품질의 지표

일반적으로 소비자는 제품 또는 서비스를 평가할 때 가격을 사용한다. 즉 특정 제품 또는 서비스를 비교할 때 가격이 높은 제품 또는 서비스의 품질이, 가격이 낮은 제품 또는 서비스의 품질보다 우수할 것으로 생각한다. 즉 사람의 인지 속에서 가격과 품질은 비례관계에 있다. 가격은 소비자가 품질을 예상하는 단서로 작용하며 품질에 대한 기대와 연결되므로 가격은 품질을 적절하게 대표할 수 있어야 한다.

2) 기회비용의 대가

가격은 품질을 평가하는 기준으로 작용할 때 금전적 가치뿐만 아니라 기회비용까지도 포함하게 된다. 기회비용은 구매에 필요한 정보수집 등에 소요된 시간, 구매하기 위해 소요된 정신적 · 육체적 노력 등이 포함된다. "시간은 금이다"라는 격언에서 소요된 시간의 기회비용을 이해할 수 있을 것이다. 정신적 · 육체적 노력은 구매하기 위한 의사결정과정의 정신적 노력과 특정 '레스토랑'에서 즐거운 시간을 보내기 위하여 레스토랑까지 오는 노력 등이 여기에 포함된다.

3 가격결정요인

가격의 결정은 여러 가지 요인의 영향을 받는다. 크게 구분하면 내부요인과 외부요인으로 구분할 수 있다.

1) 내부요인

내부요인에는 마케팅 목표, 마케팅 믹스전략, 그리고 비용 등이 있다.

(1) 마케팅 목표

기업은 가격을 결정하기 전에 마케팅 목표를 분명히 한다. 마케팅 목표에 따라 가격은 영향을 받는다. 예를 들어 시장점유율의 확대를 마케팅 목표로 한다면 가격은 경쟁사보다 저렴하게 구성될 것이다.

(2) 마케팅 믹스전략

가격은 제품, 유통, 판매촉진, 사람, 물리적 증거 등의 마케팅 믹스요소 중 하나이다. 시장에서 목표를 달성하기 위하여 마케팅전략을 계획하고 수행할 때 이 모든 요소는 서로에게 영향을 미치게 된다.

(3) 비용

비용은 가격결정의 하한선을 명시해 준다. 비용은 고정비용과 변동비용으로 구성되어 있다. 고정비용은 제품 또는 서비스의 매출과 관계없이 지출되는 비용이고 변동비용은 매출에 따라 변화하는 비용이다. 일반적으로 비용이라고 하면 고정비용과 변동비용의 합을 의미한다.

2) 외부요인

(1) 공급과 수요

시장의 공급과 수요는 가격의 상한선을 결정한다. 공급과 수요의 관계에서 수요가 공급보다 크면 가격은 높아질 것이고 반대면 가격은 낮아질 것이다. 다시 말해서 시장의 경쟁상황에 따라 가격이 영향을 받는 것이다. 경쟁이 치열하면 가격은 하락하고 경쟁이 없으면 가격은 상승한다.

(2) 경쟁사의 가격

소비자가 제품 또는 서비스를 구매할 때 고려하는 요인 중에서 가격은 가장 중요한 요인 중 하나이다. 소비자는 의사결정과정에서 몇 개의 대안을 비교한다.

따라서 마케터는 경쟁사의 가격을 예의주시해야 한다. 경쟁사의 가격과 동떨어진 가격을 결정한다면 고객이 이해할 수 있는 이유가 있어야 할 것이다.

(3) 기타

가격을 결정할 때 영향을 받는 외부요인에는 공급과 수요 및 경쟁사의 가격뿐만 아니라 정부정책, 소비자단체, 경제상황, 그리고 사회적 관심의 유무 등이 있다.

4 가격결정의 목적

가격을 결정할 경우 마케팅 목표에 부합하는 구체적이면서 분명한 목표를 설정해야 한다. 이는 한번 결정된 가격은 이윤과 시장점유율 등의 성과에 매우 큰 영향을 미치기 때문이다.

가격결정의 목표를 살펴보면 다음과 같다.

① 일정한 이익률의 확보
② 가격안정
③ 시장점유율
④ 이윤 극대화
⑤ 경쟁사의 시장침투 억세

5 메뉴의 가격결정방법

가격은 소비자의 선택속성 중 가장 강력한 요소다. 가격은 그 지불수준에 따라 소비자가 민감하게 반응하며, 가격전략에 있어서 가격을 올리고자 할 때에는 고객이 알아차리지 못하는 식역(고객이 변화를 인지하는 경계)의 범위 내에서, 가격을 내리고자 할 때에는 고객이 알아차릴 수 있도록 식역의 범위를 넘어선 수준으로 실시해야 한다.

레스토랑의 가격결정은 재료의 구입원가, 고객의 계층, 그리고 좌석의 회전율 등 많은 요소들이 작용한다. 때문에 마케팅 목표를 달성할 수 있는 가격의 결정 시 많은 요인을 고려해야 한다.

1) 원가중심의 가격결정방법

원가중심의 가격결정방법에는 원가가산 가격결정, 원가비율/이익의 폭 가격결정, 그리고 손익분기 가격결정이 있다.

(1) 원가가산 가격결정

이 방법은 원가를 미리 결정해 놓고 판매가격을 결정하는 가장 단순한 방법이다. 즉 운영하는 바의 음료원가 및 인건비, 그리고 기타 비용을 합쳐 50%로 결정한 후 총비용이 5만 원이라면 판매가는 10만 원으로 결정하는 방법이다.

(2) 원가비율/이익의 폭 가격결정

이 가격결정방법은 전술한 원가가산 가격결정방법을 역으로 계산하는 방법이다. 즉 이익의 폭(비율)을 미리 정하여 또는 원가에 이익의 비율을 더하여 판매가를 결정하는 방법이다. 예를 들면 와인 판매에 있어서 이익의 비율을 원가의 100%로 결정하면 원가 2만 원의 와인 판매가는 4만 원으로 결정하는 방법이다.

(3) 손익분기 가격결정

이 방법은 가격의 변화에 따른 수요량을 결정하여 손익분기점에 도달하는 시점을 결정하여 가격을 정하는 방법이다. 고정비와 변동비, 그리고 서로 다른 가격이 결정될 경우 수요량의 변화를 예측함으로써 최적의 가격을 결정하는 방법이다.

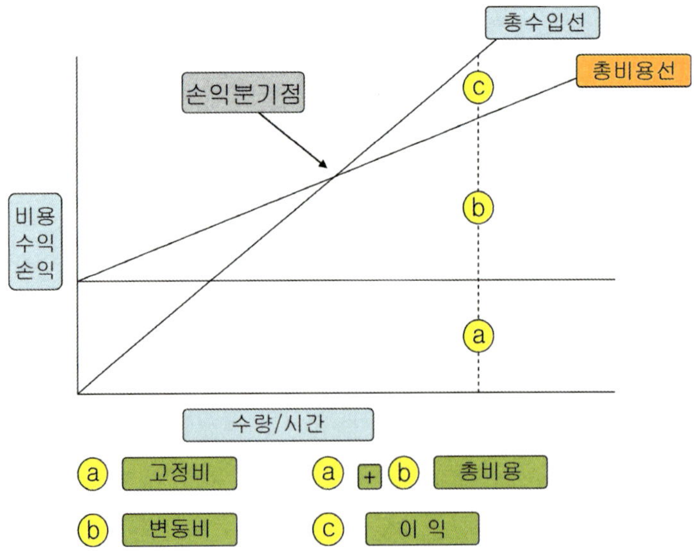

[그림 9-1] 손익분기점

2) 수요중심 가격결정방법

수요중심 가격결정방법은 원가를 중심으로 결정하는 가격과는 달리 소비자의 지각과 수요의 수준에 따른 가격결정방법이다.

(1) 가치인식의 수준에 따른 결정

소비자가 인식하는 특정 제품이나 서비스의 가치를 조사하여 조사결과를 가격결정의 정보로 활용하는 방법이다. 예를 들면 레스토랑에서 앞으로 판매할 메뉴를 고객에게 시식하게 하고 고객에게 '귀하는 얼마를 지불할 의향이 있습니까?'라는 질문을 해서 고객이 인식하고 있는 안주의 가치를 측정하여 가격을 결정하는 방법이다.

(2) 수요의 차이에 따른 가격결정방법

수요의 변화에 따라 가격을 결정하는 방법이다. 특정 제품이 하나의 가격을 가진 것이 아니라 몇 개의 가격을 가지고 있어 시장의 수요에 따라 결정되는 것이다. 예를 들면 경매와 유사한 방법이다.

3) 경쟁중심의 가격결정

원가 또는 수요와 관계없이 경쟁사의 가격에 따라 가격을 결정하는 방법이다. 여기에는 모방 가격결정과 입찰 가격결정이 있다.

(1) 모방 가격결정

동종업계 또는 실질적인 경쟁사와 비교하여 가격을 결정하는 방법이다. 이 방법은 경쟁사의 가격추이에 따라 가격이 변화한다.

(2) 입찰 가격결정

입찰 가격결정은 경쟁사의 예상가격을 근거로 가격을 결정하는 방법이다.

4) 고객심리 중심의 가격결정

이것은 합리적인 가격결정의 기준이 있는 것이 아니라 고객의 감정을 자극하는 가격결정방법이다. 여기에는 단수 가격결정, 권위 가격결정, 선도 가격결정 등이 있다.

(1) 단수 가격결정

이 방법은 가격의 끝자리를 일정한 범위 내에서 벗어나지 않게 하여 저렴한 인상을 주려는 방법이다. 예를 들면 99,000원은 100,000원보다 훨씬 저렴하게 인식된다.

(2) 권위 가격결정

품질을 판단하는 기준을 가격으로 보고 가격을 높은 수준으로 결정하여 제품이나 서비스의 질이 우수하다는 것을 나타내기 위한 가격결정방법이다. 다시 말하면 고가격전략이다. 명품은 이러한 가격결정방법을 사용한 대표적인 예이다.

(3) 선도 가격결정

특정 제품의 가격을 특별히 할인하여 고객을 영업장으로 유인하려는 가격결정방법이다. 레스토랑에서 커피를 1,000원에 판매하는 특별 세일이 대표적인 방법이다. 이 방법은 고객을 유인하여 다른 제품 또는 서비스의 구매를 촉진하는 방법이다.

5) 기타 가격결정

경영자가 직관적으로 가격을 결정하는 방법으로 예기치 못한 수익의 발생이나 손실이 발생할 우려가 있다. 때문에 이러한 가격결정은 경영상태가 열악한 소규모 주장에서 많이 이루어지며, 바람직한 방법은 아니다.

CHAPTER **10**

음료와 술의 이해

제10장

음료와 술의 이해

제1절 음료란

음료는 삶을 영위하는 필수적인 요소이며, 일상생활과 밀접한 관련이 있다. 음료는 인류의 역사와 같이 발전하였으며, 그 기본은 물이다. 최초의 인류는 갈증을 해소하기 위하여 물을 마셨을 것이다. 물이 풍부한 강가에서 문명이 발달한 이유 또한 인간과 물의 관계에서 찾아볼 수 있을 것이다.

음료를 통한 수분의 섭취는 인간의 생명 유지를 위하여 필수적인 것이다. 인간의 신체를 구성하는 물질 중 2/3 이상이 물로 구성되어 있으며, 신체 내 수분의 균형이 15% 이하로 감소하면 생명이 위협받게 된다.

최초의 인류는 자연에 존재하는 물 자체를 섭취하여 갈증을 해소하였을 것이다. 그러나 세월이 흐르면서 물이 오염되어 인류는 나름대로의 방법으로 마실 물을 구하기 시작하였을 것이다. 우리나라의 경우 마을 우물에 숯을 넣은 이유도 물을 정화시키기 위한 방법이었다.

기술의 발달과 생활수준의 향상으로 인간의 욕구는 다양화되고, 가치관이 변화되어 인류가 마시는 물에 대한 가치관과 욕구도 변화되고 다양화되었다. 이러한 욕구에 부응하기 위하여 다양한 음료가 발견 또는 개발되었다. 다양한 음료의 개발과 발견으로 현대인은 커피, 차, 청량음료, 주스, 우유 등의 다양한 형태로 인체에 필요한 수분을 섭취하고 있다.

일반적으로 '음료'는 콜라 · 사이다 · 주스 · 우유 등의 비알코올성 음료로 인식되고, 소주 · 맥주 · 위스키 등의 알코올성 음료는 '술'이라고 일컬으면서 음료와 구분되어 사용하고 있다. 그러나 엄격히 구분하면 음료는 알코올성 음료와 비알코올성 음료를 통칭하는 말이다. 즉 마실 수 있는 모든 액체를 음료라고 할 수 있다.

가장 기본이 되는 음료는 물이다. 과거에는 우리 주변의 거의 모든 물을 음용할 수 있었으나 기술의 발달을 통한 산업화로 우리 주변의 많은 물들이 오염되어 자연상태의 물을 화학처리하지 않으면 음용할 수 없는 상태에 이르게 되었다. 이러한 환경에서 소비자들은 건강을 위하여 깨끗한 물과 건강에 도움이 되는 물을 음용하고자 하는 욕구가 발생하였으며 기업체는 이들 소비자의 욕구에 부응하여 다양한 상품을 개발하였다.

제2절 음료의 역사

어떤 음료가 어떻게 발견되었으며, 어떤 방법으로 음용되었는지에 관한 고고학적 자료는 존재하지 않아 정확히 알 수 없으나, 고고학자들은 인류가 최초로 물이 아닌 음료수로 꿀을 물에 타서 마셨을 것이라 추측하고 있다.

스페인 발렌시아(Valencia) 부근의 동굴에서 약 1만 년 전으로 추측되는 암각화가 1919년에 발견되었다. 이 암각화에서 오른쪽 사람의 어깨에 바구니를 메고 있었다. 고고학자들은 벽화 속 바구니가 봉밀을 채취하는 인물의 그림이라고 주장하며, 이 봉밀을 물에 혼합하여 마신 것이 물 다음

스페인 발렌시아 부근의 동굴에서 발견된 암각화: ① 약 1만 년 전 조각으로 추측됨/ ② 1919년 발견/ ③ 오른쪽 사람이 어깨에 멘 바구니가 봉밀로 추측됨

의 음료라 전해진다.

기원전 6천 년경 바빌로니아에서는 레몬과즙을 음용했다는 기록이 전해지고 있어, 벌꿀 다음으로 사람이 마신 음료는 과즙으로 추측하고 있다. 이후 이곳에서는 밀빵이 물에 젖어 발효된 맥주를 발견하여 음용했다고 전하고 있다. 한편, 중앙아시아 지역에는 야생포도가 쌓여 발효된 포도주를 발견하여 마셨다고 한다. 포도주의 양조에 관한 근거는 티그리스강 유역 수메르인의 유적지에서 발견된 점토판(기원전 4500년경)으로 포도주를 양조한 기록과 기원전 1300년경 이집트 왕 람세스의 무덤에는 포도의 재배와 와인제조에 관한 그림이 있다.

중세 이전의 사람들은 벌꿀주, 맥주, 포도주를 주로 즐겼다. 벌꿀을 발효시켜 만든 술은 Mead(미드)이며, 이 술은 꿀과 물에 이스트를 넣고 발효시켜 다양한 향미를 첨가한 술이며 독특한 향과 맛이 있다.

'발효된 음료의 기원은 원숭이일 것이다'라는 흥미로운 주장도 있다. 이 주장에 따르면 최초로 술을 빚은 것이 원숭이이며 이 술을 인간이 먹어보고 맛이 좋아 계속 만들어 먹었다는 것이다. 즉 원숭이들이 나뭇가지의 갈라진 틈 또는 바위틈에 과실을 저장해 둔 것이 발효되었는데 인간이 발견하고 이것을 즐겼다는 것이다. 동물은 먹을거리가 풍요로운 때 겨울을 준비하기 위해 먹을거리를 숨겨두는 버릇이 있으므로 설득력 있는 주장이라 할 수 있다.

중세(8세기) 아랍의 연금술사 제버(Geber)는 강한 주정 만드는 방법을 발견하였다. 이 증류기술은 점차 유럽 전역으로 전파되었고, 증류기술의 전파로 12세기 러시아에서 보드카가, 13세기에 브랜디가 만들어졌다. 그리고 17세기에 진과 럼이 만들어졌으며 이후 풀케를 증류한 테킬라가 만들어졌다.

인류가 음용하는 음료의 역사에 있어서 가장 큰 전환점은 탄산가스의 발견이다. 이는 '음료의 혁명'이라 표현할 정도로 음료의 역사에 있어서 중요한 영향을 미쳤다. 탄산가스의 발견은 자연적으로 솟아나는 천연광천수의 발견과 음용에서 출발하였다. 사람들은 천연광천수 중 어떤 광천수는 건강에 도움이 된다는 사실을 알게 되어 환자 또는 건강상의 이유로 음용하게 되었다. 그리스에는 "광천수가 인간을 장수하게 했다"라는 기원전 기록이 있다.

탄산가스는 1772년 영국의 화학자 조셉 프리스트리(Joseph Pristry)가 발견하였다. 그는 탄산가스(이산화탄소)에 압력을 가해 물에 녹이는 방법과, 탄산수소나트륨과 산을 혼합하여 이산화탄소를 만드는 방법을 발견하였다. 인공 탄산가스의 발견으로 탄산음료가 탄생하는 계기가 되었고 청량음료의 발전에 크게 공헌하였다.

대표적인 탄산음료는 소다수인데 소다수가 상업적으로 제조되기 시작한 것은 19세기 초 독일의 약제사인 세트루페에 의해서이다. 그는 천연광천수 모조품공장을 설립하였는데 그중 젤처 광천수가 인기를 얻어 지금도 소다수의 대명사로 젤처수가 손꼽히고 있다. 물과 같이 인류가 오래전부터 음용하였던 음료는 우유이다. 우유는 목축을 주업으로 하는 유목민들이 음용하였을 것이다.

우리나라의 유적지에는 빙고(얼음창고)의 흔적이 남아 있다. 빙고는 추운 겨울 얼음을 저장하여 더운 여름에 얼음을 이용하기 위한 저장시설이다. 우리 조상들은 빙고의 얼음을 이용하여 시원한 음료 또는 국물요리를 만들었을 것이다. 우리나라의 요리는 수분이 많이 함유되어 있으므로 빙고가 발달하였을 것이다.

우리나라의 대표적인 전통음료로 식혜와 수정과를 꼽을 수 있는데, 근대에 들어와 미국이 우리나라에 주둔하면서 큰 변화가 일어났다. 커피, 홍차, 콜라, 주스 등의 군부대에 보급되던 음료가 시중으로 유출되면서 수요가 늘어났고, 이를 찾는 소비자들이 늘어남으로써 다양한 음료의 개발이 이루어졌다.

오늘날 지구촌 저변에 보급되어 있고 많은 인기를 차지하는 커피는 600년경 예멘에서 양치기가 양이 열매를 먹고 힘이 솟는 것을 보고 발견하였으며, 초기에는 약용으로 사용되다가 점차 식료와 음료에 사용되면서 홍해 부근의 아랍국가에 전파되고, 1300년경 이란에, 1500년경 터키에 전파되었으며 오늘날 가장 널리 애용되는 기호음료가 되었다.

Tip

■ **인류 알코올 발효의 흔적들**

① 그리스 신화
주신인 바커스는 넓은 지역을 여행하면서 포도의 재배법과 양조법을 전파하였다.

② 이집트 신화
천지의 신인 이시스의 남편 오시리스는 이집트를 통치하던 왕이었으나 동생에게 살해되어 죽은 사람들의 나라에 왕이 되었는데 보리로 맥주를 만드는 방법을 가르쳤다.

③ 성경
노아의 방주에 관한 이야기에서는 하나님이 노아에게 포도의 재배방법과 포도주의 제조방법을 전수한 것으로 나오고, 혼인 이야기와 최후의 만찬 등에서 포도주에 관한 이야기가 등장한다.

④ 중국
중국의 고서 『여씨춘추』에 술에 대한 기록이 있다.
하나라의 시조 우왕 때 의적이라는 사람이 곡류로 술을 빚어 왕에게 진상했다는 전설이 있다.

⑤ 우리나라
『제왕운기』의 동명성왕 건국담 중에 술에 얽힌 이야기가 "고삼국사"에 인용되어 있다.

제3절 음료의 분류

음료는 크게 알코올성 음료(Alcoholic Beverage)와 비알코올성 음료(Non Alcoholic Beverage)로 분류할 수 있다. 알코올성 음료는 알코올이 포함되어 있는 음료로 일반적으로 '술'이라 불리는 음료이며, 비알코올성 음료는 알코올이 포함되어 있지 않은 음료를 일컫는다. 알코올성 음료에는 양조주, 증류주, 혼성주가 있고 비알코올성 음료에는 청량음료, 기호음료, 그리고 영양음료가 있다.

1 알코올성 음료

알코올성 음료는 알코올과 물이 혼합된 것으로 우리나라 「주세법」에서는 술을 주정 1% 이상의 알코올성분이 포함되어 있는 음료라 규정짓고 있다. 그러나 「약사법」에서는 알코올성분 6% 미만인 것을 제외하고 있다.

1) 양조주

양조주(Fermented Liquor)는 곡류 또는 과실류를 원료로 하여 발효시킨 술이다. 발효는 설탕이나 포도당과 같은 당분이 효모와 화학작용하여 알코올과 탄산가스로 변하는 과정이다. 과실류에는 당분이 함유되어 있어 과실에 효모를 첨가하여 발효시키면 와인 · 사과주 등의 양조주가 탄생하고, 곡류 속에 포함되어 있는 전분을 당화효소로 당화시켜 다시 발효공정을 거치면 맥주 · 청주 · 막걸리 등의 양조주가 탄생하는 것이다.

2) 증류주

증류주(Distilled Liquor)는 순도가 높은 주정을 만들기 위하여 발효된 양조주를 다시 증류하여 알코올도수를 높인 술이다. 증류는 혼합물을 구성하는 성분을 서로 다른 기화점(또는 비등점)을 이용하여 분리하는 방법이다.

물과 알코올이 혼합되어 있는 양조주를 가열하면 알코올은 섭씨 80도에서 수증기로 기화하며, 물은 100도에서 기화한다. 때문에 양조주를 80도에서 100도 사이의 온도를 유지하면서 가열하면 알코올만 기화하고 기화된 수증기를 모아 다시 80도 이하로 냉각시키면 순도 높은 알코올을 얻을 수 있다. 증류주에는 위스키, 브랜디, 보드카, 럼, 진이 있다.

Tip

▪ **기화점과 비등점**

① 기화점: 액체가 기체로 변화하는 온도
② 비등점: 액체가 끓기 시작하는 온도

3) 혼성주

혼성주(Compounded Liquor)는 양조주나 증류주에 식물의 뿌리, 열매, 과즙, 색소 등을 더해서 색다른 풍미의 술로 다시 만든 술이다. 이 혼성주는 주로 칵테일의 부재료로 사용되며 칵테일이 독특한 향미와 색을 나타낼 수 있도록 한다. 혼성주는 식물의 원료에 따라 약초/향초류, 과실류, 종자류 등으로 구분할 수 있다.

2 비알코올성 음료

비알코올성 음료는 알코올성분이 포함되어 있지 않은 음료이며 청량음료, 영양음료, 기호음료 등의 세 종류로 분류할 수 있다.

1) 청량음료

청량음료(Soft Drink)는 탄산음료와 무탄산음료로 구분된다. 탄산음료는 탄산가스가 포함되어 있는 음료로 콜라, 사이다, 환타, 토닉워터, 소다수, 칼린스믹서, 진저에일 등이 있고, 무탄산음료로는 생수가 대표적이다.

2) 영양음료

영양음료(Nutritious Drink)는 영양성분이 많이 함유되어 있어 건강에 좋은 음료다. 우유, 주스 등이 대표적인 영양음료이다.

3) 기호음료

기호음료(Favorite Drink)는 기호에 따라 즐기는 음료로 대표적인 음료가 커피와 차다.

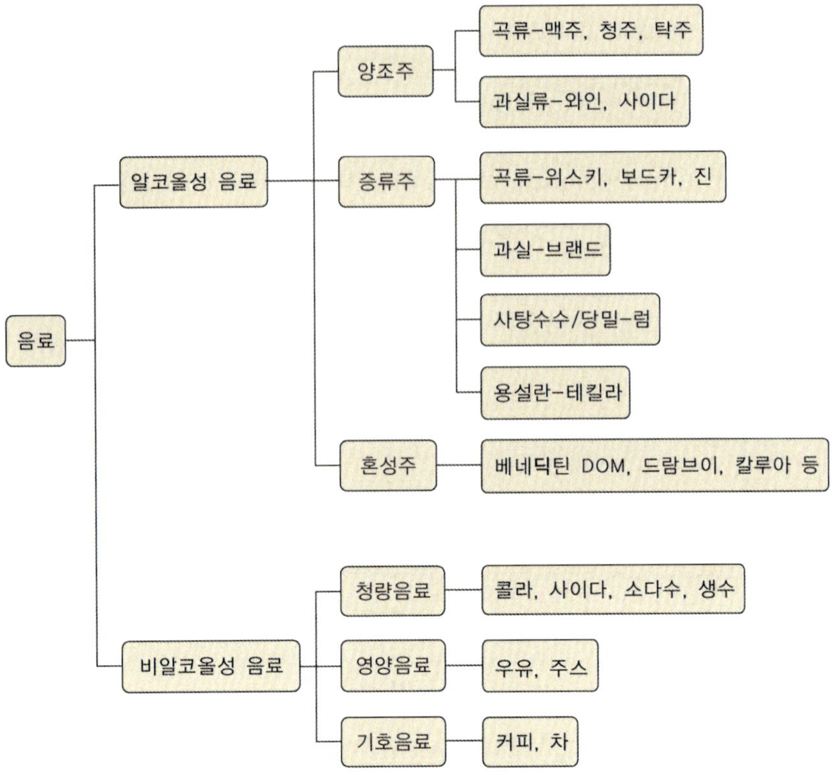

[그림 10-1] 음료의 종류

제4절 술이란

우리나라 「주세법」에서 술은 알코올성분을 1% 이상 함유한 음료로 정의 내리고 있다. 술은 알코올과 당분, 무기질 등이 포함되어 있으며, 알코올이란 미생물의 발효에 의하여 만들어진 에틸알코올(Ethyl Alcohol)을 칭하는 것이다. 일반적으로 술이라 하면 알코올성 음료를 총칭한다.

알코올은 위와 소장에서 흡수되며, 정맥을 통해 간에서 물과 탄산가스로 분해된다. 한 시간에 분해되는 알코올의 양은 7~8g이며, 술에 함유되어 있는 알코올과 당분은 인체 칼로리의 공급원이 된다.

감자(보드카의 원료)

사탕수수(럼의 원료)

보리(맥주와 위스키의 원료)

술은 인류의 역사와 함께 발전해 왔으며, 국가마다 국가를 대표하는 술이 있다. 술의 원료는 특정 지방에서 많이 생산되는 주식과 관련되어 있다. 러시아와 같은 추운 지방에서는 주로 감자를 재배했기에 감자가 원료인 보드카(Vodka)가 조주되었고, 따뜻한 지방에서는 보리로 맥주(Beer) 또는 위스키(Whisky)를 조주하여 즐겼다. 더운 지방에서는 포도로 와인(Wine)과 브랜디(Brandy)를 조주하였으며, 열대지방에서는 사탕수수로 럼(Rum)을 만들었다.

술은 제조방법에 따라 양조주, 증류주, 혼성주로 구분된다. 양조주는 알코올 함유량이 낮으며, 증류주와 혼성주는 알코올 함유량이 높다. 또한 대부분의 양조주는 증류주와 혼성주에 비해 유통기한이 짧은 것이 특징이다. 따라서 양조주는 FIFO(First In First Out)의 창고관리 원칙을 철저히 준수해야 한다.

술의 역사가 언제 시작되었는지는 확실히 알 수 없지만, 인류의 출현과 더불어 생겨났을 것으로 추측하고 있다. 즉 당분이 함유되어 있는 과일이 나무 그루터기 또는 움푹 패인 돌에 떨어져 효모와 만나 발효함으로써 술이 되었고, 이 술을 인간이 맛보았을 것으로 추측된다. 이후 인류가 식량을 저장해야 할 필요를 느껴 동굴이나 특정 장소에 과일을 모아두었는데 이것이 발효되어 술이 되었으며, 이 술을 맛본 인류는 기분이 좋아진다는 사실을 알게 되었고, 이후 인위적으로 술을 빚었을 것으로 추측된다.

우리나라 문헌에서 술에 관한 이야기가 최초로 등장한 것은 『고삼국사(古三國史)』이다. 이 책에는 『제왕운기』의 동명성왕 건국담에 술에 얽힌 이야기가 인용되어 있다.

술은 순우리말로 '수블' 또는 '수불'이라 했다. 조선시대 문헌에는 '수울', '수을'로 기록되어 있어 수블이 수울로 변하고, 수울은 수을로 수을은 술로 변천되었다. '수블'의 뜻은 명확하지 않다. 그러나 발효되는 과정에서 술 익는 소리와 모습이 부글부글 끓어오르며 거품이 괴는 현상을 물에 불이 붙는 모양으로 보아

'수불'이라 하였을 것이다.

우리나라에서 술을 언제부터 만들었는지 정확히 알 수는 없지만 『삼국지』의 부여전에서 '영고(迎鼓)'라 하여 정월에 하늘에 제사 지내는 행사가 있었는데 이때 많은 사람들이 모여 술을 마시고 먹고 노래하며 춤을 추었다고 전하고 있다.

또, 『한전(韓傳)』에서는 마한이 5월 파종한 후와 10월 추수한 후에 큰 모임이 있어 춤과 노래를 부르며 술을 마셨고, 고구려에서는 10월에 하늘에 제사를 지내는 '동맹(東盟)'이라는 행사가 있었다고 전하는 것으로 보아 각종 의례에 술을 만들어 먹은 것으로 추측할 수 있다.

우리나라는 오래전 상고시대부터 농사의 기틀을 마련하였으므로 술의 원료 또한 곡류였을 것으로 추측된다.

Tip

■ **고삼국사의 술 이야기**

하백의 세 딸 유화, 선화, 위화가 더위를 피하여 청하(압록강) 웅심연에서 놀고 있을 때 천제의 아들 해모수가 이들을 보고 아름다움에 취하여 신하를 시켜 가까이 하려 했으나 그녀들이 응하지 않았다.

해모수가 신하의 말을 듣고 웅장한 궁전을 지어 그녀들을 초청하였는데 그녀들이 술대접을 받고 취하여 돌아가려 하자 해모수가 가로막아 하소연하였으나 그녀들은 달아났다. 그녀들 중 유화가 해모수에게 잡혀 궁전에서 잠을 자게 되었고 해모수와 그녀는 정이 들고 말았다. 이후 주몽을 낳았으니 주몽이 동명성왕으로 고구려를 세웠다.

제5절 술의 조주과정

술은 효모의 발효로써 얻을 수 있다. 효모의 발효에는 당분이 필수적이다. 즉 당분과 효모가 혼합되어 발효가 이루어진다. 앞장에서 기술한 것과 같이 술은 사람의 주식인 곡류 또는 과실류로 만들어진다. 과실류는 과실 자체에 당분이 함유되어 있어 효모가 발효할 수 있지만 곡류는 당분이 함유되어 있지 않아 전분당화효소를 사용하여 당화한 후 발효시켜야 한다. 발효과정에서 에틸알코올과 이산화탄소가 발생되는데 이산화탄소는 공기 중에 산화되고, 알코올성분이 술이 된다. 전분을 당화시키는 효소로 서양에서는 맥아(엿기름)를 사용하고 동양에서는 누룩을 사용한다.

효모의 작용으로는 약 15% 정도의 알코올도수를 만들어낼 수 있다. 보다 높은 알코올이 함유된 술을 만들기 위해서는 발효된 양조주를 증류해야 한다.

양조주를 증류하여 오크(Oak)통에 저장하여 숙성과정을 거치면 위스키와 브랜디 등의 증류주가 생성되고, 곡류를 증류하여 여과 및 저장하면 보드카, 럼, 소주 등의 증류주를 만들 수 있다.

술의 원료는 시대별로 주식과 깊은 관련이 있다. 수렵, 채취시대의 술은 과실주가 주를 이루었고, 유목시대에는 가축의 젖으로 젖술이 만들어졌다. 곡물을 원료로 하는 곡주는 농경시대에 들어와서 탄생했다.

맥주와 같은 곡류로 만든 양조주는 정착농경이 시작되어 녹말을 당화시키는 기법이 개발된 후에 만들어졌다. 그리고 술의 원료는 그 지방의 주식과 밀접한 관련이 있으므로 어패류나 어류를 주식으로 하는 에스키모인들은 술이 없었다고 한다. 또한, 원료가 있다고 해도 종교상의 이유로 금주하는 나라의 양조주는 매우 뒤떨어져 있다.

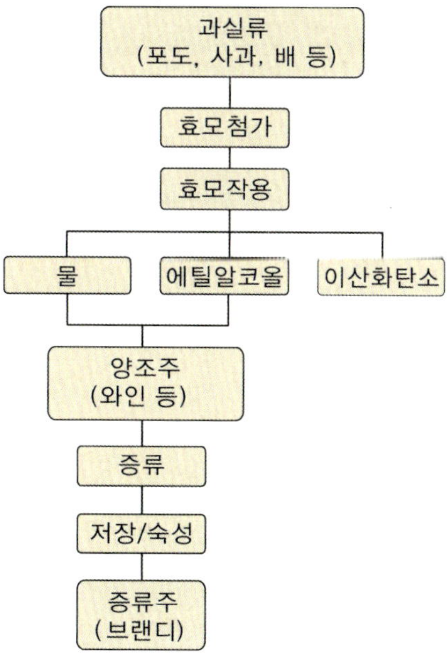

[그림 10-2] 술의 조주과정(과실주)

[그림 10-2]와 같이 과실주의 조주과정은 수확, 효모첨가, 효모작용 등을 거치면서 양조주가 만들어지고, 이 양조주가 증류, 저장, 숙성과정을 거치면 증류주가 만들어진다. 이러한 과정을 거치는 대표적인 술은 와인과 브랜디다. 와인은 포도를 발효시켜 조주한 양조주이며, 브랜디는 와인을 증류하여 조주한 증류주이다.

우리나라의 술은 쌀을 원료로 하는 곡류가 주를 이루었다. 지역 또는 집안마다 대표하는 술을 빚었다. 술을 빚을 때 여러 가지 과정을 거친다.

우선 우리 조상들은 술을 빚기 전에 몸과 마음을 정결히 하고 사용하는 그릇 또한 정갈히 하여 제사를 모셨다. 또한, 술을 익히는 그릇으로 도기를 사용하였으며 약쑥의 연기로 도기를 소독한 후 사용하였다.

우리 조상들의 술 빚기 두 번째 단계는 누룩딛기다. 누룩은 밀을 껍질째 물로 되게 반죽하여 틀에 담고 발로 밟아 디딘 후 바람이 잘 통하는 곳에 두어 곰팡이와 효모를 얹혀 띄운다. 이러한 과정은 메주를 띄우는 방법과 유사하다.

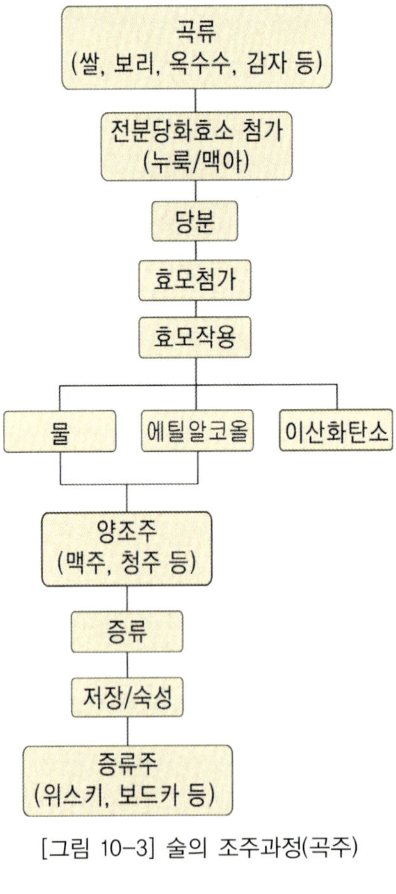

[그림 10-3] 술의 조주과정(곡주)

세 번째는 술의 원료를 만드는 단계다. 우리나라 술의 주원료는 쌀이었다. 쌀을 어떻게 사용하는가에 따라 술맛은 다르다. 생쌀가루에 뜨거운 물을 부어 설익은 상태로 사용하는 방법이 있는가 하면 시루에서 쪄낸 밥을 쓰기도 하고 죽을 쑤어 만드는 방법 등 다양한 방법이 전해지고 있다.

네 번째는 발효단계다. 술밥과 누룩이 준비되면 끓여 식힌 물과 술밥과 구슬 크기로 부순 누룩을 혼합하여 술독에 넣는다. 술독은 덥지도 차지도 않은 곳에 두고 익힌다. 술의 발효과정을 우리 조상들은 '익힌다'라고 하였다. 술이 익기 시작하면 술독에서는 이산화탄소의 발생으로 고유한 소리가 난다. 이 소리가 사라지면 술이 완성된 것이다. 좀 더 고급 술을 얻기 위해서는 익힌 뒤 다시 술밥과 누룩을 넣어 또다시 익힌다.

다섯 번째 단계는 술 떠내기다. 술을 익힌 항아리에는 찌꺼기와 술이 혼합되어 있는데 이 가운데 위에서부터 '용수'를 넣어 용수 틈새로 스며드는 술을 떠내면 청주 또는 약주가 된다.

여섯 번째 단계는 탁주 거르기이다. 용수를 넣어 청주를 떠내고 남은 찌꺼기에 물을 붓고 체에 밥알을 으깬 후 남은 찌꺼기를 제거하면 막걸리가 된다. 청주를 떠내지 않고 막걸리를 만들면 '순탁주'라 한다.

용수: ① 발효된 술항아리에서 깨끗한 청주를 얻기 위해 사용되는 도구/ ② 아래쪽은 안으로 손이 들어갈 수 있도록 오픈되어 있음

제6절 술의 도수 표시방법

술의 알코올 함유량을 알코올도수라고 하는데 알코올도수는 섭씨 15도일 때 전체 용량에서 알코올의 용량이 몇 % 함유되어 있는가를 나타내는 단위이다. 즉 안동소주의 알코올이 40도라면 술 100ml에 알코올 40ml가 함유되어 있다는 것이다. 알코올 함유량의 표시는 각 나라와 술의 종류마다 조금씩 다르다.

일반적으로 널리 사용되는 알코올 함유량의 표시는 proof와 %가 있다. 도는 %

와 같은 의미이며 100분율과 같이 이해하면 된다. 즉 20% 또는 20도는 100㎖ 중에 20㎖의 에틸알코올이 포함되어 있음을 의미한다. 이것은 프랑스의 게이뤼삭(Gay-Lussac)이 고안한 도수측정방법으로 우리나라를 비롯해 이탈리아, 오스트리아, 러시아 등의 국가에서 같은 방법의 퍼센트를 사용하고 있다.

미국식 표시인 proof는 도의 2배가 된다. 즉 80proof는 40도이다. 이는 온도 60°F(15.6℃)의 물 0에 에틸알코올 200을 프루프로 계산한다.

여러 가지 술을 혼합하는 경우 알코올도수의 계산은 혼합되는 술의 용량과 알코올도수 및 전체 용량과 관계가 있다.

$$\frac{(\text{위스키알코올도수} \times \text{사용량}) + (\text{콜라 사용량})}{\text{총사용량}} = \text{칵테일의 알코올도수}$$

즉 위스키 30㎖에 콜라 60㎖를 혼합하였다면 위스키를 40도로 하여 계산해 보면 다음과 같다.

(30*40+60)/90으로 계산식을 만들면 약 14도가 된다. 따라서 여러 가지 술을 혼합하여 마시면 도수가 강해진다는 속설은 잘못된 상식이다. 흔히 우리들이 즐기는 폭탄주는 술을 강하게 만드는 것이 아니라 약하게 만드는 것이다. 칵테일의 조주과정에서 얼음을 사용할 경우 얼음이 녹는 용량을 총사용량에 더해야 한다. 일반적으로 이러한 경우 이 용량을 10㎖로 계산한다.

CHAPTER

11

알코올성 음료

제11장

알코올성 음료

제1절 양조주

양조주는 과일 또는 곡류를 발효시켜 만든 술이다. 와인과 맥주가 대표적인 양조주이다. 가음성 알코올은 당분과 효모의 화학작용으로 만들어진다. 과일류는 과일 자체에 당분이 함유되어 있어 당분과 효모가 화학작용을 하여 알코올을 얻을 수 있고, 곡류는 당분이 포함되어 있지 않아 전분을 당화시키는 당화효소를 첨가하여 보당과정을 거치게 된다. 대표적 당화효소는 누룩과 맥아다. 우리가 흔히 사용하는 엿기름은 당화효소의 대표적인 예이다. 엿기름은 보리의 싹을 틔워 말린 맥아다. 양조주는 발효주라고도 한다. 발효란 효모와 당이 만나 화학작용을 함으로써 알코올과 탄산가스를 생성하는 과정을 말한다. 이런 과정에서 만들어지는 양조주는 주로 3~14도 내외의 도수로 완성된다. 양조주는 인류 역사상 가장 오래된 술로서 다음과 같은 특성이 있다.

① 발효된 상태에서 바로 마실 수 있다.
② 알코올 함유량이 많지 않다.
③ 원료의 특유한 향을 지니고 있다.
④ 가격이 저렴하다.
⑤ 장기간 보관이 어렵다.

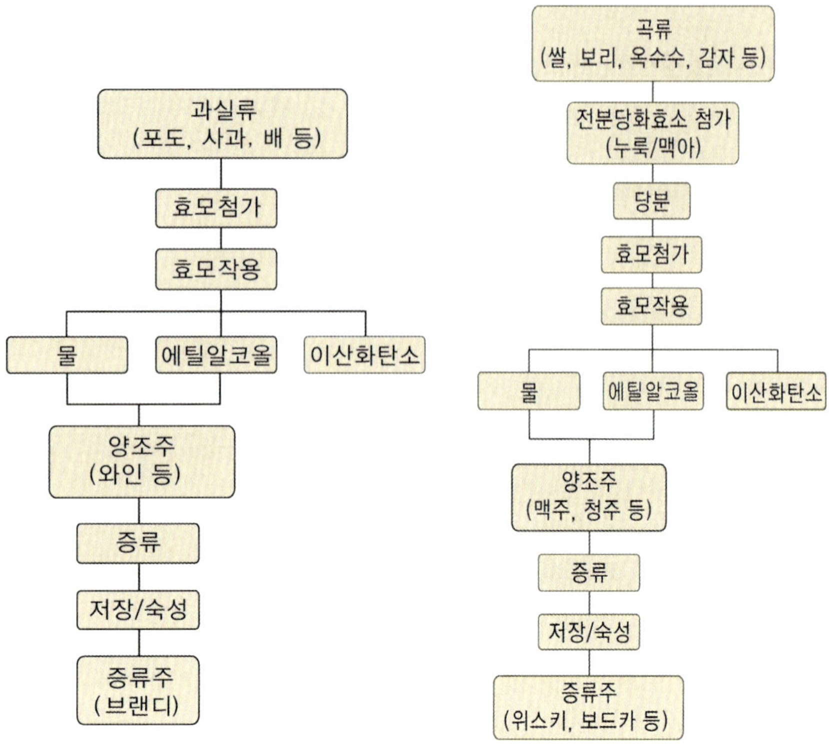

[그림 11-1] 조주과정

1 와인

와인은 포도를 원료로 하여 발효시킨 술로서 우리나라에서는 과거 일부 계층에서만 즐기다가 생활수준의 향상, 외국문물의 빠른 도입, 외국생활경험이 많은 국민의 증가 등으로 인하여 저변화되었다. 특히, 레드와인은 건강에 긍정적인 영향을 주는 것으로 알려져 웰빙과 함께 각광받고 있다.

1) 와인의 이해

와인으로 유명한 나라는 프랑스를 비롯하여 미국, 이태리, 스페인, 포르투갈, 독일 등이다. 와인은 나라마다 명칭이 다르다. 미국은 와인(Wine), 프랑스는 뱅(Vin), 이태리와 스페인은 비노(Vino), 독일은 바인(Wein), 포르투갈은 비뇨(Vinho)라고 한다. 와인 생산국 중 유럽의 와인을 구세계 와인, 기타 와인을 신세계 와인이라 한다. 유럽인들은 '와인 없는 식탁은 태양 없는 세상과 같다'고 할 정도로 와인을 일상생활에서 필수적인 요소로 생각했고, 그리스 철학자인 플라톤은 "신이 우리에게 준 가장 아름다운 선물이 와인"이라고 하였다.

와인은 와인즙을 발효시켜 얻은 술로서 조주과정에 물을 전혀 사용하지 않는다. 따라서 와인의 품질에 가장 많은 영향을 미치는 것이 포도품종이다. 포도품종은 그 지방의 기후, 토양 등에 영향을 받는다. 지구상의 포도품종은 8,000종 이상으로 알려져 있고, 이 중 와인을 조주하는 원료로 인기가 높은 것은 50여 종에 불과하다. 조주용 포도는 일반 식용포도보다 껍질이 두껍고 당도가 높으며 포도알이 작다.

포도는 북위 30~50도와 남위 20~40도 사이에 위치한 지역에서 재배 가능하며, 평균기온이 10~20도, 일조시간은 1,250~1,500시간(성장기간), 강우량은 500~800mm, 토양은 물이 잘 빠지는 것이 좋다.

일반적으로 와인 한 병(750㎖)을 조주하는 데 약 1kg 정도의 포도가 사용된다. 750㎖의 와인에는 알코올과 수분 그리고 철분, 칼슘, 칼륨 등의 무기질이 함유되어 있다. 와인은 알칼리성 주류로서 소화가 잘되고 이뇨작용이 있으며 750㎖ 한 병의 열량은 104kcal이다.

2) 와인의 조주과정

와인은 100% 포도를 주원료로 하여 조주된다. 포도농장에서 재배된 포도는 생산할 와인의 당도 및 산도를 결정하여 위와 같은 와인을 조주하기 적정한 시기에 수확을 결정하게 된다. 화이트와인과 레드와인의 생산과정은 다소 차이가 난다.

(1) 화이트와인

① 파쇄 및 압착

수확된 포도송이는 산화를 방지하기 위하여 빠른 시간 내에 양조장으로 옮겨진다. 양조장에 도착한 포도는 송이째 파쇄기에 넣고 으깬다. 이는 포도즙을 혼합하여 발효를 진행시키기 위한 과정이다. 이 단계에서 화이트와인과 레드와인은 각기 다른 과정을 밟게 된다. 화이트와인은 포도를 파쇄한 후 압착한다. 즉 파쇄된 포도를 압착기에 넣고 포도즙을 분리하는 것이다.

② 여과

압착이 끝난 포도즙은 침전물을 분리하는 여과과정을 거친다. 이 과정은 중력을 이용하여 포도즙에 남아 있는 껍질, 과육, 씨 등의 침전물을 분리하는 것이다. 화이트와인은 압착과 여과과정을 거치면서 와인의 색을 내는 껍질을 분리하여 화이트와인이 된다.

③ 1차 발효

화이트와인은 적당한 온도를 유지하면 발효가 진행된다. 1주일 정도면 발효가 절정에 이르고 약 4주간 발효시킨다. 이 과정에서 와인의 특성이 형성되며 특별한 향이나 맛을 내기 위하여 효모를 첨가하기도 한다. 이 과정은 포도 속에 들어있던 효모의 온도가 높아지면서 활발하게 활동하여 포도당을 분해하여 알코올과 탄산가스를 생성하는 과정이다.

- **화인트와인의 발효온도**: 10~17도에서 가장 이상적인 발효가 진행된다.
- **효모**: 술의 맛과 향을 좌우한다.

④ 2차 발효

이 과정은 와인의 중후한 맛과 향을 첨가하기 위한 것이다. 1차 발효가 끝난 와인을 여과하여 뚜껑 있는 통에 넣는다. 이 과정에서는 공기와의 접촉을 막아야 하므로 와인을 통에 가득 담는 것이 좋다. 이 과정에서 박테리아에 의해 와인 속의 특정 산이 제거된다. 즉 사과산이 버터향을 머금은 부드러운 유산으로 변형된다.

⑤ 재여과

2차 발효를 마친 와인을 발효통에서 꺼내 여과한다. 이 과정에서는 계란 흰자와 화학물질 등을 넣어 불순물과 결합해서 가라앉게 만든다.

⑥ 저장 및 숙성

재여과가 끝난 와인은 오크통에 1~2년간 보관하면 완만한 성장을 통해 우수한 와인이 탄생한다. 오크통에 저장된 와인은 타닌성분이 부드러워지고, 특유한 향을 함유하게 된다.

⑦ 병입

상기의 과정을 거친 와인을 병에 담아 세상에 출시하는 와인 조주의 마지막 단계이다.

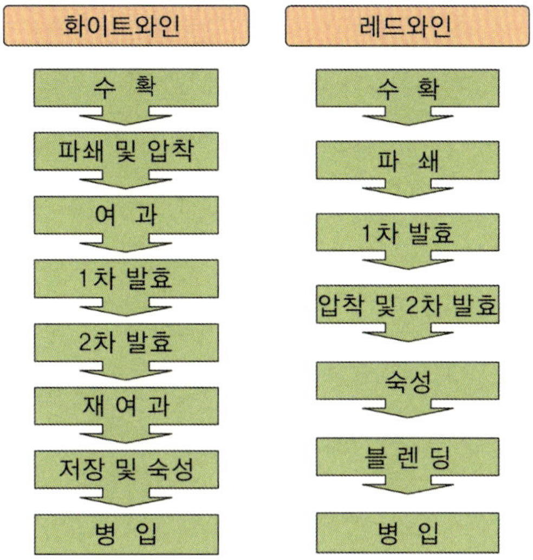

[그림 11-2] 와인의 조주과정

(2) 레드와인

① 파쇄

수확된 포도송이는 산화를 방지하기 위하여 빠른 시간 내에 양조장으로 옮겨진다. 양조장에 도착한 포도는 송이째 파쇄기에 넣고 으깬다. 이는 포도즙을 혼합하여 발효를 진행시키기 위한 과정이다. 이 단계에서 화이트와인과 레드와인은 각기 다른 과정을 밟게 된다.

레드와인은 화이트와인에 있는 압착과정을 거치지 않고 1차 발효과정으로 들어간다.

② 1차 발효

발효기간이 길수록 타닌이 많아진다. 타닌은 레드와인의 주요 성분으로 풍부한 타닌을 얻기 위하여 노력한다. 그러나 타닌이 많으면 떫은맛이 많이 나므로 발효기간을 길게 하는 것이 반드시 좋은 것은 아니다. 레드와인은 껍질을 제거하지 않고 발효하기 때문에 껍질색이 우러나오는 것이다. 로제와인은 1~2일 정도 발효하다 색이 우러나기 시작하면 바로 압착하여 껍질을 걷어내어 아름다운 색이 나오게 된다.

③ 압착 및 2차 발효

1차 발효를 거친 와인을 압착하여 걸러서 신맛을 줄이고 부드러운 맛을 만들기 위한 과정이다. 이 과정은 화이트와인의 2차 발효와 마찬가지로 신맛을 줄이기 위한 것이다.

④ 숙성

와인은 숙성을 통하여 부드러운 맛과 향이 풍부한 와인으로 탄생한다.

⑤ 블렌딩(Blending)

풍부하고 복합적인 맛을 창출하기 위해서 블렌딩을 한다.

⑥ 병입

와인을 시중에 출시하기 위하여 병에 담는 과정이다.

3) 와인의 분류

(1) Body에 따른 분류

상기 포도품종에서 'Full Body' 혹은 'Medium Body'란 용어가 등장하였다. 'Body'는 와인이 입안에서 느껴지는 무게감을 일컫는 용어이다. 이러한 무게는 와인이 함유하고 있는 타닌 또는 알코올 같은 특유한 성분으로 입안에서 가볍게 혹은 무겁게 느껴진다.

여기에는 Light Body, Medium Body, Full Body가 있다.

라이트바디는 무게감이 가벼운 와인, 미디엄바디는 중간 정도의 와인, 풀바디는 무거운 느낌의 와인으로, 라이트와인은 맛이 가볍고 풀바디와인은 타닌이 강하고 맛과 향이 진하다. 미디엄와인은 풀바디보다 부드럽고 라이트바디보다 중후한 맛이 느껴진다.

(2) 조주법에 따른 분류

① 비발포성 와인(Still wine)

와인은 발효과정에서 탄산가스가 발생한다. 이 탄산가스를 완전히 제거하고 숙성시켜 병에 주입한 와인이 비발포성 와인이다. 비발포성 와인은 식사 중에 마시는 와인으로 테이블와인으로 많이 쓰인다. 일반적인 화이트, 레드, 그리고 로제와인이 여기에 속한다.

② 발포성 와인(Sparkling wine)

발포성 와인은 비발포성 와인을 병에 주입한 후 당분과 효모를 첨가하여 병 내부에서 2차 발효하여 탄산가스를 함유하게 한 와인이다. 프랑스의 샴페인(Champagne), 이탈리아의 아스티 스푸만테(Asti-Spumante), 독일의 젝트(Sekt) 등이 대표적인 발포성 와인이다.

③ 주정강화와인(Fortified wine)

주정강화와인은 비발포성 와인을 만드는 중이나 후에 브랜디를 첨가하여 발효를 중지시켜 약간의 당분이 함유된, 알코올도수를 높인 와인이다. 포트와인, 셰리와인 등이 대표적인 주정강화와인이다.

④ 가향와인(Aromatized wine)

가향와인은 혼성와인이라 부르기도 하며, 리큐르와 같이 약초 또는 향초 등을 첨가하여 풍미의 변화를 가한 와인이다. 대표적인 가향와인으로는 버무스(Vermouth)와 두보네(Dubonnet)가 있다.

(3) 색에 따른 분류

① 레드와인(Red wine)

레드와인은 1차 발효 전에 압착을 하지 않고 껍질과 같이 발효하므로 껍질의 색이 우러나와 붉은색 와인이 된다. 레드와인은 껍질의 타닌과 색이 우러나와 떫은맛이 난다. 일반적으로 레드와인은 상온(18~20도)에서 가장 맛을 즐길 수 있다.

② 화이트와인(White wine)

화이트와인은 1차 발효 전 압착을 통하여 포도 껍질과 씨를 제거한 후 발효과정에 들어가 껍질의 색과 타닌이 우러나지 않는다. 대부분 청포도로 만들지만 적포도로 만드는 경우도 있다.

③ 핑크와인(Pink wine)

핑크와인은 로제와인(Rose wine)이라고도 하며 적포도를 원료로 하여 통째로 즙을 내어 만드는 것은 적포도의 조주법과 동일하나 일정기간이 시나면 껍질을 제거하는 것이 레드와인과의 차이점이다. 일정기간이 지나면 껍질을 제거하기 때문에 레드와인과 화이트와인의 중간색을 지니게 된다. 또한 화이트와인과 레드와인을 혼합하여 로제와인을 만드는 방법이 있다.

(4) 맛에 따른 분류

① 드라이와인(Dry wine)

'Dry'란 당성분이 함유되어 있지 않은 것을 의미한다. 드라이와인은 완전히 발효되어 당분이 함유되지 않은 단맛이 없는 와인이다. 드라이와인은 단맛이 없어 식사 전에 식욕촉진주로 많이 즐긴다.

② 스위트와인(Sweet wine)

스위트와인은 완전히 발효되기 전 당분이 남아 있는 상태에서 발효를 정지시키거나 당분을 가미한 와인이다. 단맛이 함유되어 있는 와인은 식후주로 많이 애용된디.

③ 미디엄 드라이와인(Medium Dry wine)

데미드라이와인(Demi dry wine) 또는 세미드라이와인(Semi dry wine)이라고도 하며 스위트와인과 드라이와인의 중간맛이다.

(5) 식사코스에 따른 분류

① 식전와인(Aperitif wine)

식전에 즐기는 와인은 식욕촉진을 위하여 마시는 것이다. 드라인한 맛을 내는 와인이 주로 사용되며, 대표적인 아페리티프 와인으로는 버무스(Vermouth)와 드라이 셰리(Dry sherry)가 있다.

② 식중와인(Table wine)

테이블와인이라고 하며 식사 중에 주요리를 즐기면서 마시는 와인으로 대부분의 와인이 여기에 속한다. 일반적으로 레드와인은 고기요리와 어울리고, 화이트와인은 생선요리와 잘 어울린다.

③ 식후와인(Dessert wine)

디저트와인이라고 하며 식후에 마시는 와인이다. 식후에 제공되는 케이크와 같은 디저트와 함께 즐기는 와인이다. 대표적인 디저트와인으로 크림세리가 있다.

(6) 숙성기간에 따른 분류

① 영와인(Young wine)

영와인은 별도의 숙성기간을 거치지 않고 발효과정이 끝나면 바로 병에 주입하여 판매하는 와인이다. 이 와인은 품질이 낮은 와인이며 주로 자국 내에서 판매된다. 영와인은 숙성기간을 거치지 않거나 아주 짧은 숙성기간(6개월~1년)을 거쳐 와인의 향이 많지 않다. 때문에 영와인을 즐길 경우 유리잔의 입구가 좁은 잔을 이용하여 와인의 향을 최대한 즐기면서 마신다. 또한, 영와인은 2년 이내에 마시는 것이 좋다.

② 에이지드와인(Aged wine)

에이지드와인은 발효과정이 끝난 후 2~3년 정도 병입하여 5년 정도 숙성시키고, 병입 후 20년 이내에 마시는 와인이다. 장기간의 숙성기간을 거쳐 병에 주입되어 판매되는 품질이 우수한 와인이다.

③ 그레이트와인(Great wine)

그레이트와인은 3~5년 이상 숙성, 병입 후 5~15년 정도 숙성을 거쳐 병입한 후 30년 동안 마실 수 있는 와인이다.

4) 와인 테이스팅

(1) 빈티지(Vintage)

와인의 품질은 포도의 품질에 많은 영향을 받는다. 즉 좋은 포도가 좋은 와인의 생산에 필수적인 요소이다.

포도는 그 지방의 토양과 생산연도의 기후에 많은 영향을 받으며, 생산연도의 기후는 매년 차이가 있으므로 와인의 원료인 포도의 작황을 알기 위하여 빈티지 차트를 이용한다. 빈티지는 병의 라벨에 표기되어 있으며 표기되어 있지 않은 와인은 블렌딩한 와인이다.

(2) 와인 테이스팅

와인은 시각, 후각, 미각으로 관찰하며 테이스팅한다. 와인 글라스에 1온스 정도의 와인을 따르고 색, 향, 맛의 순서로 테이스팅한다.

① 시각 테이스팅

와인의 색을 통하여 와인의 건강상태, 나이와 품질을 파악할 수 있다. 색을 파악하기 위해서는 글라스를 밝은 쪽으로 향하게 하고 색, 채도, 투명도, 광택, 점도 등을 관찰한다.

ⓐ 색

와인은 숙성될수록 산화되어 색이 변화하는데 이를 보고 와인의 나이를 측정할 수 있다. 레드와인은 병입 후 3~4년은 자줏빛의 적색이 나타나고, 이후 노란빛이 더해지면서 적갈색으로 변하게 된다. 초기에 보랏빛이 강한 와인은 산도가 높은 와인이다. 화이트와인은 초기에는 초록빛, 이후 노란빛이 진한 황금색으로 변하여 황갈색이 된다. 화이트와인 초·중기에 초록빛을 띠는 와인은 산도가 높은 와인이다.

ⓑ 채도

와인의 채도는 레드와인을 관찰하는 것으로 색상이 어둡고 진하면 타닌이 풍부하고 향이 진한 숙성와인이고, 색상이 맑고 연하면 타닌이 적고 향이 약한 와인이다.

ⓒ 투명도

투명도는 불순물의 유무를 보는 것이다. 와인을 장기간 보관할 경우 포도 성분에서 우러나오는 부유물이 생성될 수 있다. 부유물이 있어 탁하면 좋은 와인이 아니다.

ⓓ 광택

광택은 와인의 산도와 관련된 것이다. 와인의 수면이 반짝이면 산도가 강한 와인이고 광택이 약하면 오래된 와인이다.

ⓔ 점도

점도가 강하다는 것은 와인의 품질이 우수하다는 것이다. 잔을 천천히 돌려서 잔가에 와인을 젖게 하면 와인이 글라스의 벽을 따라 흘러내리는 것을 볼 수 있다.

다양한 wine glass

Tip

■ **와인의 점도와 색**

1. 색이 연하고 점도가 낮은 와인
   1) 원인
      ① 포도즙의 농도가 낮다.
      ② 껍질의 색소성분이 충분히 우러나지 않았다.
   2) ①과 ②의 원인: 어린 포도나무, 덜 익은 포도, 비가 많이 온 해
   3) 오래 보관하지 못한다.
   4) 가볍게 마실 수 있는 와인이다.

2. 색이 진하고 점도가 높은 와인
   1) 원인
      ① 잘 익은 포도를 사용했다.
      ② 양조과정에서 타닌과 안토시안성분을 잘 추출했다.
   2) 장기숙성이 가능하고 고급와인이 많다.

3. 색이 연하고 농도가 낮은 화이트와인
   원인: 덜 익은 포도 사용/생산연도에 비 많음

② 후각 테이스팅

시각적 관찰 후 후각으로 와인을 관찰한다. 후각적 관찰은 향의 강도와 지속성으로 와인을 평가한다. 와인이 함유한 향은 발효할 때 발생하는 과일향의 아로마(Aroma)와 숙성되면서 생기는 부케(Bouquet) 등의 두 가지 향이 있다. 아로마향은 과일향, 꽃향, 풀향이 풍부하다.

후각적 관찰은 처음에는 잔을 흔들지 말고 코로 향을 맡는 방법이고, 2단계에는 잔을 흔들어 향을 맡는다. 두 단계 모두 향의 강도와 휘발성을 체크한다.

공기순환이 안 되면 고무냄새가 나고, 햇빛에 오래 노출되면 썩은 계란냄새가 나며, 코르크에 문제가 생기면 곰팡이 냄새가 난다. 이와 같이 냄새가 나는 것은 문제가 있는 것이므로 와인을 마시거나 판매하면 안 된다.

Tip

■ **와인향의 분류**

① **꽃향**: 장미, 제비꽃, 아이리스, 아카시아 등
② **나무향**: 바닐라, 삼나무, 참나무 등
③ **태운 향**: 커피, 태운 토스트, 훈제연어, 베이컨, 아몬드, 헤즐넛 등
④ **흙향**: 먼지, 코르크, 곰팡이 등
⑤ **화학향**: 성냥, 천연가스, 고무, 타르, 석유 등
⑥ **캐러멜향**: 벌꿀, 버터, 초콜릿 등
⑦ **미생물향**: 치즈, 효모 등
⑧ **향신료향**: 후추, 감초 등
⑨ **풀잎향**: 허브, 잔디, 고추, 박하, 건초, 담배 등

③ 미각 테이스팅

미각 테이스팅에는 특별한 테크닉이 없다. 와인을 한 모금 입안에 머금고 입안의 모든 표면에 충분히 적셔서 단맛이 얼마나 나는지, 신맛과 떫은맛이 얼마나 나는지 등을 알아보고 얼마나 조화를 이루는가를 테이스팅하는 것이다. 타닌, 산도 그리고 당도가 균형을 잘 이루었을 때 좋은 와인이라 할 수 있다.

미각 테이스팅의 마지막은 피니시(Finish)이다. 와인을 삼킨 후 남은 맛과 향을 의미한다. 좋은 와인일수록 마신 후 잔향과 잔맛이 오래 지속된다.

5) 와인 보관방법

와인은 환기가 잘되고 빛이 차단되고 연중 12도를 유지하는 지하가 최적의 장소이다. 보관하는 곳의 온도가 일정치 않으면 숙성이 오래 지속되지 못한다. 와인을 세워두면 코르크마개가 건조되어 와인이 외부의 공기와 접촉하여 산화될 우려가 있다. 그러나 소비자에게 직접 판매하는 영업장에서는 가장 즐기기 적당한 온도에서 보관하여 언제든지 고객이 적당한 온도의 와인을 즐길 수 있도록 준비해야 한다.

와인을 보관하기에 가장 좋은 조건은 다음과 같다.

① 온도가 일정해야 한다.
② 흔들림이 없어야 한다.
③ 햇빛이 없어야 한다.

④ 습도는 75%가 적당하다.

⑤ 와인을 오염시킬 수 있는 것은 제거해야 한다.

⑥ 눕혀서 보관해야 한다.

6) 와인서비스

와인을 판매하기 위해서는 풍부한 지식을 보유하고 있어야 한다. 와인을 취급하는 영업장이라면 고객이 식사주문을 마치면 준비된 와인 리스트를 가져와 고객에게 식사와 잘 어울리는 와인을 추천하는 것이 일반적이다.

구체적인 순서는 다음과 같다.

① 와인의 추천(와인의 히스토리 설명)

② 주문

③ 주문한 와인의 상표를 호스트에게 보인다.

④ 캡슐(Capsule)을 제거한다(Corkscrew 이용).

⑤ 병 주둥이를 닦는다(1차).

⑥ 코르크스크루를 이용하여 코르크를 제거한다(제거 후 병 주둥이를 닦는다: 2차).

⑦ 뽑아낸 코르크를 호스트에게 준다.

⑧ 호스트에게 1온스 정도의 와인을 서브해 테이스팅하도록 한다.

⑨ 호스트가 좋다는 의향을 표시하면 호스트 다음 고객부터 시계방향으로 서브한다.

Tip

- **와인 서비스방법과 도구**

1. 레드와인
   ① 와인 바스켓(wine basket)을 사용한다.
   ② 디캔터(decanter)를 사용한다(침전물 제거용).

2. 화이트와인
   와인쿨러(Wine cooler)를 사용한다.

3. 와인 서브 시 주의사항
   ① 잔과 병이 닿지 않아야 한다.
   ② 마지막 몇 방울을 따를 때 와인의 병을 오른쪽으로 돌리면서 서브하여 와인이 식탁이나 손님에게 떨어지지 않도록 한다.

4. 와인이 여러 종류일 때 서브 순서
   ① 화이트 ▶ 레드
   ② 드라이 ▶ 스위트
   ③ 가벼운 와인(맛) ▶ 중후한 와인(맛)
   ④ 영와인 ▶ 그레이트와인

2 맥주

양조주 중 가장 흔히 접하고 생활 속에 자리 잡은 술은 맥주이다. 60, 70년대에는 막걸리, 소주 등이 가장 서민적이고 자주 즐기는 술이었고, 맥주는 아주 귀한 자리나 특별한 날에만 즐기는 것이었으나, 생활수준의 향상, 가처분소득의 향상, 가치관의 변화 등으로 인하여 대중적인 술(전 세계 주류시장의 60% 점유)이 되었다. 맥주(Beer)는 '마신다'라는 라틴어 비베레(Bibere) 또는 '게르만족의 곡물'을 의미하는 비오르(Bior)에서 유래되었다는 두 가지 설이 있다.

인류 최초 술의 원료가 꿀 또는 과일라면 맥주는 농경사회가 시작되면서 등장한 차세대 술이다. '액체빵' 또는 '어른을 위한 젖'으로 불리었던 맥주는 기원전 4000년경 메소포타미아의 수메르족에 의해 양조된 것으로 유추된다.

1953년 메소포타미아에서 발견된 비문에 있는 기원전 4000년경 고대 바빌로니아에서 빵을 구워 갈아서 물과 함께 맥주를 조주했다는 기록으로 보아 상기의 유추를 가능케 한다. 그들은 보리를 건조하여 분쇄하고 빵을 구워낸 후 물을 첨가하여 자연발효시키는 방법으로 맥주를 조주하였다. 수메르족의 맥주 조주는 기원전 3000년경 이집트에 전파되었고, 고대 로마와 그리스를 거쳐 기원전 1800년경 북유럽에 전파되었다. 맥주의 대중화는 맥주에 홉(Hop)을 사용하기 시작한 11세기부터이다. 그동안 수도원에서 양조되던 맥주를 이때부터 시민들이 양조하게 되었다.

1) 맥주의 원료

(1) 맥주의 원료

맥주는 보리, 홉, 물, 효모를 주원료로 만들며 전분을 보충하기 위해 쌀, 옥수수 등과 설탕을 부원료로 사용한다.

① 보리

보리의 싹을 틔운 맥아는 효소를 생성하여 전분을 분해하고 당분을 만드는 원료이다. 우리나라에서 식혜를 만들 때 '엿기름'을 사용하는데 엿기름은 보리의 싹을 틔워 말린 것이다. 조주용 보리는 껍질이 얇고 담황색에 윤기가 있어야 하며, 95% 이상 발아해야 한다. 또한, 잘 건조되어야 하며, 단백질이 적고 전분이 많이 함유되어 있어야 한다.

② 홉

홉은 뽕나무와 넝쿨풀의 암꽃이다. 맥주의 고유한 맛 즉 쌉쌀한 맛과 향 그리고 거품을 내는 원료이다. 홉은 잡균의 번식과 부패를 막는 역할을 한다. 16세기 이후 홉을 사용하면서 맥주가 세계적인 술로 도약할 수 있었으며 이러한 의미에서 맥주를 세계적인 술로 만드는 지대한 공헌을 한 원료이다.

③ 물

맥주의 90%는 물이다. 맥주를 조주하는 물은 무색, 무미, 무취여야 한다. 세균에 오염되지 않아야 하고 칼슘이온이 적당히 들어 있어야 한다. 칼슘이온은 효소활동을 촉진시키고 발효 후 효모의 침전을 돕는다.

④ 효모

효모는 모든 술에서 술의 맛과 향을 결정하는 중요한 요소이다. 효모는 당을 알코올과 탄산가스로 분해하는 역할을 한다.

(2) 맥주의 조주과정

맥주는 맥아의 제조, 당화, 발효, 저장, 제품화의 과정으로 조주된다.

① 매아 제조

두줄보리를 물에 불려 수분을 충분히 공급하고 적당한 온도에서 활성화하여 발아시킨 후 건조시킨다. 건조는 아름다운 색과 향을 함유시키기 위한 필수적인 과정이며 건조 후 뿌리를 제거한다. 뿌리는 단백질과 쓴맛을 많이 함유하고 있기 때문이다.

② 당화

맥아와 옥수수 또는 쌀 등을 넣고 끓이는 과정이다. 곡류가 원료인 조주과정에는 반드시 당화과정이 필요하다. 전술한 것과 마찬가지로 알코올을 조주하는 필수적 요소가 당분과 이스트이기 때문에 당분이 함유되어 있지 않은 곡류는 당화과정을 반드시 거쳐야 한다.

③ 발효

당화과정에서 추출한 맥즙을 여과하고 홉을 첨가한 후 재차 끓여 5도로 냉각시킨다. 이후 이스트를 넣고 발효탱크에 넣으면 발효가 시작된다. 발효기간은 7일에서 10일 정도이며 여기서 탄생한 맥주는 탄산가스가 충분치 않고 쓴맛이 많이 난다. 이를 '어린맥주'라 하며 상기의 발효과정을 주발효 또는 전발효라고 한다.

④ 저장

발효된 맥즙을 0도로 60~90일간 저장하면 서서히 후발효가 진행되면서 응고물은 침전되고, 숙성과정에서 발생한 탄산가스가 밀폐된 공간에서 맥주에 용해되어 충분한 탄산가스와 맥주 특유의 향과 맛을 얻을 수 있다.

⑤ 제품화

저장한 맥주를 규조토 여과기로 여과하면 생맥주(Draft Beer)가 되고 이를 병입하여 60도 정도의 물에 담가 살균하면 미생물이 죽고 병맥주(Lager Beer)가 된다. 생맥주는 신선한 맛이 있으나 미생물이 소량 살아 있기 때문에 장기간 보관할 수 없다.

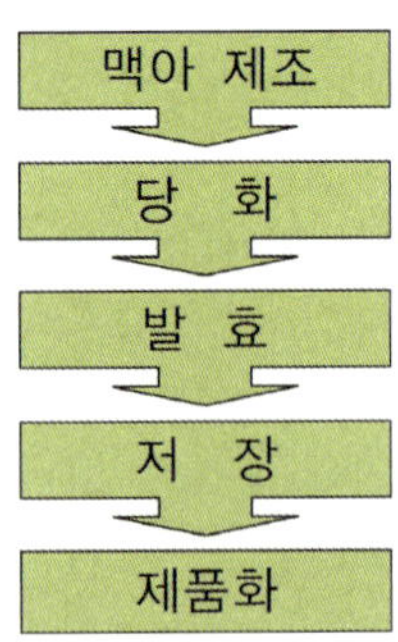

[그림 11-3] 맥주의 조주과정

2) 맥주서비스

(1) 온도

맥주를 즐기는 온도는 개인에 따라 차이가 있지만 일반적으로 여름에는 4~8도, 겨울에는 8~12도 정도가 적당하다. 미지근한 맥주는 거품이 너무 많이 발생해 쓴맛이 나며, 너무 차가운 맥주는 거품이 일어나지 않아 맥주향이 날아가 버린다.

식사를 접시에 담을 때와 마찬가지로 맥주잔 또한 서브되는 온도에 맞추어 보관해 두었다가 적당히 찬 맥주와 함께 제공하면 고객은 더 맛있는 맥주를 즐길 수 있다.

(2) 서브

맥주를 운반할 때에는 진동을 최대한 줄여야 한다. 맥주를 고객에게 따를 때는 2cm 정도의 거품이 있는 것이 좋다. 맥주의 거품은 탄산가스의 유출과 산화를 방지하기 위한 방어막과 같은 역할을 하기 때문이다. 거품이 생기지 않게 따르면 탄산가스가 맥주에 녹아 함께 마시면 신선한 맛이 없어지고 포만감으로 배가 불러지며 이로 인하여 매출이 감소된다. 맥주 글라스에 거품이 생기지 않는 이유는 글라스에 기름기가 있거나 잘 건조되지 않은 글라스를 사용했기 때문이다.

3) 맥주 취급방법

맥주는 양조주의 일종이므로 상하기 쉽다. 때문에 병에 든 맥주라 해도 유효기간이 있다. '바'에서는 이러한 유효기간이 있는 주류는 식재료와 같이 FIFO(First In First Out)의 원칙을 잘 지켜야 한다. 또한 햇빛에 노출되는 것과 심한 흔들림은 맥주의 맛을 변하게 하거나 품질을 저하시키므로 주의해야 한다. 또한 얼지 않게 보관해야 하며, 심한 온도변화를 주지 말아야 한다.

제2절 증류주

증류주는 더 강한 주정을 얻기 위해 양조주의 비등점을 이용하여 알코올을 분리해서 조주한 술이다. 증류는 알코올에 포함되어 있는 혼합물로부터 알코올을 분류하는 작업으로, 성질이 다른 두 가지 이상의 물질을 분리하는 방법인데 물과 알코올의 서로 다른 비등점(기화점)을 이용하는 것이다. 즉 물의 비등점은 100도이며 알코올의 비등점은 78도이다. 따라서 79~99도로 가열하면 알코올만 기체가 된다. 이때 기체를 모아 응축시키면 알코올성분의 액체를 얻게 되며, 이 과정을 2~3회 반복하면 원하는 농도의 알코올을 얻을 수 있다. 증류방법은 단식 증류기(Pot-Still)와 연속식 증류기(Patent-Still)가 있다.

증류기술은 연금술의 전파과정에서 발명되었다. 8세기에 연금술사가 그 기구에 양조주를 넣어 보다 강한 주정을 얻게 되어 발명되었다. 이러한 증류기술은 십자군전쟁을 통하여 유럽에 전파되었으며 이후 이 기술을 이용하여 포도주를 브랜디로, 사탕수수가 많이 나는 지역은 럼을, 곡물이 많이 나는 지역은 진, 보드카, 위스키 등을 생산하게 되었다. 대표적인 증류주의 종류로는 위스키, 브랜디, 진, 럼, 보드카, 테킬라 등이 있다.

1 위스키

위스키는 증류주 중 우리와 가장 친숙한 술로서 보리, 호밀, 밀, 옥수수 등과 같은 곡류를 발효·증류시켜 이를 숙성해서 조주한 술이다. 즉 위스키는 곡류를 발효시켜 만든 양조주를 증류하여 만든 술이며, 이때 나온 알코올은 무색투명하고, 이때 생성된 알코올을 참나무(Oak)와 같은 좋은 목재로 만든 통 속에 넣어 숙성(Aging)시키면 나무의 성분과 알코올이 혼합되어 짙은 호박색과 특유한 맛과 향을 지닌 위스키가 된다. 위스키는 발효·증류·숙성시키는 노하우가 맛을 결정하며 산지별로 노하우가 달라 위스키의 종류마다 독특한 맛을 낸다. 대표적인 예로써 스카치위스키는 맥아를 건조시킬 때 피트탄(Peat)의 연기를 이용하여 건조하므로 독특하고 특유한 향과 맛을 내고, 버번위스키는 나무로 만든 오크통 내부를 검게 그을려 사용하므로 특유한 향미를 첨가한다.

위스키는 생산지별로 스카치위스키, 아이리시위스키, 아메리칸위스키, 캐나디언위스키 등으로 크게 나눌 수 있다. 위스키를 조주하는 과정은 다음과 같다.

① 정선

정선기라는 기계를 이용하여 보리를 선별하는 과정이다. 이 과정에서 위스키 재료로 적합하지 않은 보리를 제거한다.

② 침맥

발아를 위한 준비과정이다. 발아를 위하여 보리를 깨끗이 씻은 후 2일 동안 물에 담근다.

③ 발아

침수된 보리를 발아하기 쉬운 온도와 습도를 유지하여 1주일간 발아시키는 과정이다.

④ 건조

발아된 보리를 피트탄으로 건조시키는 과정이다.

⑤ 제근 및 분쇄

건조된 맥아의 뿌리를 제거하고 당화하기 용이하도록 분쇄한다. 이 과정에서 몰트(Malt)위스키는 발아한 보리만을 이용하지만 그레인(Grain)위스키는 옥수수, 밀 등도 함께 사용한다.

⑥ 당화와 냉각

분쇄된 맥아분말에 물을 부어 당화조에 넣고 당화 후 냉각시킨다.

⑦ 발효

냉각된 당화액에 위스키용 순수효모를 가하여 발효시킨다. 이 단계에서 알코올 5~8%의 보리술이 탄생한다. 이 과정은 일반적으로 3일 정도 소요된다.

⑧ 증류

발효가 끝난 보리술을 단식 증류기를 이용하여 1차, 2차 증류를 통하여 2번 증류한다(아이리시위스키는 3번 증류한다).

⑨ 저장

증류를 마친 술은 오크통에 저장되고 장기숙성에 들어간다. 저장기간은 산지별로 조금씩 차이가 나지만 보통 2~4년 정도이다.

⑩ 혼합

서로 다른 맛과 향을 가진 위스키를 블렌딩(Blending)하여 독특한 맛과 향을 낸다.

⑪ 후숙

블렌딩이 끝난 위스키를 다시 술통에 넣어 수년간 숙성시키는 과정을 후숙이라 한다.

⑫ 병입

숙성이 완성된 위스키는 판매를 위하여 병에 넣는다.

1) 위스키의 분류

(1) 스카치위스키

스카치위스키는 영국의 스코틀랜드 지방에서 생산되는 위스키이다. 스코틀랜드는 영국 북부에 위치하고 있으며 경상남도와 비슷한 면적이다. 스카치위스키는 전 세계 위스키시장에서 60%의 점유율을 자랑하며, 종류 또한 3천여 종으로 다양하다. 스카치위스키는 부드러우면서 강하고, 독특한 향을 지니고 있다.

스카치위스키는 프리미엄(Premium)급과 스탠더드(Standard)급으로 나누어진다. 이 기준은 몰트위스키와 그레인위스키가 어떤 비율로 블렌딩되었는가에 따라 결정된다. 즉 몰트위스키가 70%이면 프리미엄급이고 그레인위스키가 70%면 스탠더드급이다. 또한 숙성기간에 따라 급이 분류되기도 하는데 12년 이상이면 프리미엄급, 12년 미만이면 스탠더드급, 17년 이상이면 슈퍼 프리미엄(Super Premium)급이다.

스카치위스키는 세계 주류시장의 60%를 점유하고 있을 정도로 대중에게 인기가 있는 위스키이다. 이는 품질이 우수하기 때문이다.

스카치위스키가 유명해진 이유는 다음과 같다.

① 스코틀랜드의 부드러운 물
② 보리를 건조할 때 훈연으로 사용되는 피트탄
③ 전통식 단식 증류기가 원료의 향미와 향취를 유지
④ 셰리를 숙성시킨 오크통에 숙성

(2) 아이리시위스키

아이리시위스키(Irish whiskey)는 아일랜드에서 생산되는 위스키이다. 아이리시위스키의 조주법은 스카치위스키와 유사하나 그 과정은 다르다. 우선 스카치위스키는 맥아를 피트탄으로 건조시키지만 아이리시위스키는 바닥에서 건조시킨다. 스카치위스키는 몰트위스키와 그레인위스키를 따로 조주하여 혼합함으로써 블렌디드 위스키를 조주하나 아이리시위스키는 건조시킨 맥아를 분쇄하고 따로 물을 첨가한 후 열을 가하여 맥아즙을 생성하는 과정에서 밀과 호밀을 혼합하여 끓인 후 냉각하는 과정을 2회 반복 후 발효시켜 단식 증류법으로 3번 반복하여 알코올을 얻는다. 일반적으로 whisky라고 표현하는 것과 달리 아이리시위스키는 영어 철자에 'e'를 추가하여 Irish whiskey라고 한다. 아이리시위스키는 피트향이 없는 부드러운 맛과 순수한 맥아향을 지니고 있다.

(3) 아메리칸위스키

아메리칸위스키(American whisky)는 미국에서 생산되는 위스키다. 최초의 아메리칸위스키는 보리를 원료로 한 라이위스키(Rye whisky)였다. 본격적으로 옥수수를 원료로 조주하기 시작한 것은 켄터키주의 에반 윌리암스로 보리에 옥수수를 넣어 위스키를 만들었으며 이것이 버번위스키의 시초이다. 옥수수를 원료로 조주한 술을 버번위스키라 칭하게 된 것은 켄터키주 버번카운티가 옥수수를 원료로 만든 위스키의 주요 산지였기 때문으로 보리명을 따서 버번위스키라는 명칭이 생겨났다. 지금은 옥수수가 51% 이상 함유되어 있으면 버번위스키, 보리가 51% 이상 함유되어 있으면 라이위스키, 옥수수가 80% 이상 함유되어 있으면 콘위스키라 한다.

(4) 캐나디언위스키

캐나디언위스키는 캐나다에서 생산되는 위스키이며 호밀을 주원료로 하는 라이위스키와 옥수수를 주원료로 하는 콘위스키를 혼합하여 생산하며, 가볍고 독특한 풍미로 인하여 현대인들에게 많은 인기를 얻고 있다. 세계적으로 알려진 때는 1920년대로 미국의 금주령 덕분이다. 캐나디언위스키는 연속식 증류기를 이용하여 증류하며 증류한 알코올을 태우지 않은 오크통 또는 버번위스키를 숙성하고 남은 오크통에서 최소 3년 이상 숙성시킨다.

2 브랜디

브랜디는 약 700년 전 프랑스의 연금술사이자 의사인 아노드 빌르뇌브(Arnaud Villeneuve)가 실험과정에서 발견하여 아쿠아 비타(Aqua vitae)라고 불렀는데 이는 생명의 물이라는 뜻으로 처음에는 약으로 사용되다가 오늘날 브랜디가 되었다.

브랜디(Brandy)는 양조주인 와인을 증류하여 생산된 술이다. 처음에는 포도를 원료로 하여 만든 와인에만 브랜디라는 명칭을 사용하였으나 현재는 과일을 원료로 한 모든 증류주를 브랜디라 한다. 그러나 일반적으로 브랜디라 하면 포도를 발효 · 증류한 술을 뜻한다. 우리나라에서는 브랜디라는 명칭보다 코냑(Cognac) 또는 아르마냑(Armagnac) 등의 이름으로 널리 알려져 있는데 코냑과 아르마냑은 브랜디 중 가장 대표적인 것으로 브랜디가 생산되는 지방의 이름이 붙여진 것이다. 브랜디는 식후주로 많이 마시며 시가(cigar)와 함께 즐기는 사람이 많다.

1) 브랜디의 종류

(1) 코냑(Cognac)

브랜디 중 보르도의 북쪽에 위치한 코냐크 지방에서 생산되는 브랜디이다. 코냑은 코냐크 지방에서 수확하여 만든 와인을 다음해 3월 31일 자정 이전까지 2차 증류하여 2년 동안 오크통에 숙성시킨다. 코냑의 조주에 사용되는 포도품종은 위니블랑(Ugni Blanc), 폴블랑슈(Folle Blanche), 꼴롱바르(Colombard) 등의 백포도가 90% 이상 사용되며, 이 밖에 블랑랑(Blanc Rame), 쥬랑꽁(Jurancon), 몽띨(Montils), 세미용(Semillon) 등의 포도품종이 약 10% 정도 사용된다. 즉 코냑은 주로 위니블랑, 폴블랑슈, 꼴롱바르 등의 백포도로 조주되며 이 품종은 산도가 높고 알코올 함량이 낮은 와인을 만들어낸다. 이러한 특성은 좋은 품질의 코냑 조주에 도움이 된다.

Tip

- 코냐크산 와인은 산도가 높고 당도가 낮아 와인으로는 인기가 없었다. 또한 영국과 네덜란드로 수출하던 와인 상인들은 부피에 따라 세금을 부과하는 규정 아래 절세를 위하여 와인을 증류하여 부피를 줄이는 방법을 모색하였고, 네덜란드에서는 이것을 물과 희석하여 와인과 같이 음미하였다. 때문에 네덜란드인들은 브랜디를 Brandewijn(구운 와인)이라 했다.
- 브랜디를 마실 때는 브랜디를 흔들어 잔 안에서 파도치게 한 후 검지와 중지 사이로 잔을 잡고 브랜디를 덥혀 가면서 조금씩 눈, 코, 혀로 색, 향, 맛을 음미하며 마셔야 한다.

코냑의 조주 시 ① 포도수확-② 포도압착-③ 와인발효-④ 와인증류-⑤ 오드비 숙성-⑥ 블렌딩-⑦ 병입 등의 과정을 거친다.

① 포도수확

매년 9월 3~4주부터 10월 중순까지 포도를 수확한다.

② 포도압착

수확한 포도는 포도씨가 으깨지지 않도록 압착을 한다. 포도씨가 으깨지면 코냑으로 인정받지 못하며 이 과정은 BNIC(코냑사무국)에서 엄중히 감시한다.

③ 와인발효

압착 후 걸러진 포도즙은 즉시 발효과정에 들어가며 이때 설탕을 추가하는 것은 법으로 엄격히 금지되어 있다.

④ 와인증류

3~4개월간 발효된 와인(알코올 8%)은 Alambic을 이용하여 증류한다. 1차 증류를 마친 오드비인 브리예는 알코올도수 약 24~32%이다. 1차 증류를 마친 오드비인 브리예를 2차 증류하여 약 70% 정도의 오드비(Eau-de-vie)를 생산하게 되고 이 증류를 포도수확 다음해 3월 31일까지 완료하도록 법으로 규정하고 있다.

Tip

■ Alambic

코냑을 조주하기 위해 만들어진 전통적 증류기로 백조의 목(Swan's Neck)이라 불리기도 한다.

⑤ 오드비 숙성

오드비는 무색, 무향의 알코올이다. 이 추출물에 향과 맛을 첨가하기 위하여 오크통에서 숙성과정을 거치게 된다. 오드비가 코냑으로 탄생하기 위해서는 최소 2년 이상 숙성해야 한다.

⑥ 블렌딩

대부분의 코냑은 독특하고 특별한 맛과 향을 내기 위하여 여러 가지 오드비를 혼합하여 자신의 브랜드만 가질 수 있는 코냑의 특성을 만든다. 이 작업은 주로 마스터 블렌더(Master Blender)만이 할 수 있다.

⑦ 병입

블렌딩을 마친 코냑은 시장의 유행과 어울리는 병과 라벨을 디자인하여 병입한다.

(2) 아르마냑(Armagnac)

프랑스 보르도의 남서쪽에 위치한 아르마냐크에서 생산되는 브랜디를 말한다. 코냑은 단식 증류법으로 2회 증류하는 데 비해 아르마냑은 연속식 증류기로 1회 증류하여 향이 짙고, 블랙 오크통에 숙성시킨다. 아르마냑은 코냑보다 신선하고 남성적이며 살구향에 가까운 고유의 향을 함유하고 있다. 코냑이 정교한 술이라면 아르마냑은 야성적인 술이다.

아르마냑의 생산량은 코냑의 20% 정도이며 코냑에 비해 숙성이 빨라 25년 묵은 아르마냑은 최고급 코냑과 맞먹는다.

2) 브랜디의 숙성(등급) 표시

브랜디는 품질에 따라 그 등급을 결정한다. 브랜디의 품질은 와인, 증류, 그리고 저장의 영향을 받는다.

(1) 와인

증류하고자 하는 와인의 품질은 브랜디의 품질을 결정짓는다. 일반적으로 묵지 않은 화이트와인을 사용한다. 좋은 브랜디가 탄생하기 위해서는 산도가 높은 화이트와인이 필수적이다.

(2) 증류

대부분의 브랜디는 증류하여 170proof를 넘지 않게 증류된다. 이는 170proof 이상으로 증류하면 원료의 특성이 사라지기 때문이다. 그리고 단식 증류 또는 연속식 증류에 따라 맛과 향이 다르다.

(3) 저장

목재로 만든 통으로 저장하는 과정은 브랜디의 특유한 맛과 섬세한 맛을 내는데 결정적 역할을 한다. 브랜디의 숙성 정도는 별 또는 문자로써 표시하며 법적으로 규정된 것이 아니라 회사마다 조금의 차이는 있지만 일반적으로 다음과 같다.

① 3 STAR(별 셋): 5년 이상 숙성
② V.S.O.P(Very Superior Old Pale): 10년 이상 숙성
③ Napoleon: 15년 이상 숙성
④ X.O 또는 Cordon bleu: 20년 이상 숙성
⑤ Extra 또는 Paradise: 30년 이상 숙성

Tip

- **등급표시에 나폴레옹이 쓰인 기원**

브랜디의 고급제품에 나폴레옹(Napoleon)이란 프랑스 정복 군주 보나파르트 나폴레옹의 이름이 사용된다. 이는 나폴레옹이 후세를 갖기 힘들어 조카를 양자로 들였으나 조카마저 죽었다. 이후 나폴레옹은 오스트리아의 왕녀 마리 루이즈와 재혼하여 1811년 바라던 아들을 낳았다. 그해 하늘에서 혜성이 나타났는데 그로 인해 포도농사가 풍년이 들었고 브랜디 제조업자들이 황태자의 탄생과 풍년을 기념하여 나폴레옹이라는 이름을 상표에 표시하기 시작하였다.

3 진

진(Gin)은 네덜란드 라이덴대학의 실비우스 교수가 술에 두송나무 열매(Juniper berry)를 담아 약으로 판매한 것이 시초이다.

오늘날에는 대맥의 맥아, 옥수수, 호밀 등의 곡류를 원료로 발효 증류한 주정에 주니퍼베리 열매와 향료식물을 첨가하여 다시 한 번 증류하면 투명하고 상쾌한 향이 있는 진이 만들어진다.

다시 말해 진은 곡물을 발효하여 연속식 증류기에 증류하여 95% 이상의 알코올에 주니퍼베리와 여러 가지 향료식물을 첨가하여 다시 증류한 술로서 저장과정을 거치지 않은 무색 · 투명한 술이다. 진은 네덜란드에서 최초로 만들어졌으며 미국의 금주법이 시행되었을 때 보급되어 전 세계에 널리 알려졌다. 진은 주스와 어울리는 칵테일의 중요한 기주(칵테일의 근원이 되는 술)이다. 진이 칵테일의 기주로 가장 많이 애용되는 이유는 무색인데다 다른 술과 훌륭한 맛의 조화를 이루기 때문이다.

진의 특성은 다음과 같다.

① 두 번의 증류를 통하여 불순물이 완전히 제거된 증류주다.
② 향기가 신선하고 음주 시 청량감을 준다.
③ 다른 술이나 음료와 조화를 잘 이룬다.
④ 드라이진은 감미가 없는 증류주다.

일반적으로 진은 증류주에 속하지만 슬로진(Sloe Gin)은 진에 슬로베리(Sloe berry)를 첨가하여 만든 적색의 리큐르로서 혼성주에 속한다.

4 럼

럼(Rum)은 사탕수수의 즙을 내어 발효, 증류, 저장시킨 술로서 독특하고 강렬한 향이 있다. 카리브해의 서인도제도에서 최초의 럼이 생산되었고 현재는 사탕수수가 널리 재배되어 각 지역마다 럼이 생산되고 있다. 럼은 무색이지만 숙성과정을 거쳐 연한 갈색으로 변하고 이 과정에서 독특하고 강렬한 향을 지니게 되어 '해적의 술'이라 부르기도 한다.

17세기 영국의 식민지였던 바베이도스(Barbados)섬에 대한 고서에 의하면 1651년 사탕수수로 증류주를 조주하였는데 이 증류주를 원주민들이 '흥분' 또는 '소동'이라는 뜻의 럼불리온(Rumbullion)이라 불렀다. 이 단어는 현재 사어가 되었지만 어원은 여기서 생겼을 것이다. 럼은 사탕수수를 롤러로 부순 뒤 여과한 당액을 그대로 쓰는 경우와 설탕을 만드는 공정의 부산물인 당밀을 쓰는 방법이 있다. 두 가지 방법 중 후자의 방법이 많이 쓰인다. 다음 과정이 발효과정이다. 발효의 경우 라이트 럼은 2~4일 정도, 헤비 럼은 5~20일 정도로 서서히 이루어진다. 발효과정에서 발효를 돕기 위하여 던더(Dunder)를 첨가하는데 이 과정에서 독특한 향을 함유하게 된다. 럼은 증류 후 몇 년씩 저장하기도 하며 저장한 것과 최근의 것을 혼합하기도 한다.

갓 증류된 럼은 미숙한 향을 지니므로 오크통 속에 저장하여 향미를 증진시킨다. 오크통 내부는 숙성효과를 높이기 위해 태운다. 숙성기간은 일반적으로 2~10년, 헤비 럼은 10~15년이다.

상기의 과정을 정리하면 다음과 같다.

① 사탕수수를 압착한다.
② 수액 또는 당밀에 효모를 첨가하여 발효시킨다.
③ 던더를 첨가한다.
④ 증류한다.
⑤ 증류하여 추출한 주정에 캐러멜로 착색한다.
⑥ 셰리주의 빈 통에 넣어서 숙성시킨다.

1) 럼의 종류

럼은 산지와 조주법에 따라 다양하게 구분되는데 그 풍미에 따라 라이트 럼(Light Rum), 미디엄 럼(Midium Rum), 헤비 럼(Heavy Rum)의 세 가지로 나눈다.

(1) Light Rum

라이트 럼은 화이트 럼이라고도 하며, 단기간(2~4일 발효, 6개월 저장 후 판매)에 발효·증류하여 생산하므로 가벼운 풍미를 가지며, 무색투명하다. 풍미와 단맛이 적어 칵테일용으로 널리 사용되고 있다. 유명 브랜드로는 바카디 라이트, 론리코 화이트 등이 있다.

라이트 럼의 특징은 다음과 같다.

① 당밀의 향이 적고 단맛이 없다.
② 화이트색
③ 드라이 럼이다.
④ 쿠바산과 푸에르토리코산이 유명하다.

(2) Midium Rum

미디엄 럼은 골드럼이라 부르기도 한다. 미디엄 럼은 발효·증류하여 나무통 속에서 숙성시켜 만들거나 Light Rum과 Midium Rum을 혼합하여 만들기도 한다. 미디엄 럼의 향과 색은 라이트 럼과 헤비 럼의 중간이다. 미디엄 럼은 5~9일 정도 발효시키고, 6개월에서 1년 정도 숙성시킨다. 유명한 브랜드는 바카디 골드(Bacardi Gold), 올드 오크(Old Oak) 등이 있다.

미디엄 럼의 특징은 다음과 같다.

① 황금색이다.
② 단맛과 향이 약간 있다.
③ 주요 생산지는 도미니카, 기니, 마르티니크 등이다.

(3) Heavy Rum

헤비 럼은 20일간 발효시켜 장기간 저장하여 조주한 술로서 풍미가 강하고 진한 갈색을 띤다. 다크 럼(Dark Rum)이라 불리기도 하며, 품질이 우수하다. 헤비 럼은 자메이카산이 유명하다.

헤비 럼의 특징은 다음과 같다.

① 단맛이 강하고 짙은 갈색이다.
② 자메이카산이 유명하다.

5 보드카

보드카(Vodka)는 감자(50% 이상 함유) 또는 옥수수를 주원료로 사용한다. 보드카는 러시아, 폴란드 등의 추운 나라에서 추위를 이겨내기 위한 것으로 대중적인 술이다. 보드카는 12세기경 러시아의 문헌 지제니야 보다(Zhiezennia Voda)라는 말에서 유래되었다. 따라서 12세기부터 러시아에서 보드카가 조주되었으며 초기에는 벌꿀을 원료로 하였을 것으로 추측되고, 18세기에 감자와 옥수수가 유럽을 거쳐 러시아에 전해진 후 오늘날의 모습을 갖춘 보드카가 탄생하였다.

보드카는 맥아를 이용해 당화과정을 거친 후 연속식 증류기로 증류하여 85~95%의 주정을 추출하고 여기에 자작나무 숯으로 만든 활성탄을 사용하여 여과과정을 거쳐 거친 성분을 제거하게 된다. 숯을 통과하는 횟수가 많을수록 품질이 우수한 보드카가 탄생되고 숯냄새를 제거하기 위해 모래층으로 여러 번 여과한 후 저장 · 숙성과정을 거치지 않고 40~50%의 도수로 출시한다. 보드카는 무색 · 무미 · 무취가 큰 특징이며, 칵테일의 기주로 사용하면 모든 음료와 잘 어울리는 술이다. 특히 캐비아(Caviar)와 잘 어울린다.

1) 보드카의 종류

보드카는 조주하는 방법에 따라 레귤러 보드카와 플레이버드 보드카 등의 두 가지로 구분된다.

(1) 레귤러 보드카(Regular Vodka)

레귤러 보드카는 전통적 방법으로 조주한 무색, 무미, 무취의 보드카이다

(2) 플레이버드 보드카(Flavored Vodka)

플레이버드 보드카는 레귤러 보드카에 여러 가지 과일, 약초, 향료, 씨앗 등을 첨가하여 특정한 맛과 향이 함유된 보드카다.

6 테킬라

테킬라(Tequila)의 원료는 용설란이다. 용설란의 수액을 발효시켜 얻은 술이 풀케(Pulque)인데 이 풀케를 증류시켜 얻은 술이 테킬라이다. 테킬라는 멕시코인들이 가장 즐기는 술로서 1968년 멕시코 올림픽 후 세계적으로 알려진 칵테일의 기주이다.

테킬라는 18세기 중엽 테킬라 마을에 산불이 났을 때 불에 탄 용설란이 단맛을 내는 것을 보고 이것을 발효하여 증류한 것이 기원이다. 용설란의 품종 중 테킬라 마을 근처에서 자라는 아가베 테킬라나(Agave Tequilana)라는 품종을 쓰는 것이 이상적이다. 아가베 테킬라나는 성장기간이 8~10년이며, 다 자라면 잎을 자르고 줄기를 수확한다. 줄기를 반으로 가르고, 증기솥에 쪄서(증기솥에서 48시간 찌면 줄기 속의 이눌린이 분해되어 과당으로 됨) 즙을 짠 다음 발효하면 멕시코 원주민이 즐겨 마시는 알코올 2%가 함유된 풀케(Pulque)주가 만들어진다. 풀케주를 단식 증류기로 2회 증류한다. 두 번째 증류할 때 약 50~55% 정도의 주정을 얻는다. 주정을 다시 스테인리스통에 넣고 단기 숙성하여 증류수와 혼합하여 제품화한 것이 테킬라 블랑코이며, 오크통에 2개월 숙성한 것이 테킬라 포사도, 1년 이상 숙성한 것이 테킬라 아네호이다. 테킬라 블랑코는 연한 향이 있고, 테킬라 포사도는 노란빛을 띠며, 테킬라 아네호는 갈색을 띠며 오크통의 향과 감칠맛이 난다.

멕시코 사람들은 테킬라를 마실 때 레몬 또는 라임즙을 손등에 바르고 그 위에 소금을 뿌린 다음 테킬라를 마신 후 손등의 소금을 핥아먹는 습관이 있었다.

Tip

- **소주**

① 소주는 기원전 3000년경 수메르에서 조주되었다.
② 중국에서 증류주가 만들어진 시기는 원나라이다.
③ 우리나라에는 고려 말에 전파되었다.
④ 우리나라에 전파되기까지 무려 4000년이 걸린 셈이다.

우리나라에 전파된 소주는 조선시대에 고급주로 인식되었으나, 조선 말기에 서민주로 자리 잡게 되었다.

소주가 서민주로 자리 잡을 수 있었던 것은 지금의 공덕동에서 대량으로 만들어져 가격이 저렴했기 때문이다.

소주에는 증류식 소주와 희석식 소주가 있다.

증류식 소주는 재래식 소주이며, 희석식 소주는 증류하여 얻은 알코올을 고객이 즐기기 좋도록 농도를 낮춘 소주이다. 증류식과 희석식은 증류방법에서 차이가 있다. 증류식 소주는 단식 증류기를 사용하고, 희석식 소주는 연속식 증류기를 사용하였다. 전자에서는 60%의 알코올을, 후자에서는 95% 이상의 알코올을 얻을 수 있다.

제3절 혼성주

혼성주는 증류주나 양조주에 식물성 향미성분(약초, 과실, 종자)과 감미료 또는 착색료 등을 첨가하여 특유한 색이나 향을 함유하게 한 술의 총칭이다. 혼성주는 리큐르(Liqueur)라고도 한다. 리큐르의 어원은 '녹는다'는 뜻을 지닌 라케파세레(Liquefacere)라는 라틴어이다. '리큐르'는 프랑스와 유럽에서 사용되고, 독일에서는 리쾨르(Likör), 영국과 미국에서는 코디얼(Cordial)이라 불린다. 따라서 식음료업장에서 '리큐르' 또는 '코디얼'이라 칭하는 것은 모두 같은 의미로 혼성주를 뜻하는 것이다. 본서에서는 일반적으로 널리 쓰이는 리큐르로 칭하기로 한다.

리큐르를 발명한 사람이 히포크라테스라는 설이 있다. 그가 약으로 사용하기 위하여 와인에 약초를 넣어 만든 물약이 리큐르의 기원이라고 하는 설이다. 그러나 이 물약은 단순히 약초를 와인에 넣어 만든 것으로 오늘날의 리큐르와는 거리가 멀다. 오늘날의 리큐르는 13세기경 스페인의 연금술사가 증류주에 레몬, 장미, 오렌지꽃, 향료 등의 성분을 첨가하여 만든 것이 그 기원이라 할 수 있다.

리큐르는 15세기경 이탈리아의 의사인 파도바(Padova)가 병약한 부인들을 위하여 만든 것을 계기로 널리 유행했으며, 오늘날에는 식후주로 마시기도 하며, 칵테일에 있어서 아름다운 색 또는 향을 내는 주원료로 사용된다. 리큐르는 식물성 향미성분에 따라 약초·향초류, 과실류, 종자류 등의 세 가지로 구분할 수 있다. 또한 조주법에 따라 증류법, 침출법, 여과법, 에센스법 등으로 구분할 수 있다.

1 조주법에 따른 분류

1) 증류법

증류법은 방향성 물질인 식물의 씨앗, 잎, 뿌리, 껍질 등을 강한 주정에 담아 부드럽게 한 후 증류하는 조주법이다. 증류 후 설탕, 야채 농축액 등을 이용하여 감미와 색을 낸다. 증류법은 증류주에 원료를 배합하여 단식 증류법으로 조주하는 방법으로 맛과 향을 첨가하여 준다.

2) 침출법

증류하면 고유의 성분이 변질될 수 있는 과일, 향료, 약초 등의 향미성분을 증류주에 용해시키는 방법이다. 이 방법은 열을 사용하지 않아 콜드법이라고도 한다. 우리나라에서 모과주, 인삼주, 사과주 등을 가정에서 소주에 넣어 만드는 방법과 유사하다.

3) 여과법

여과법은 증류과정에서 알코올이 준비된 식물 또는 약초 등을 통과하여 향을 가지게 하는 방법이다. 이렇게 향을 가진 증류주에 첨당과 첨색을 한 후 다시 한 번 여과시킨다.

4) 에센스법

주정에 향료를 배합하여 여과한 후 사카린을 첨가하여 만드는 방법으로 주로 독일에서 많이 사용된다. 이 방법으로 조주한 제품은 품질이 좋지 않다.

상기와 같은 조주법을 표로 정리하면 다음과 같다.

〈표 11-1〉 리큐르 조주법

조주법	내 용
증류법 (Distillation)	재료를 일정기간 동안 술에 적셔 나온 침출액을 넣고 증류하여 색, 향, 맛을 내는 방법
침출법 (Infusion)	증류하면 변질되기 쉬운 재료(과일 등)에 증류주를 첨가하여 향미성분을 용해시켜 색, 향, 맛을 내는 방법
여과법 (Filtration)	재료를 통과시켜 색, 향, 맛을 내는 방법
에센스법 (Essence)	혼합법으로 가장 많이 쓰이는 방법

2 식물성 향미성분에 따른 분류

1) 약초 · 향초류

가장 초기의 리큐르이다. 초기에는 증류주에 약초 또는 향초를 첨가하여 치료를 목적으로 생산하여 강장 · 소화 등의 목적으로 사용하였다. 약초와 향초류로 독특한 향미를 첨가한 리큐르이다.

2) 과일류

과실을 원료로 하여 만든 리큐르이며 주로 식후주로 즐기는 술이다. 과실류를 사용한 리큐르는 한 가지 과일만을 사용할 경우 단조로운 맛이 나기 때문에 다른 식물성 재료와 혼합하여 균형과 조화를 맞추는 경우가 많다.

3) 종자류

종자류의 리큐르는 종자에 함유되어 있는 향이나 성분을 추출하여 알코올에 가미한 술이다. 칵테일과 식후주로 애용되고 있다.

Tip

- Bitters

쓴맛이라는 뜻으로 일반적으로 알코올성분은 20~30% 정도이다. 강한 주정에 약초, 향초, 스파이스 등을 침출시킨 것으로 강장제이며 해열에 효과가 있다. 칵테일에 소량을 첨가하여 특별한 향을 내는 향료로 사용한다.

① 앙고스투라 비터스(Angostura Bitters)
1824년 남미 베네수엘라의 앙고스투라시(현재의 보리바시)의 영국 육군병원장이었던 시거트(Siegert) 박사가 럼을 기본주로 하여 각종 약초를 넣어 리큐르를 만들었는데 뛰어난 풍미와 향기로 칵테일의 조주에 많이 이용된다. 아로마틱 비터스(Aromatic Bitters)라 부르기도 한다.

② 오렌지 비터스(Orange Bitters)
오렌지 껍질 또는 향초류를 주정에 담가 조주하는 리큐르다. 이탈리아의 캄파리사에서 생산하는 캄파리 비터스가 유명하다. 캄파리 비터스는 갈리아노와 더불어 이탈리아를 대표하는 리큐르이다.

Tip

- Creme

크렘은 프랑스의 리큐르업자 단체가 자신들의 리큐르에 대한 세계적인 신뢰도를 제고하기 위하여 붙인 이름이다. Creme은 극상, 정수, 가장 좋은 부분 등의 뜻을 가지고 있다. '크렘 드'로 시작하는 리큐르의 대부분은 브랜디가 기본주가 된다.

① **크렘 드 망트(Creme de Menthe)**

일명 페퍼민트(Peppermint)라고도 하며, 민트를 주원료로 하여 각종 향초, 약초를 주정에 담가 침출액을 얻고 이에 당분이나 착색료를 가해 조주한다. 구토, 신경통, 두통에 효과가 있다. 그린, 화이트, 핑크의 세 종류가 있다.

② **크렘 드 바나나(Creme de Bananas)**

증류주에 바나나를 원료로 배합한 술로 바나나맛이 나며, 대부분 미국에서 생산된다.

③ **크렘 드 카카오(Creme de Cacao)**

화이트와 브라운의 두 가지 색이 있으며, 카카오를 주원료로 계피, 바닐라콩을 사용해서 조주한 리큐르다.

④ **크렘 드 아나나(Creme de Ananas)**

파인애플을 사용하여 조주한 단맛이 나는 리큐르다.

⑤ **크렘 드 카시스(Creme de Cassis)**

포도의 일종인 구스베리를 주원료로 조주한 리큐르로 영어로 Black Currant Brandy라 불린다. 약간의 산도와 소화촉진의 효과가 있다. 암적색이고 드라이 화이트와인, 샴페인, 드라이 버무스 등의 음료와 혼합하여 마신다.

⑥ **크렘 드 카페(Creme de Cafe)**

볶은 커피콩을 중성 알코올에 배합한 후 시럽을 첨가하여 커피향을 첨가한 리큐르다.

⑦ **크렘 드 바이올렛(Creme de Violette)**

제비꽃 또는 기타 향료를 주정에 담가 만든 보랏빛의 리큐르다.

CHAPTER

12

칵테일

제12장

칵테일

제1절 칵테일의 정의

칵테일은 두 종류 이상의 술 또는 술과 비알코올성 음료를 혼합하여 즐기는 술의 종류이다. 또한 칵테일은 여러 가지 술과 부재료를 혼합하여 색, 향, 맛을 조화롭게 만들어 즐기는 술이다.

칵테일의 종류는 주재료에 따라 다양하다. 칵테일의 기본이 되는 주재료를 베이스(Base)라고 한다. 일반적으로 Base는 증류주가 쓰이는데 가장 많이 사용하는 Base는 Whisky, Brandy, Gin, Rum, Vodka, Tequila 등의 6가지이다. 또한 칵테일은 맛뿐만 아니라 아름다운 장식으로도 유명한데 장식은 가니쉬(Garnish)라고 한다.

가니쉬는 칵테일과 비슷한 맛을 사용하는 것이 원칙이다. 즉 신맛의 칵테일에는 레몬을 장식하고 주스가 사용되는 칵테일에는 같은 종류의 과일을 사용하는 것이 일반적인 원칙이다.

제2절 칵테일의 분류

1 용량에 의한 분류

용량에 의한 분류는 제공되는 용량과 마시는 시간이 비례한다는 의미에서 출발한 것이다. 때문에 short 또는 long으로 구분된다.

1) Short Drink

쇼트 드링크란 4온스(oz) 미만의 용량이 적은 글라스에 제공되는 칵테일을 말한다. 이 칵테일은 오랜 시간이 경과되면 재료가 분리되어 원래의 맛을 즐길 수 없기 때문에 짧은 시간 안에 마시는 것이 좋다. 쇼트 드링크는 알코올과 알코올을 혼합하여 조주하는 경우가 많다.

2) Long Drink

롱 드링크는 4oz 이상의 글라스에 제공되는 칵테일이다. 롱 드링크는 얼음과 함께 제공되며 대부분 과즙류를 비롯하여 시럽 등을 혼합한 것으로 시간의 여유를 가지고 즐길 수 있는 칵테일이다. 롱 드링크는 알코올과 비알코올 음료를 혼합하여 조주하는 경우가 많다.

2 용도에 의한 분류

용도에 의한 분류는 식사의 전후 또는 식사와 관계없이 언제나 즐기는 칵테일로 분류된다. 여기에는 Aperitif cocktail, After dinner cocktail, All day type cocktail 등이 있다.

1) Aperitif cocktail

아페리티프 칵테일은 단맛이 없고 신맛과 쓴맛이 있는 칵테일로서 식욕증진을 위하여 식사 전에 마시는 칵테일이다. 대표적인 아페리티프 칵테일은 드라이 마티니, 맨해튼, 캄파리 소다 등이 있다.

2) After dinner cocktail

애프터 디너 칵테일은 식사 후에 마시는 칵테일로 단맛이 나는 것이 특징이다.

Base는 대부분 리큐르가 이용되며, 대표적인 애프터 디너 칵테일에는 그래스 호퍼, 브랜드 알렉산더 등이 있다.

3) All day type cocktail

올데이 타입 칵테일은 식사와 관계없이 언제나 즐길 수 있는 칵테일이다. 대표적인 종류로는 마가리타, 롱아일랜드아이스티, 피나콜라다, 머드슬라이드 등이 있다.

3 형태에 의한 분류

형태에 의한 분류는 어떠한 글라스에 어떠한 모양으로 또는 어떠한 방법으로 마시는가를 기준으로 하여 구분하는 방법이다. Straight drink, On the rocks, Frappe, Sour 등의 다양한 형태가 있다. 그 형태는 다음과 같다.

1) Straight drink

브랜디나 위스키 등에 아무런 부재료를 혼합하지 않고 주재료 1온스(oz) 또는 2온스를 글라스에 제공하는 방법이 스트레이트 드링크이다.

2) On the rocks

온더락스는 6온스 올드패션드글라스에 사각얼음을 넣고 그 위에 술을 부어 얼음을 녹이면서 술을 희석시켜 부드럽고 시원하게 즐기는 형태이다. 취향에 따라 물을 추가하여 마시기도 하는데 이를 일본인들은 미즈와리라고 한다.

3) Frappe

프라페란 '얼음으로 차게 한 것' 또는 '살짝 얼린 과일즙'이라는 프랑스어로 칵테일글라스 또는 샴페인글라스에 가루얼음(Shaved Ice)을 넣고, 그 위에 리큐르를 넣어 만드는 형태이다. 민트, 갈리아노, 카카오 등이 많이 사용된다.

4) Sour

사워란 '시큼한'이라는 뜻으로 브랜디, 위스키, 럼 등에 레몬주스와 설탕시럽을 혼합하여 즐기는 형태이다. 브랜디사워, 위스키사워(Whisky Sour), 럼사워(Rum Sour) 등이 있다.

5) High ball

하이볼형태는 가장 손쉬운 방법으로 칵테일의 가장 기본이 되는 방법이다. 하이볼글라스에 적당량의 주재료와 부재료를 혼합하여 즐기는 형태이다. 대표적인 칵테일로 럼콕(Rum Coke), 스카치소다(Scotch Soda) 등이 있다.

6) Fizz

피즈란 탄산가스 소리를 표현한 의성어이다. 이는 피즈를 조주할 때 마지막으로 혼합하는 소다수가 탄산음료로서 피즈와 비슷한 소리가 나서 붙여진 이름이다.

진 또는 리큐르에 레몬주스, 설탕시럽, 소다수를 혼합하고 과일로 장식한 형태이다. 대표적 피즈는 카카오 피즈(Cacao Fizz), 슬로진 피즈(Sloe Gin Fizz) 등이 있다. 피즈 가운데 칼린스(Collins)는 피즈의 일종으로 12온스 대용량의 글라스에 제공하는 칵테일이다.

7) Sling

슬링은 피즈와 조주법이 비슷하다. 그러나 용량이 피즈보다 많고 리큐르가 혼합되어 부드러운 맛이 난다. 슬링은 독일어로서 '마시다'라는 뜻의 슐링겐(Schlingen)이 변하여 슬링이 된 것이다. 대표적인 칵테일로 싱가포르슬링(Singapore Sling)이 있다.

8) Snow style

스노 스타일은 글라스의 가장자리에 레몬즙을 발라 설탕이나 소금 등을 묻히는 방법으로 대표적인 칵테일은 마가리타, 키스 오브 파이어 등이 있다. 특히, 일부 호텔의 커피숍이나 커피전문점에서 시각효과와 더불어 특별한 맛을 제공하기 위하여 스노 스타일을 이용한 커피를 제공하기도 한다.

9) Half & half

두 종류의 음료를 50%씩 혼합하는 형태이다. 대표적인 칵테일은 섄디(Shandy) 칵테일이다. 섄디 칵테일은 맥주와 진저에일을 50%씩 혼합한 것이다.

10) Frozen style

프로즌은 블렌더(blender)에 베이스와 가루얼음(Shaved Ice)을 넣고 혼합하여 셔벗과 같은 상태로 만든 칵테일이다. 대표적인 칵테일은 프로즌 다이키리, 프로즌 피치 다이키리 등이 있다.

11) Float

플로트는 술이나 음료의 비중을 이용하여 내용물이 섞이지 않고 구분되게 한 형태이다. 이 방법은 조주과정에서 자칫 혼합될 수 있기 때문에 바스푼의 뒷면을 글라스의 안쪽 면에 닿게 하여 바스푼을 따라 흘러내리도록 조심스럽게 글라스에 음료를 채운다. 이때 비중이 높은 음료를 먼저 채우고 그 다음의 순서대로 따른다.

12) Rickey

증류주에 라임의 즙을 넣고 소다수를 채우는 방법을 리키라 한다. 리키는 설탕시럽을 사용하지 않아 상쾌한 신맛이 난다. 다이어트 중인 고객에게 권할 수 있는 칵테일이다. 진 리키(Gin Rickey), 럼 리키(Rum Rickey), 스카치 리키(Scotch Rickey) 등이 있다.

13) Cooler

쿨러는 증류주나 양조주에 레몬이나 라임주스, 설탕시럽 등을 첨가하고 소다수나 진저에일 등으로 글라스를 채우는 형태이다. 진 쿨러(Gin Cooler), 럼 쿨러(Rum Cooler) 등이 있다.

14) Tropical

열대성 칵테일을 칭한다. 트로피컬은 럼, 과일시럽, 열대과일 등을 사용하여 달콤하고 시원한 맛이 나며, 롱 드링크의 일종이다. 대표적인 트로피컬 칵테일로는 블루 하와이(Blue Hawaii), 마이타이(Mai Tai) 등이 있다.

15) Punch

펀치는 과일, 주스, 설탕물, 기본주 등을 혼합하여 파티 또는 행사 때 큰 볼에 제공되는 칵테일의 일종이다. 큰 얼음을 띄워 시원한 맛을 살리고 큰 볼에 담아 여러 사람이 함께 나누어 마시는 것으로 계절과일을 사용하는 것이 이상적이다. 여름에 흔히 접할 수 있는 과일화채와 비슷한 형태이다.

제3절 칵테일기법

칵테일은 그 맛과 향 그리고 색의 다양성만큼이나 만드는 방법 또한 다양하다. 그 방법으로는 shaking, stirring, blending, floating, frosting 등이 있다.

1 Shaking

Shaker 안에 각종 주재료와 부재료를 넣고 손으로 잘 흔들어 글라스에 제공하는 조주방법이다. 이 경우 잘 혼합되지 않는 재료 즉 계란 또는 크림을 혼합해야 할 때 많이 이

용한다. 위스키사워(Whisky Sour), 핑크 레이디(Pink Lady) 등에 셰이킹을 사용한다.

2 Stirring

스터링은 믹싱글라스를 이용하는 조주방법으로 믹싱글라스에 각종 주재료와 부재료를 넣고 바스푼으로 잘 저어 스트레이너(strainer)로 걸러서 글라스에 제공하는 조주방법이다.

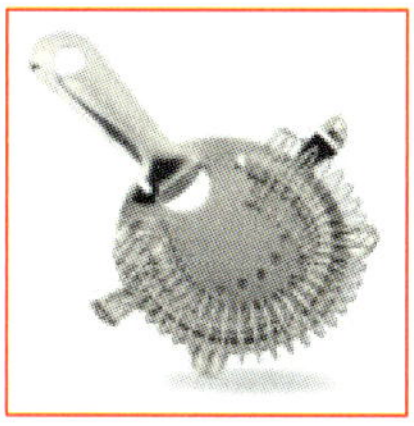

이 방법의 경우 믹싱글라스를 이용하지 않고 고객에게 제공되는 글라스에 직접 재료를 넣고 바스푼으로 잘 저어 제공하는 방법도 있다. 마티니(Martini), 맨해튼(Manhattan) 등에 휘젓기를 사용한다.

3 Blending

블렌딩은 블렌더(blender)를 이용하는 조주방법이다. 이 방법은 과일이나 아이스크림과 같은 재료와 잘게 깬 얼음을 사용하는 트로피컬 칵테일을 조주할 때 많이 사용된다.

4 Floating

플로팅은 액체로 되어 있는 주재료나 부재료의 비중을 이용해서 섞이지 않도록 하여 독특한 색과 모양을 연출하는 방법이다. 가루얼음을 사용하여 얼음을 물들이는 방법과 얼음을 사용하지 않고 액체의 층을 만드는 방법이 있다.

5 Frosting

프로스팅은 글라스의 가장자리에 레몬이나 라임즙을 묻힌 후 접시에 담긴 설탕이나 소금에 글라스를 거꾸로 눌러 글라스 주둥이에 이를 묻히는 방법이다.

6 Building

다른 기구를 사용하지 않고 고객에게 제공하는 글라스에 직접 재료를 넣는 방법이다. 칵테일을 만드는 방법 중 가장 간단한 것이다.

Tip

- **칵테일의 계량단위**

칵테일은 주재료와 부재료 등이 적당량 혼합되어야 그 특유한 맛과 색을 연출할 수 있다. 때문에 용량을 측정하는 단위도 매우 복잡하며 많다. 그 내용은 다음과 같다.

1 dash	=	1/6 Tea spoon
1 tsp (1 Tea spoon)	=	1/6 ounce
1 tbsp (1 Table spoon)	=	1/2 ounce
1 ounce (1 oz) = 1 pony	=	30㎖
1 jigger	=	45㎖
1 shot	=	45㎖
1 split	=	6 ounce, 180㎖
1 cup	=	8 ounce, 240㎖
1 pound	=	16 ounce, 480㎖
1 pint	=	16 ounce, 480㎖

제4절 칵테일의 도구

1 장비류

1) Shaker

셰이커는 잘 혼합되지 않는 재료를 혼합할 경우에 사용하는 도구로 cap, strainer, body의 세 부분으로 구성된다. 칵테일을 조주할 때 사각얼음(Cub Ice)과 음료를 바디에 넣고 스트레이너와 캡을 닫아 양손으로 잘 흔들어 충분히 혼합한

후 캡을 열어 글라스에 제공한다.

2) Mixing glass

믹싱 글라스는 재료를 혼합할 때 사용하는 도구로 잘 혼합되지 않는 재료로 구성된 칵테일은 셰이커를 이용하고, 흔들지 않아도 잘 혼합되는 재료로 구성된 칵테일은 믹싱글라스를 이용한다. 주둥이 한 곳이 비커와 같아 글라스에 담을 때 편리하다.

3) Measure cup

칵테일을 조주할 때 주재료와 부재료의 정확한 용량을 측정하기 위하여 사용하는 칵테일 도구이다. 깔때기 모양이 양쪽으로 부착되어 있고 작은 쪽은 포니(Pony), 큰 쪽은 지거(Jigger)이다. 각각의 용량은 1oz와 $1\frac{1}{2}$oz이다.

4) Spindle mixer

스핀들믹서는 얼음과 혼합할 때 사용하는 도구이다. 전기를 이용하는 믹서로 일반 블렌더보다 강한 힘을 발휘한다.

5) Blender

블렌더는 과일을 혼합하는 칵테일을 조주할 때 사용하는 도구이다. 일반적인 믹서기와 같은 형태이다.

6) Bar spoon

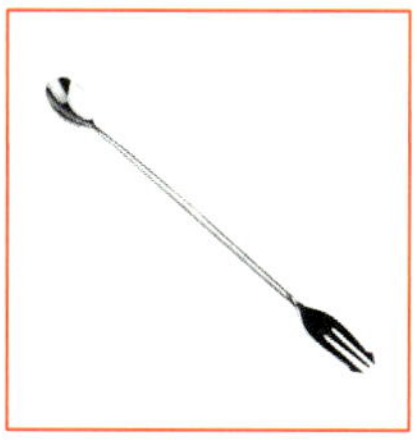

바스푼은 믹싱글라스를 이용하여 칵테일을 조주할 때 믹싱글라스 안의 음료들을 혼합하기 위하여 사용하는 도구이다. 한쪽 끝은 티스푼 모양으로 되어 있고, 반대쪽은 포크로 되어 있다. 손잡이는 나선형으로 되어 있으며 길이는 믹싱글라스보다 길다.

7) Strainer

스트레이너는 믹싱글라스에 혼합된(완성된) 칵테일을 글라스에 따를 때 얼음이 떨어지지 않도록 걸러주는 역할을 한다. 믹싱글라스와 한 조로서 바늘과 실의 관계이다.

8) Corkscrew

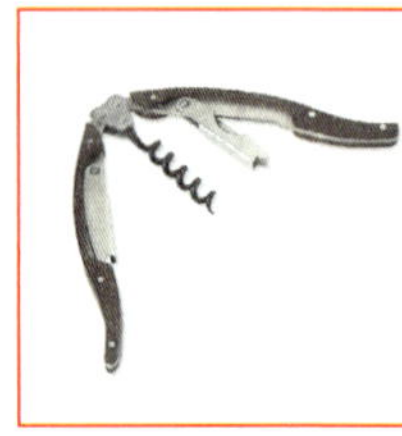

코르크스크루는 와인의 코르크를 오픈하는 도구로 나선형의 모양과 손잡이가 부착되어 있다.

9) Squeezer

스퀴저는 과즙을 짜는 기구이다. 가운데 홈이 있는 돌출된 모양으로 밑부분은 즙을 모아 따를 수 있는 형태로 되어 있다. 레몬, 오렌지, 라임 등을 반으로 잘라 돌출된 부분에 안쪽이 가도록 하여 누르면서 돌리면 과즙이 밑부분에 모아진다.

10) Pourer

포어러는 각종 주류나 부재료를 따를 때 흘리지 않고 소량을 정확히 측정하기 위하여 병입구에 삽입하여 사용하는 도구이다.

11) Ice tong

얼음을 집는 집게로 얼음을 집기 편하도록 끝부분에 톱니모양으로 홈을 파서 만들었다.

12) Ice bucket

고객의 테이블에 얼음을 제공할 때 사용하는 도구로 얼음이 쉽게 녹지 않도록 하는 바구니이다.

13) Ice crusher

아이스 크러셔는 사각얼음을 잘게 으깨는 기구이다.

14) Muddler

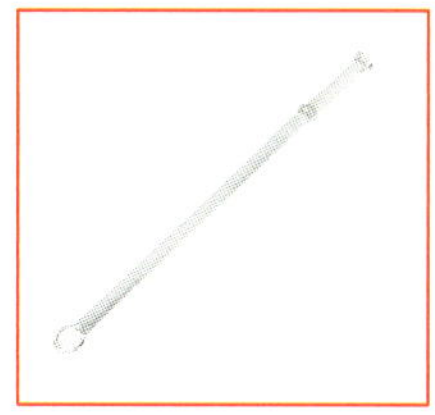

고객 스스로 칵테일의 농도를 조정하면서 즐길 경우 칵테일을 저어서 혼합하는 용도로 사용되는 기구이다.

15) Cocktail pick

올리브나 체리, 레몬 등을 장식할 때 사용되는 도구이다. Garnish pick이라고도 하며, 나무 · 플라스틱 등의 여러 재료를 이용하며 우산모양, 인형모양 등으로 다양하게 생산되고 있다.

16) Straw

스트로는 우리말로 빨대이다. 롱 드링크를 즐길 때 사용하는 것으로 오늘날에는 칵테일뿐만 아니라 음료수를 즐기는 어느 곳에서나 접할 수 있는 도구이다. 색채 또한 화려하고 다양하게 출시되고 있으므로 계절과 식의 조화를 잘 고려해서 고객에게 제공해야 한다.

17) Champagne stopper

남은 음료수나 샴페인을 최초의 상태와 가장 비슷하게 보관하기 위하여 사용하는 기구이다. 탄산가스나 기타 음료의 내용물이 공기와 접하여 변하는 것을 막아준다.

18) Opener

병을 오픈할 때 사용하는 도구이다. 시중에 여러 형태로 출시되고 있다.

19) Coaster

코스터는 글라스 받침대다. 냉각된 글라스의 물기가 흘러내리는 것을 방지하고 테이블의 청결을 유지하기 위하여 사용하는 도구이며 오늘날에는 장식 또는 홍보 측면을 고려하여 다양한 색과 모양으로 출시되고 있다.

20) Ice scooper

아이스 스쿠퍼는 칵테일을 조주할 경우 얼음제조기로부터 사각얼음을 뜨는 도구이다. 사용한 후에는 항상 아이스 머신 외부에 놓아야 한다. 얼음이 계속 쌓이면 얼음에 묻힐 수 있기 때문이다.

21) Knife

칵테일의 부재료인 파인애플, 오렌지, 레몬 등을 자를 때 사용하는 도구이며, 일반적으로 작은 크기이다.

2 칵테일의 부재료

칵테일의 부재료는 특유한 색과 향을 내는 주요한 원료이다. 칵테일은 칵테일이 내는 맛에 못지않게 색과 아름다움이 중요하다. 칵테일의 시각적인 아름다움을 결정하는 부재료에는 주스류, 시럽류, 크림류, 소프트 드링크류, 얼음류 등이 있다.

1) 주스류

칵테일의 조주에 많이 사용되는 주스로는 orange juice, pineapple juice, lemon juice, lime juice가 있다.

2) 시럽류

시럽은 설탕과 물을 넣고 끓인 후 여러 가지 과즙을 첨가해 맛과 향을 내고 특정색을 착색시킨 음료이다.

칵테일에 사용되는 시럽류로는 sugar syrup, grenadine syrup, almond syrup, raspberry syrup, chocolate syrup 등이 있다.

3) 소프트 드링크류

많이 사용하는 소프트 드링크에는 콜라, 사이다, 소다수, 토닉워터, 칼린스믹서, 진저에일 등이 있다.

4) 얼음류

칵테일의 조주에 사용되는 얼음의 모양도 다양하다. 같은 얼음이지만 모양에 따라 Block Ice(덩어리얼음), Cubed Ice(정사각얼음), Crushed Ice(잘게 부순 얼음), Shaved Ice(눈처럼 고운 얼음) 등이 있다.

CHAPTER

13

비알코올성 음료

제13장

비알코올성 음료

비알코올성 음료는 알코올성분이 포함되지 않은 음료를 일컫는다. 비알코올성 음료는 청량음료, 영양음료, 기호음료의 세 가지로 구분할 수 있다.

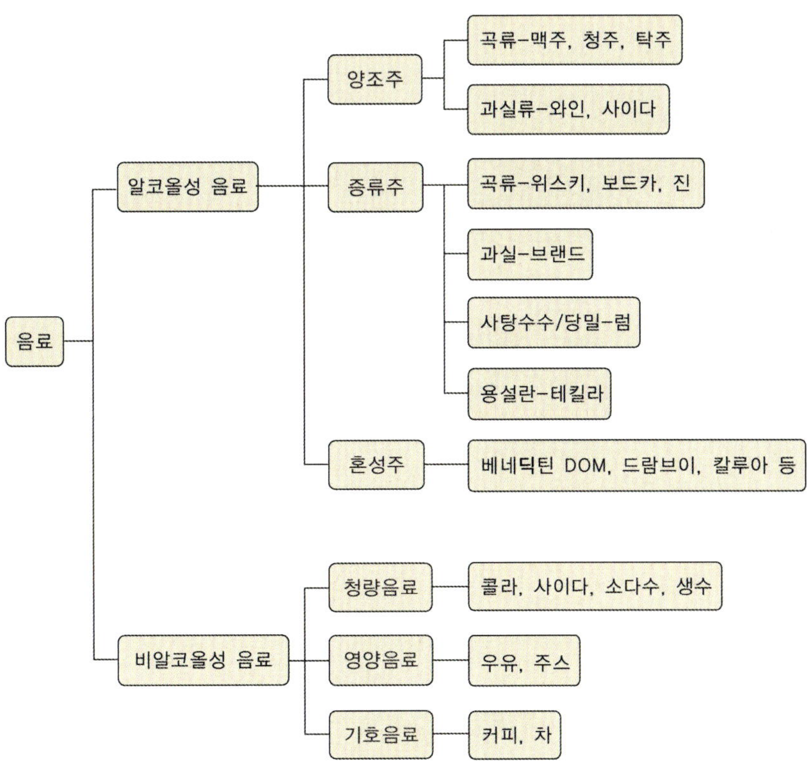

[그림 13-1] 음료의 종류

제1절 청량음료

청량음료는 마실 때 시원한 청량감을 주는 음료이다. 청량음료에는 탄산가스가 함유되어 있는 탄산음료와 그렇지 않은 무탄산음료 등의 두 가지로 구분할 수 있다.

1 탄산음료

탄산음료는 청량감을 주는 탄산가스가 함유된 발포성 음료로서 롱 드링크에 많이 사용된다. 탄산가스는 미생물의 발육을 저지하고 향기의 변화를 막아준다. 탄산음료는 맛과 향기가 있는 것과 없는 것으로 나누어지는데, 모두 냉각시켜 사용하는 것이 좋다. 여기에는 콜라, 사이다, 소다워터, 토닉워터, 진저에일, 칼린스 믹서 등이 있다.

1) 콜라(cola)

콜라는 탄산음료 중 대중에게 가장 인기 있고, 세계에 가장 널리 전파되어 있는 음료이다. 콜라는 콜라콩(cola bean)을 원료로 엑기스를 만들어 여기에 이산화탄소와 각종 향료를 첨가하여 만든다. 콜라콩의 주요 생산지는 서아프리카, 서인도제도, 브라질, 말레이시아 등이다.

콜라는 콜라콩에서 농축 추출액을 만들어 물과 혼합해서 묽게 만든 후, 레몬 · 라임 · 오렌지 · 시나몬 · 바닐라 등과 함께 당분 · 탄산가스를 넣어 만든다. 콜라에는 커피에 함유된 카페인의 두 배 정도의 카페인이 포함되어 있으며, 검은빛을 내는 원료는 캐러멜이다. 콜라는 위스키 · 럼 등과 어울리는 음료이다.

2) 사이다(cider)

사이다는 사과를 발효시켜 만든 양조주이며, 알코올함량은 약 1~6%이다. 그러나 우리나라에서는 소다수에 레몬과 라임 및 기타 향료를 사용하여 당분과 함께 만든 탄산음료이다.

3) **소다수**(soda water)

천연광천수 또는 인공으로 만든 제품이 있는데 오늘날은 대부분 인공으로 물에 탄산가스와 무기염류를 첨가하여 만든다. 소다수는 소화촉진효과가 있어 소화제로 마시기도 하고, 작은 거품이 지속적으로 발생될수록 좋은 제품이다.

4) **토닉워터**(tonic water)

영국에서 생산된 무색·투명한 탄산음료이다. 토닉워터는 증류주와 잘 어울려 칵테일에 많이 사용된다. 열대지방에서는 토닉워터를 식욕증진과 원기회복을 위한 강장제로 사용한다. 토닉워터는 소다수에 퀴닌(Quinine), 레몬, 라임 등과 약간의 당분을 첨가한 탄산음료다.

5) **진저에일**(ginger ale)

아열대에서 생산되는 생강의 향을 함유한 탄산음료이다. 소다수에 생강향과 레몬, 시나몬 등의 향료를 배합하여 당분을 넣고 캐러멜로 색을 내어 만든 음료이다. 진저에일의 종류로 드라이와 화이트가 있으며 소화를 돕고, 식욕증진에 효과가 있으며 브랜디, 진 등의 알코올성 음료와 혼합하여 마신다.

6) **칼린스믹서**(collins mixer)

소다수에 레몬주스와 당분을 첨가하여 만든 음료이다.

2 무탄산음료

무탄산음료의 대표적인 제품은 생수(mineral water)이다. 칼슘, 인, 라듐, 염소, 마그네슘, 철 등의 무기질이 함유되어 있는 인공 광천수가 가장 많이 쓰이며, 천연광천수도 있다.

사람은 1일 약 2.5리터의 물이 필요한 것으로 알려져 있고, 한국사람은 식사 중 섭취하는 수분의 양이 일반적으로 1.5리터로 알려져 있다.

물맛이 좋은 조건은 다음과 같다.

① 무기질 100~200㎎/L

② 10~15도의 수온

③ 염소, 황화수소, 페놀과 같은 불순물이 포함되지 않은 물

④ 무색, 투명, 무취, 무미의 연수

제2절 영양음료

일반적으로 영양음료란 건강음료이며 건강에 도움이 되는 영양성분이 함유되어 있는 음료를 말한다. 영양음료에는 과일 또는 과즙을 원료로 한 음료, 유제품을 원료로 만든 유성음료의 두 종류가 있다.

1 과일 · 과즙음료

우리 주위에서 흔히 보고 즐기는 과일주스로서 오렌지주스, 포도주스, 사과주스 등으로 다양하다. 과실음료는 기원전 바빌로니아 사람들이 레몬음료를 마셨다는 기록이 있는 것으로 보아 레몬음료가 과실음료의 기원임을 알 수 있다.

2 유성음료

우유로 만든 제품으로 우유와 크림이 있다. 생우유에는 유지방, 단백질, 유당 등의 많은 영양성분이 함유되어 있다.

크림은 우유에서 유지방분 이외의 성분을 제거한 생크림을 의미한다. 일반적으로 딜럭스급 호텔의 커피숍에서 커피에 혼합하여 즐기는 크림이다.

제3절 기호음료

기호음료는 고객이 기호에 따라 마시는 것으로, 인체에 필요한 영양소는 아니지만 향미가 독특해서 사람의 기호를 만족시켜 주는 음료다. 오늘날 고객의 기호

가 다양한 만큼이나 즐기는 방법과 음료의 종류 또한 다양하다. 기호음료에는 커피와 차 두 종류가 대표적이다.

1 커피(Coffee)

커피의 원산지는 에티오피아이며 11세기 회교국을 중심으로 널리 퍼지면서 오늘날 전 세계 어느 나라도 즐기지 않는 곳이 없을 정도로 저변화된 기호음료이다. 커피가 문헌에 처음 등장한 것은 9세기경 아랍의 의사 라제스(Rhazes)의 의학 서적으로, 처음에 커피는 약용으로 사용하였다고 볼 수 있다. 커피를 본격적인 음료로 즐기기 시작한 때는 10세기경이며, 17세기경 유럽에 전파되면서 전 세계에 널리 알려져 오늘날 가장 각광받는 음료가 되었다.

주요 생산지는 서인도제도, 자바, 브라질이다. 커피에는 카페인이 함유되어 있으며 카페인은 식도에서 염산의 분비를 돕고, 위의 운동을 돕는다. 커피는 전 세계적으로 약 40여 종이 있으며 그 근간이 되는 커피의 3대 원종은 아라비카종(에티오피아 원산), 로부스타종(콩고 원산), 리베리카종(아프리카 서해안 원산)이다. 커피추출방법에는 Drip, Siphon, Percholator, Boiling, Espresso 등이 있다. 또한 1회 커피 제공 시 100㎖와 85도가 적당하며, 설탕과 크림을 혼합하면 60~63도가 적당하다. 설탕은 약 10g, 크림은 약 6㎖를 첨가하여 즐기는 것이 좋다.

커피의 명칭은 나라마다 다르다. 프랑스에서는 카페, 미국에서는 커피, 일본에서는 고히라고 한다. 커피의 원어는 에티오피아의 카파로 힘을 뜻하는 아랍어이며, 영국에서는 커피를 아라비아의 와인이라고 불렀다. 커피는 휘발성 향기성분과 비휘발성 성분을 함유하고 있다. 그중에서 커피에 가장 큰 영향을 주는 것은 비휘발성 성분인데 이것이 신맛, 쓴맛, 단맛 등을 좌우한다.

1) 커피의 제조과정

커피는 커피나무의 열매를 수확하면서 그 제조과정이 시작된다. 수확한 커피 열매를 건조하여 껍질을 분리하고, 열매를 햇볕에 2~3주 정도 건조한 후, 건조한 커피콩을 볶아 향과 맛을 얻게 된다. 볶은 커피는 고유의 향을 유지하기 위하여 가능한 빨리 냉각시켜야 한다.

2) 커피 추출방법

Drip, Siphon, Percholator, Boiling, Espresso 등이 있다. 이 중 몇 가지만 살펴보면 다음과 같다.

(1) 드립(Drip)

여과지를 사용하여 커피를 추출하는 방법이다. 여과기에 종이 필터를 놓고 그 위에 가루커피를 담은 후 여러 차례에 걸쳐 약 90~95도의 물을 부으면 커피가 추출된다. 대형 연회가 있을 경우에 많이 사용하는 방법이다.

(2) 사이펀(Siphon)

사이펀은 커피가 여과되는 과정을 지켜볼 수 있는 방법이다. 고객의 테이블에서 고객이 직접 과정을 지켜볼 수 있는 방법으로 물리적 팽창과 진공을 이용한다.

(3) 에스프레소(Espresso)

이태리에서 사용하는 전통식 커피 추출방법으로 물을 끓여 고압식 수증기로 전화시켜 용기 속에 있는 원두커피의 농도를 진하게 추출하는 방법이다.

3) 커피의 효능

피곤할 때 커피를 마시면 피로가 감소하고, 정신이 맑아지는 느낌이 든다. 기름기가 많은 음식을 먹은 후 한 잔의 커피는 개운함을 준다. 과음 후 숙취와 두통이 있을 경우 커피는 산뜻함을 준다. 커피를 오후에 마시면 밤잠을 설치는 경우도 있다.

이러한 여러 가지 현상은 커피에 함유되어 있는 카페인 때문이다. 카페인은 흰색의 분말 또는 결정인데 뜨거운 물에 잘 녹는다. 커피 한 잔을 마시면 일반적으로 40~100㎎의 카페인을 마시게 된다.

카페인은 불면, 다이어트, 운동능력 향상, 숙취방지 등에 효능이 있다.

4) 커피 메뉴

커피가 본격적으로 보급된 후 오늘날에 이르러 커피의 메뉴는 약 200여 종이 되었다. 카페오레(Cafe au Lait), 카푸치노(Cappuccino), 아이리시커피(irish Coffee), 비엔나커피(Vienna Coffee) 등은 흔히 접할 수 있는 커피이다.

(1) 카페오레(Cafe au Lait)

카페오레는 프랑스식 모닝커피로, 커피에 데운 우유를 넣거나 휘핑크림을 넣어 마시는 커피다.

(2) 카푸치노(Cappuccino)

이탈리아에서 즐기는 짙은 커피로 설탕을 넣은 컵에 커피를 넣고 휘핑크림을 얹는다. 그 위에 계핏가루를 뿌려서 즐기는 커피다.

(3) 아이리시커피(Irish Coffee)

아이리시커피는 커피에 아이리시위스키를 혼합하여 즐기는 커피이다.

(4) 비엔나커피(Vienna Coffee)

비엔나커피는 카푸치노와 유사하지만 계핏가루를 사용하지 않으며, 비엔나에서 스카라고멜이라 불리는 휘핑크림을 넣어 마신다.

2 차(Tea)

차는 차나무에서 딴 잎으로 만들어 뜨거운 물로 우려낸 것이다. 차나무는 동백나무에 속하는 사철 푸른 나무이며, 안개가 많고 습도가 높은 곳을 좋아한다. 차는 만드는 방법에 따라 불발효차, 반발효차, 완전발효차, 후발효차로 구분할 수 있다. 차의 제조시기에 따라 춘차, 하차, 추차로 구분되는데, 춘차는 4~5월 사이에 제조한 차로 첫물차 또는 만물차라고도 한다. 하차는 두불차라고도 하며, 6~7월 사이에 제조한 차로, 추차는 두물차라고도 하며, 9~10월 상순까지 제조한 차를 일컫는다.

사람이 차를 마시기 시작한 것은 약 2700년 전으로, 우리나라에 전파된 시기는 약 1100년 전으로 추정된다. 차의 주요 성분은 타닌, 카페인, 테아닌, 비타민 C이다.

차의 원산지는 중국이다. 약 300년 전 아라비아인과 영국인을 통하여 전 세계로 전파되었다. 커피보다 널리 전파되지 않았지만 많은 곳에 전파되어 있다. 국가별 1인당 소비량을 살펴보면 영국(10폰드), 호주(8폰드), 캐나다(3~4폰드), 일본(1폰드)의 순이다. 차를 즐길 때는 물이 중요하며 물에 불순물이 함유되어 있으면 차맛이 떨어진다. 홍차의 경우 철기제품에 담아 즐기는 것은 좋지 않다. 홍차를 즐길 때 레몬을 첨가하는 것은 레몬이 홍차의 맛을 변화시키지 않고 레몬의 상큼한 향을 즐길 수 있기 때문이다. 또한 홍차에 밀크를 첨가하여 즐기면 타닌의 강한 맛을 제거하여 부드럽게 즐길 수 있으며, 이러한 형태는 영국에서 많이 즐긴다.

1) 불발효차

불발효차에는 녹차, 덖음차, 증제차가 있다. 녹차는 어린잎을 따서 무쇠솥에서 건조시킨 차이다. 덖음차는 부차라고도 하며, 찐 차로서 숭늉처럼 구수한 맛을 낸다. 증제차는 찐 차와 유사하지만 약 30~40초 정도 쪄내기 때문에 푸른 녹색을 그대로 지닌다.

2) 반발효차

반발효차는 10~70% 정도 발효시킨 것으로 우려낸 차의 색은 황록색과 적황색이 되며, 차향을 돋우기 위하여 꽃잎을 섞는 차도 있다. 우리나라에서 주로 볼 수 있는 반발효차는 중국 음식점에서 많이 쓰이는 재스민차이다.

3) 완전발효차

발효차는 85% 이상 발효시킨 차이다. 홍차는 대표적인 발효차이다. 우려낸 차의 색은 붉은 오렌지색, 홍갈색, 오렌지색이다. 다즐링(darjeeling), 기문, 우바(uva)는 세계의 3대 홍차이다. 다즐링은 인도 히말리아산맥 고지대의 다즐링 지방에서 생산되며, 기문은 중국의 안휘성 기문에서 생산된다. 그리고 우바는 스리랑카의 중부 산악지대 우바에서 생산되는 홍차이다.

4) 후발효차

대표적인 후발효차는 보이차이다. 차를 만들어 완전히 건조되기 전에 곰팡이가 생기도록 만드는 차이다. 보이차는 기름기의 제거에 특이한 효과가 있으며 차의 색은 황색 또는 흑갈색을 띤다.

참고문헌

강길환 · 김재문 · 서진욱 · 이상근(2007), 현대경영학의 이해, 대왕사
권봉헌 · 박재희(2009), 호텔식음료관리론, 백산출판사
김중의(2007), 소비자행동, 형설출판사
김충호 · 원융희(1999), 호텔조직인사관리, 대왕사
김형열 · 박소연 · 박효철 · 변풍식 · 유은경 · 이재진 · 정재홍 · 추연우(2006), 외식관리, 한올출판사
박근수(2005), 관광소비자행동, 백산출판사
서상길(2008), 식음료서비스운영실무, 기문사
이명식(2004), 서비스마케팅, 형설출판사
이정학(2008), 주장학개론, 기문사
이정학(2009), 호텔식음료실습, 기문사
이호길 · 고상동 · 권길흠(2010), 최신 호텔외식식음료실무론, 21세기사
이화인(2009), 호텔외식고객행동, 기문사
임창희(2007), 경영학원론, 학현사
윤종훈 · 송인암 · 박계홍 · 정지복(2007), 경영학원론, 학현사
정익준(2004), 최신 관광사업론, 형설출판사
정준회(2001), 경영학원론, 세경사
최동열(2003), 연회실무, 백산출판사
최학수 · 강인호 · 이병연 · 정승환 · 김상철 · 조문식(2004), 실전! 외식사업경영론, 한올출판사
하헌국 · 이성희 · 유영진(1998), 호텔식음료경영론, 한올출판사

웹사이트

http://busan.paradisehotel.co.kr(파라다이스호텔)
http://incheon.paradisehotel.co.kr(파라다이스호텔 인천)
http://seoul.intercontinental.com/(인터콘티넨탈호텔)
http://twc.echosunhotel.com(웨스틴조선호텔 서울)
http://twcb.echosunhotel.com(웨스틴 조선비치호텔)
http://www.chosunhotel.net(코모도호텔 경주)
http://www.concorde.co.kr(콩코드호텔)
http://www.grand.co.kr(제주그랜드호텔)
http://www.grandhiltonseoul.com(그랜드힐튼호텔 서울)
http://www.grandhotel.co.kr(해운대 그랜드호텔)
http://www.grandhyattseoul.co.kr/(그랜드 하얏트호텔)
http://www.high1.com/mainRoomIntro/html.high1(강원랜드호텔)

http://www.hilton.co.kr(밀레니엄 힐튼 서울호텔)
http://www.hotelmarcmons.com(마레몬스호텔)
http://www.hyattregencyincheon.co.kr(하얏트리젠시 인천호텔)
http://www.hyattjeju.com(하얏트리젠시 제주호텔)
http://www.hyundaihotel.com(현대호텔 경주)
http://www.hyundaihotel.com/mokpo(현대호텔 목포)
http://www.hyundaihotel.com/ulsan(현대호텔 울산)
http://www.ibhotel.com(인터불고호텔)
http://www.imperialpalace.co.kr(임페리얼 팰리스 호텔)
http://www.jejupacific.co.kr(제주 퍼시픽호텔)
http://www.jw-marriott.co.kr(JW 메리어트호텔)
http://www.kalhotel.co.kr(칼호텔)
http://www.kolonhotel.co.kr(코오롱호텔 경주)
http://www.kyongjuhilton.co.kr(힐튼호텔 경주)
http://www.lottehotelbusan.com(롯데호텔 부산)
http://www.lottehoteljeju.com(롯데호텔 제주)
http://www.lottehotelseoul.com(롯데호텔 서울)
http://www.lottehotelulsan.com(롯데호텔 울산)
http://www.lottehotelworld.com(롯데호텔 월드)
http://www.mayfield.co.kr(메이필드호텔)
http://www.mujuresort.com/resort/hotel_ti.asp(호텔티롤)
http://www.novotelbusan.com/kor(노보텔 엠버서더 부산)
http://www.oriental.co.kr(제주오리엔탈호텔)
http://www.parkhyattseoul.co.kr(파크하얏트호텔)
http://www.ramadajeju.co.kr(라마다 프라자 제주호텔)
http://www.ramadakorea.co.kr(라마다 플라자 청주호텔)
http://www.renaissanceseoul.com(르네상스호텔)
http://www.ritzcarltonseoul.com(리치칼튼호텔)
http://www.seaes.co.kr(씨에스호텔)
http://www.sghotel.co.kr(거제삼성호텔)
http://www.sheratonwalkerhill.co.kr(쉐라톤 그랜드 워커힐호텔)
http://www.shilla.net(신라호텔 서울)
http://www.shilla.net/kr/jeju(제주 신라호텔)
http://www.suites.co.kr(제주 스위트호텔)
http://www.thehotelasia.com(더호텔 & 베가스 카지노(구, 크라운 프라자 호텔))
http://www.wseoul.com(W. 서울 워커힐호텔)

찾아보기

T

U

V

W

Y

가

저자소개

조원섭

동국대학교 관광경영학과 졸업(경영학학사)
경주대학교 관광학과 졸업(관광학석사)
계명대학교 관광경영학과 졸업(경영학박사)
경주 콩코드호텔 식음료팀장
경주 콩코드호텔 기획실장
호텔리조트학회 이사
한국호텔외식경영학회 이사
현재, 백석대학교 관광학부 교수

자 격
와인 소믈리에
바텐더
커피 바리스타
JLPT 1급

저자와의
합의하에
인지첩부
생략

호텔식음료경영론

2016년 9월 10일 초판 1쇄 인쇄
2016년 9월 15일 초판 1쇄 발행

지은이 조원섭
펴낸이 진욱상
펴낸곳 백산출판사
교 정 편집부
본문디자인 오행복
표지디자인 오정은

등 록 1974년 1월 9일 제1-72호
주 소 경기도 파주시 회동길 370(백산빌딩 3층)
전 화 02-914-1621(代)
팩 스 031-955-9911
이메일 edit@ibaeksan.kr
홈페이지 www.ibaeksan.kr

ISBN 979-11-5763-287-9
값 27,000원